孕育希望
谐美青蓝

建青40年教育实验改革之经纬

罗宇锋 童葆菁 编著

文汇出版社

本书编委会

主　任　罗宇锋

副主任　张东林　万技伟　童葆菁　李春霞

成　员（按姓氏笔画）

　　　　王　蒨　孙　丁　傅　蓉　滕芳梅

　　　　颜　洁

此书奉献给亲身参与和关心支持建青
教育实验改革的志士仁人

1939 年，南洋模范无线电学校诞生，这是上海市建青实验学校的前身。

1984 年，以建青中学为主，与邻近的虹桥路第二小学、虹桥路第二幼儿园合并，组建成的上海市建青实验学校，是沪上唯一一所从幼儿园、小学到中学十五年一贯制的公办学校。

在迄今的 40 年岁月中，上海市建青实验学校，以师生发展为核心，以学制设置连贯为特征，以办学整体改革和学校创新管理为重心，在学制领域探索实现贯通培养，在课程领域致力衔接转型，在育人方式领域实施素质教育，走出了一条办人民满意的教育、成就家门口的好学校的新路，成为一贯制办学的一面鲜艳的旗帜。

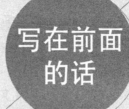

40 年建青实验，堪称一部大"书"

罗宇锋

春华秋实，建青繁花。2024 年，对建青实验学校而言，是一个特殊的年份，既是建青由 1939 年的南洋模范无线电学校前身脱胎换骨诞生的 85 周年，也是建青一贯制办学，由 1984 年开始进行教育实验改革的 40 周年。建校和一贯制建制，这两个具有里程碑式时刻的重逢，让建青披上了节日的盛装，成为了"建青人"的教育嘉年华。

建青 40 年教育实验改革，这是一部大"书"。这本书的书写者是历任领导和广大师生。这项由学制改革牵动的教育实验改革，是建青发展历史上的里程碑，也是建青办人民满意的教育的大事业。建青直至今天所取得的丰硕成果，是在各级领导长期的关心关怀下，是在各类专家持续的指导帮助下，是在历任领导班子和广大师生前赴后继、不断探索下的结晶。教育实验改革是循序渐进的过程，不同发展阶段都会面对不同的课题和任务，这是需要接力传承的。在这里，我们要向为建青教育实验改革建立功勋的沈蔚萍、高平、钱南荣、吴子健、戴群、潘敬芳等历任校长、领导班子，以及每个时期的师生们致以崇高的敬意！正是他们智慧和心血、勇气和才干的付出，才使建青的教育实验改革得以不断推向深入，不断达到新的境界，为建青的今日成就打下了扎实的基础。

40 年前，乘着改革开放的缕缕春风，迎着长宁教育的乘势而上，怀着贯通育人的改革愿望，带着艰苦奋斗的优良传统，建青将邻近的虹桥路第二小学和虹桥路第二幼儿园拥抱怀中，经过长宁区政府首肯，一所实行一贯制办学的上海市建青实验学校呱呱落地，发出了利用学制改变展开一贯制办学、一体化育人的时代强音。

一贯制办学，这是一场需要勇气与锐气的改革工程。学制是一个非常敏感的话题,学制改革是教育改革的重心,也是教育改革的难点。面对大多数学校以学段而设的现状,建青执意要在一所校园内实现学段间的连贯,入学跨度从幼儿园到高中,入学年龄从 3 岁到 18 岁,将学前教育、小学教育、中学教育融为一体。这不是嘴上说说就能办到的事,相反,需要审时度势的研判,需要立志育人的守正,需要打破常规的突破。改革的勇气和争先的锐气,让建青一贯制办学充满志气。

一贯制办学,这是一场需要智慧与设计的实践工程。一贯制办学,牵一发而动全身,不仅是学制贯通的重点改革,而且是办学优质的全面深化,是一个系统工程。一贯制办学,是思想观念的更新、管理方式的变革、招生制度的变化、课程教学的优化、师资队伍的重组、活动方式的创新。一句话,这是为了实现育人的一体化而进行的深度教育教学改革,直指教育核心、教学中心、办学靶心和育人重心,亟须集教育之大成的智慧和一以贯之的顶层设计思路。无穷的智慧和科学的设计,让建青一贯制办学充满底气。

一贯制办学,这是一场需要科学与艺术的创新工程。直到目前为止,建青十五年一贯制,这样的跨度在上海基础教育界还属唯一。面对一贯制办学过程中遇到的一系列课题,既要有科学的精神,遵循教育规律,有科学的态度,按照事成的规则,还要有艺术的情操,讲究示范的风度,有涵养的耐心,注重静心的修炼。没有现成的答案,也没有固有的道路,建青在实验中尝试,在改革中探索,在创新中发展,走出了一条可持续更新迭代的办学新路。谋划的科学和成事的艺术,让建青一贯制办学充满生气。

正因为此,建青形成的学校精神——积极探究、勇于创新、敢为人先、争创一流,成为破解一贯制办学难题的一股强大的力量。

建青 40 年的教育实验改革是鲜活的,是成功的,是有成就的。

建青教育实验改革,重在整体变革与科学探索。实验改革涉及学制改革、招生改革、学校管理改革、课程教材改革等方面。先后有七项实验课题,包括 1996 年的《九年一贯制素质教育办学模式研究》[①]、1997 年的《"九年一贯制"素质教育课题延伸研究》、1997 年的《城市中小幼学生创造力培养序的研究》、2003 年的《一贯制学校探究性学习中教师指导行为研究》、2011 年的《一贯制学校提高学生传媒素养、发展语言能力的课程建设研究》、2019 年的《十五年一贯制学校学生优势智能实验

[①] 编者注:因本书中所涉及的绝大部分课题和项目最终均以论文、报告和图书的形式呈现成果,故本书在提及课题、项目名称时均统一加以书名号。

室课程建设的实践研究》、2023 年的《数字化转型视阈下十五年一贯制学校学生自我发展规划力培养的实践研究》，这些都是 40 年教育实验改革持续推进的龙头课题和带头项目，引领着建青教育实验改革不断地走向深入。

在迄今的 40 年岁月中，建青以师生发展为核心，以学制设置连贯为特征，以办学整体改革和学校创新管理为重心，在学制领域探索实现贯通培养，在课程领域致力衔接转型，在育人方式领域实施素质教育，走出了一条办人民满意的教育、成就家门口的好学校的新路，成为一贯制办学的一面鲜艳的旗帜。

总结建青 40 年教育实验改革，并非易事。我们试图用专业的精神、科学的态度、审慎的方法，做一个系统性、索引性、启示性的总结，系统梳理建青教育实验改革的历程、演变的过程、发展走向的脉络，为读者了解、理解建青教育实验改革提供概要本和索引本。

本书着重介绍的是一贯制办学的整体设计、教育贯通衔接的理论思考、一体化育人的实践探索。全书分成四个部分八个方面，尝试去勾勒一贯制办学的来龙去脉，揭示一贯制办学的思考维度，描述一贯制办学的关键视阈，阐述一贯制办学的主张落点，刻画一贯制办学的重点攻关，描绘一贯制办学的数字转型，提出一贯制办学的高质深化，展望一贯制办学的前景发展。

我们希望通过这本书能与读者产生共鸣：

一是感受建青实验的历程。建青 40 年教育实验改革是一部大"书"，从结构设计到篇章陈述，充满意味、韵味，仔细咀嚼，耐人玩味。建青是十五年一贯制学校，在沪上整个基础教育界独一无二，40 年教育实验改革的历程，就是一贯制办学的一个可供学习、资鉴的范本，其提出并践行的办学理念、办学目标、育人目标更有一体化育人的特点。实验，是建青的性格，教育实验在建青是从学制改革牵动的，但不限于此，其所提供的实验思路、研究路径、方法艺术等，是建青办学的宝贵财富。

二是感知贯通育人的魅力。教育的贯通和教育的衔接，是教育中的两大课题，这不仅存在于一贯制学校，也存在于基础教育的学校。建青以一贯制办学为基点和优势，对教育的贯通和衔接做了积极的探索，形成了一系列经验，取得了一些突破性的成果。建青对贯通的表述，具有一体化育人的思路，对衔接的阐述，具有连贯化的思考，不少论述很有见地，很见思想，很具独创，这些对深化育人的贯通培养和衔接培育，对实现高品质育人、高效率育人，不无意义。建青实验犹如一面"镜子"，也许能映照出办学的多棱面。

三是感悟育人本质的思考。建青从幼儿园到高中，一所校园实现了多种教育的集合,产生了许多生动、有趣的故事,这些教育轶事,在很大程度上复现了教育的原理原则,呈现了办学的丰富多彩,折射了育人的无穷魅力。教育实验改革的探索,将极大丰富人们对教育的见识,极大地激起人们对教育愿景的遐想。

一贯制办学,是相对永恒的主题,探索只有更好,而没有最好。一贯制办学,也需要在新时代、新任务面前,保持自身的地位,保留自身的身段,保护自身的影响,从而发挥独特的作用,在教育的长河中,一石激起千层浪,有些波澜,有些浪花。

眼观四方,教育正进入新时代;耳听八方,办学正进入新旋律。在完成立德树人根本任务的征程中,在办人民满意的教育和家门口的好学校的追求中,我们的使命无比光荣,我们的责任无比重大,我们的前程无比璀璨。

正视当下,续写新篇。建青40年教育实验改革还在路上,任重而道远。让我们"孕育希望、谐美青蓝",让这部大"书",引领"建青人"更好地打开育人的通途,横向实现教育贯通,纵向实现育人衔接,更赢得办学的满堂喝彩、繁花似锦!

2024年7月

目 录
CONTENTS

第二部分　厚育篇·审题

第三部分　培育篇·破题

第四部分　智育篇·放题

第一部分

蕴育篇·出题

教育，是一种蕴育。

办学，是一种出题。

蕴育，是起势之始，也是底蕴之笔。

题目，是亮事之炬，也是成业之基。

1984 年，对上海市建青实验学校来说，是一个具有里程碑式意义的年份。由"建青中学"脱胎换骨一跃成为"建青实验学校"，这不仅是学校办学规格的一次极大提升，而且是学校办学体制的一次重大变革。从此，一贯制为学校整体建制注入了新鲜血液，契入了敏感神经，也成为教育教学改革的鲜明主线和主要课题。

一个核心：师生发展为本；二大建树：贯通、衔接；三大思路：用实验求发展、用改革攻难关、用课题换迭代，将蕴育任务昭示、将出题使命昭然。

蕴育为出题准备，出题为蕴育开路。在一贯制办学的教育教学改革中，敢于出题，是"建青人"的底蕴，也是"建青人"的风骨。

一、承题建制：一贯制办学的来龙去脉

一贯制，是建青实验学校存在的基因，也是发展的基石。可以说，一贯制，成为建青从诞生到发展的主旋律。著名教育家吕型伟对建青一贯制办学予以充分肯定，并认为"从幼儿园到高中15年的时间，一个人的基础教育阶段是完整的，这样的改革实验才是有价值的。如果成功了，那就是基础教育成功了"。

（一）建青一贯制办学的背景

1. 一贯制办学的溯源

一贯制，是与学制和学段相联系的。

学制，按百度百科解释，即学校教育制度，是国家根据教育方针、政策，对各级各类学校的任务、学习年限、入学条件等所做的规定。它是教育制度的主体，是现代教育制度的核心内容。学制，有时专指各级各类学校的学习年限。学制规定了不同教育类型之间的关系、学校的设置原则和组织办法。另外，学制也指学校的基本制度。

显然，学制主要指：一是学校的制度；二是国家对各级各类学校的组织系统和课程、学习年限的规定。

而学段是一个相对的时间概念，主要适用于较短的学习区间。稍长的学习区间建青一般习惯地称为某某阶段，如学前阶段、小学阶段、初中阶段、高中阶段、大学阶段等。这时，"阶段"类似于"时期"，例如，"上小学阶段"也可称为"上小学时期"。

可以说，一贯制是建立在学制的基础上，是依据学段的划分，将学制和学段联系起来的办学体制。

（1）中国近代学制的演变

据记载，中国近代学制始于清末。1902 年，张百熙模仿日本学制拟定了《钦定学堂章程》(壬寅学制)，这是我国首部以政府法令形式颁布的学制系统。学制分为三段七级，普通教育之外还设有师范教育和实业教育。不计大学院，整个学制的修业年限为 20 年。辛亥革命后，1912 年，南京临时政府教育部成立，蔡元培为第一任教育总长，在他的积极组织和探索下，壬子癸丑学制应运而生。壬子癸丑学制是中国教育史上第一个资产阶级性质的学制，作为辛亥革命的产物，它天然地带有反皇权专制主义的历史胎记。壬子癸丑学制分三段四级，整个学制的修业年限为17～18 年。学制分为三段五级共 18 年，将普通教育分成三段，即小学六年（6 岁到12 岁）、初中三年（12 岁到 15 岁）、高中三年（15 岁到 18 岁），与此时的心理学研究新成果相吻合。

1949 年中华人民共和国成立，社会政治经济制度发生本质改变，学制改革势在必行。1951 年 10 月 1 日，中央人民政府政务院颁布《政务院关于改革学制的决定》，确立了新中国的首部学制。1951 年学制为"五三三制"。

中华人民共和国成立后，学制试验不时掀起。通过不断试点，积累经验，确立小学五年、初中四年、高中三年为中小学基本学制。

改革开放以来，我国的教育事业迎来了迅速发展的新局面。1980 年，中共中央、国务院颁发了《中共中央、国务院关于普及小学教育若干问题的决定》明确指出："普及教育，涉及学制问题：中小学学制准备逐步改为十二年制；今后一段时期，小学学制可以五年制和六年制并存，城市小学可以先试行六年制，农村小学暂时不动；教育部应当尽快提出学制改革方案，确定统一的基本学制。"这是拨乱反正后，中央关于学制的重大决策，明确提出把我国基础教育的学制总年限设定为12 年。

20 世纪 80 年代中期以来，大部分地区在新的形势下采用"六三三学制"，同时，五四三、六四二、九三等学制分段形式并存，向多元化、灵活化的方向发展，基本上没有缩短年限，而只是强调阶段的不同划分。

（2）学制的三种基本类型

对学制的探索，各个国家、地区、民族各自有各自的主张。据悉，现代学制有三种基本类型：双轨学制（一轨是普通学术教育，另一轨是职业教育）、单轨学制、分支型学制。

双轨学制以英国为代表。一轨自上而下，其结构是大学（后来也包括其他高等学校)、中学(包括中学预备班、独立学校),此外在中学以下还有家庭教育;另一轨从下而上,其结构是小学及其后的职业学校(早期主要是与小学相连的初等职业教育,后来增加了初中,形成了与初中连接的中等职业教育)。后来随着社会改革的深入,英国尝试将初中、高中进行融合,允许双轨之间进行一定程度的交流。

单轨学制以美国为代表。从小学、中学到大学,各级各类学校相互衔接,但是艺术教育、体育教育等独立于这个体系之外。

分支型学制以当时的苏联为代表。在初等教育阶段和中等教育阶段由单一的学校系统构成,此后(初中或高中)开始分化,形成多种学校系统(普通学术教育和职业教育)与之衔接。这样构成的整个学校体系就像一把叉子,所以,这种学制类型又被称为分叉型学制。我国中小学目前采用的学制,接近于分支型。

一贯制办学,是对相对独立的学制学校进行连贯管理的尝试和探索。一贯制学校,是根据国家教育法有关实施(包括九年制和十二年制)教育年限的规定组建起来的,贯穿小学与中学教育的一体化学校。它是兴起的一种新型办学模式,体现了教育的一体化和规模集聚效应。

就目前而言,九年一贯制、十二年一贯制、十五年一贯制,是一贯制办学的主要形式。

建青实验学校"幼儿三年、小学五年、初中四年、高中三年"的十五年一贯制的学制特色,正是国内外学制改革探索长河中的一朵浪花。

2. 一贯制办学的机遇

建青的学制改革,有着天时、地利、人和的机遇和条件。

(1) 改革开放的催化

改革开放的环境为建青学制改革提供了最大的机遇。这里所说的"天时",即1983年10月1日,邓小平为北京景山学校教学改革实验写下"教育要面向现代化,面向世界,面向未来"的著名题词。这"三个面向"是邓小平根据国际新的技术革命和国内现代化建设的形势,针对当时我国教育同现代化建设严重不相适应的实际提出的。为贯彻"三个面向"的指示精神,加快培养创造性人才的速度,适应改革开放的形势,建青中学决定启动新一轮教育体制、学制实验改革,以景山学校为榜样,探索一条符合国情、适应"四化"建设需要的教育新路。

(2) 区域教育的发展

建青所在的长宁区,具有深耕教育的传统。长宁区域教育发展大敢改、大敢试的思路为建青学制改革提供了最好的条件。就"地利"而言,当时的建青中学,与新建的虹桥路第二小学、虹桥路第二幼儿园仅一墙之隔,具有连片布局的有利条件;同时又因所在地段靠近虹桥开发区,属于旅游外事区,又处通往虹桥机场的路旁,据此理应建造一座具有现代化教学设施和优美教学环境的学校,以符合虹桥开发地区"外向型""国际化"的特点,使学校成为对外开放的重要窗口之一。

1984年初,建青中学向其主管部门长宁区教育局提交《关于更改校名的报告》,提出要建立一所实验学校,从报告内容来看,此时长宁区政府原则上已批准"将建青中学、虹二小学和虹二幼儿园合并为一校,进行中小幼十一年一贯制改革试验"。

1984年6月1日,一份更详细的《关于试办建青实验学校的方案(讨论稿)》出台。

为了贯彻邓小平同志关于"教育要面向现代化、面向世界、面向未来"的指示,迎接世界新的技术革命的挑战,更好地为社会主义建设培养人才,现行的教育体制和学制必须进行改革。通过改革旨在全面贯彻党的教育方针,提高普通教育的教学质量,培养创造型的建设人才,探索一条符合我国实际的社会主义教育的新路子,以适应"四化"建设的新要求。为此,提出根据本区虹桥开发地区的特点和学校布局的有利条件,将建青中学、虹二小学和虹二幼儿园合并为一校,进行中、小、幼十一年一贯制的学制改革的试验,初步确定为幼儿园2年,小学4~5年,初中4~5年。另外,高中部分除直升外还可另行招生。三校合并后改名为"建青实验学校",建立一套领导班子,统一领导和管理学校的人事、财务和校舍。

建青在筹建之初,就提出了一整套实验方案,主要内容为:

一、培养目标

通过实验使学生在德、智、体三个方面都能得到生动活泼的发展,培养能适应"三个面向"的要求,成为决心献身"四化"的有理想、有道德、有创见,既能动手,又能动脑的开拓型人才。

二、办学的指导思想

根据教育要"三个面向"的精神,以辩证唯物主义认识论为指导,解除片面追求升学率的束缚,坚持"三全"的方针,充分发挥学生主体作用,并充实现代科学技术新成就的知识,鼓励发展个人特长,使学生学得生动活泼,心情愉快。

三、实验改革的内容

1. 学制:实行十一年一贯制,幼儿园两年,小学4~5年,初中4~5年。

高中部分也要实行教学改革。

2. 体制：在行政领导方面实行校长负责制，由校长任命各处室负责人和小学部、幼儿部负责人。

3. 改革的原则

① 既要减轻学生过重的负担，又要提高教学质量。

② 既要注意全面发展，又要注意发挥个人特长，努力办出学校特色。

③ 既要打好基础，又要积极开发学生智能，培养坚强的意志、共产主义的情操和自理、自治的能力。

④ 既要完成教学任务，又要开辟第二渠道，丰富课余生活，向学生介绍现代科学技术信息，扩大学生的知识面，活跃思想，培养创造开拓的精神。

⑤ 既要发挥教师的主导作用，又要充分发挥学生的主体作用，努力改进教学方法，提高教学质量。

⑥ 既要注意课程调整，教材删繁就简，补充新知识、新信息，又要注意教学的科学性、系统性和各科知识的联系。

4. 改革分阶段的初步设想

① 幼儿园2年：完成幼儿园教育纲要的要求外，根据幼儿时期是语言迅速发展的年龄特点，增加英语简单会话的训练。

② 小学4～5年：要求完成现六年制的教学要求，打好语文、算术基础外，外语要求超过小学要求。语文要加强，算术学科的某些难点放到中学阶段。此阶段还要加强音乐、美术课的教育。

③ 初中4～5年：完成现有初中各种大纲要求外，语文完成高中阶段要求，外语完成高中阶段要求（为达到此要求，可以对整个中学阶段的教材做适当增删）。开辟第二渠道，例如电子计算机、英文打字等。建立学分制，作为直升高中的条件。并试验单科跳级或全科跳级制度。

④ 高中3年：试验学分制，各门基础课要达到一定的学分。开设选修课，文理早分科。

⑤ 思想教育的改革：发挥学生主体作用，提高学生自治自理的能力。改变政治课脱离实际的倾向。

四、建议和要求

1. 教改的问题主要是教员问题。这是实验改革的关键问题。新办的小学、幼儿园除了选调一部分老教学骨干及新的优秀中师、幼师毕业生外，还应选调一部分大学专科、本科毕业生充实小学和幼儿园，开展教学研究工作，以提高小学、幼儿师资的总体水平。并可聘请顾问或与大学挂钩来提高中学教师的水平，更新知识。

2. 领导班子一经确定，要求保持相对稳定，无特殊情况不要变动。

3. 区教育学院教研室、幼教科、区少科站及区少年宫对实验学校的教改要给予业务上的指导和帮助。

4. 实验学校同步实行管理体制和经济责任制的改革试点，研究聘请制、责任制、奖惩制。

5. 为了搞好实验中学，今年高中新生招两个班，如今后几年内条件许可的话仍招两个班，原三校校舍连成一片，形成一个完整的校舍。

6. 基于建青实验学校位于宋庆龄陵墓的对面，为了表达对宋庆龄同志的怀念，建议改名为"庆龄实验学校"。

《关于试办建青实验学校的方案（讨论稿）》对未来"建青实验学校"的办学，从培养目标、指导思想、需要实验改革的内容等都做了充分设想，该方案颇具针对性，对当时基础教育存在的问题及努力的方向，都有很好的建议与构想。在体制上，实行校长负责制，分层管理，设幼儿部、小学部等，构架完整。关于校名，他们还提出了一个大胆设想，由于建青校址"位于宋庆龄陵墓的对面"，为了表达对宋庆龄同志的怀念，所以建议校名为"庆龄实验学校"。

此方案出台的重大背景，就是为了贯彻邓小平同志关于"教育要面向现代化、面向世界、面向未来"的指示。长宁区有关部门和建青中学校领导敏锐地意识到，教育必须改革，"提高普通教育的教学质量，培养创造型的建设人才，探索一条符合我国实际的社会主义教育的新路子，以适应四化建设的新要求"。以建青中学为基础创立一所实验学校，有良好的基础，根据"虹桥开发地区的特点和学校布局（中、小、幼三校可以连成一片）的有利条件"，同时，建青中学"原是一所区重点中学，新建校舍设施比较齐全，对实验改革较为有利"。

建青实验学校的成立，适逢其时。1984年6月6日，长宁区教育局向区政府提交《关于试办建青实验学校的请示报告》："为了贯彻邓小平同志'教育要面向现代化，面向世界，面向未来'的指示，迎接世界新的技术革命挑战，更好地为社会主义建设培养人才，现行的教育体制和学制必须进行改革。通过改革要全面贯彻党的教育方针，提高普通教育的教育质量，培养创造型的建设人才，探索一条符合我国实际的社会主义教育的新路子。为此,建青根据本区虹桥地区的特点和学校布局的有利条件,拟将建青中学、虹二小学和虹二幼儿园合并为一校,进行中、小、幼十一年一贯制的学制改革试验。改革初步确定幼儿园两年、小学四年、初中五年,三所学校合并后改名为'建青实验学校',下设幼儿园部、小学部、初中部,建立一套领导班子,统一领导和管理学校的人事、财物和校舍。"

此前提交的方案中,除了取名"庆龄实验学校"的设想未被采纳,很多内容得到落实。经长宁区政府批准,决定建立建青实验学校。1984 年 6 月 22 日,长宁区教育局发文《关于建立建青实验学校的通知》。

建青办学深化内涵和丰富外延为建青学制改革带来了极大的动力。此时,人心思变,人心思改,人心思上,全校教职员工都迸发出实验改革的心声和激情。

1984 年 7 月,正式将原建青中学、虹桥路第二小学、虹桥路第二幼儿园三个单位合并为"上海市建青实验学校",开始幼、小、中"三段一体"整体改革实验。虹桥路 1161 弄 20 号,成为建青的首个大本营,并见证了学校历史上的巨变一刻。上海《文汇报》1984 年 7 月 5 日在头版迅速刊登"本市成立建青实验学校"的消息,特别提到"将对学制、管理体制、教学内容与方法进行一系列改革"。社会各界对新成立的上海市建青实验学校充满期待。

(3)办学条件的优化

改革开放的新时期,在毗邻虹桥国际机场和虹桥、古北两个经济技术开发区,出现了一所具有全新体制的实验性学校——上海市建青实验学校。

为了建设一所设施更加完善的建青,有关部门决定建设一个新校园。2004 年 8 月 11 日,在古羊路 900 号举行了建青实验学校新校舍的开工仪式。新校舍位于虹桥古北经济开发区,作为古北开发二期的配套工程,将由幼儿园、教学楼、综合实验楼、室内体育馆、操场等组成。

2005 年 5 月 18 日上午 8 时,在古北新校区举行了综合楼搬迁仪式。7 月,古羊路新校舍全面竣工。7 月 5 日起,幼儿部、小学部、中学部从虹桥路 1161 号开始整体搬迁,至 10 日,搬迁工作结束。新校园占地面积 48 亩,总建筑面积 28381 平方米。其时,在职教职工 228 人,学生总数 2800 人,其中外籍学生 130 人,共有 67 个教学班。

古羊路新校舍,设施完善、位置优越、交通便利,校园内绿草如茵、花团锦簇、树木成荫,校园环境优美宜人,是一所充满书卷气的现代化学校。

建青率先在上海全市确立"幼、小、中"一贯制的全新办学模式,这也使建青成为国内较早探讨"三段一体"素质教育整体改革实验的学校。

此后,学校以实验改革为立校之本,以"实验性、创新型、国际化"为办学目标,成功创建了适应十五年一贯制办学模式的管理机制、课程体系、师资队伍,注重培养学生"德行好、基础实、能力强、特长显、视野阔",在全国中小学素质教育的改革潮流中一直处于前列,赢得了良好的办学声誉。自 2005 年学校整体搬迁至现代化的古北国际社区以来,蓬勃向上的"建青人"在新的时代机遇与挑战下,更以"积极探究、勇于创新、敢为人先、争创一流"的精神续写华章,再铸辉煌。

(二) 建青一贯制办学的设计

办学重在有思想的顶层设计。建青从诞生起,就围绕一贯制的主题,对办学进行了具有引领性、实验性、前瞻性和缜密性的设计,使教育实验改革始终沿着正确的轨道前行。

时任上海市教育局副局长的凌同光指出,建青实验学校是一所幼、小、中一体的学校,是上海市进行教育整体改革的实验基地之一。建校坚持实践,从基础教育的学制、课程、教材、教法等方面全面地进行探索实验,对基础教育的根本任务是什么,应该把学校办成什么样的学校诸问题,做了很好的回答;从设计改革方案,进行教改实验到研究总结经验,一步一个脚印,精神可嘉,经验可鉴。

1. 办学设计呈现目标思维

建青在起步阶段,在办学设计中十分强化目标的明确、清晰和具体,在办学新模式的构想中,提出了办学目标和育人目标。

(1) 办学目标

建青办学目标是:办成 21 世纪具有中国特色的大中城市基础教育新型学校,即办成"就近入学"、幼、小、中"一条龙"实施素质教育、教育质量上乘的学校。

具体地说,包括了四个方面的指向:一是就近入学。指学校招生以所在地区居民住宅区域为范围,按照九年制义务教育法的有关规定,适龄儿童报名入学,对入学新生不搞择优挑选。也就是说,就近入学规定了学校教改实验的对象是普普通通的学生,不是经过智力测试筛选的超常儿童。二是幼、小、中"一条龙"教育。所谓"一条龙",是学校把学生各个学习阶段连续不断地进行下去的生动比喻,建青实行"11＋3"学习年限,即幼儿园两年、小学五年、初中四年、高中三年的教育,总计

14 年,其中前 11 年实行一贯制,所有学生 11 年内不搞淘汰制。学生初中毕业后分流,高中教育择优录取学生。三是实施"素质教育 20 字主张",坚定正确的办学方向。四是教育质量上乘。指学校办学的各项指标包括学生个体身心发展水平等,不低于区重点学校,有的方面要超过区重点学校。

（2）育人目标

建青的育人目标是"素质教育 20 字主张"：重视习惯,基础扎实,能力较强,爱好显著,品德优良。

国家制定的教育方针是学校培养目标的指针,建青的"素质教育 20 字主张"是国家教育方针的具体化。也就是说,办一所学校总是要确定把学生培养成为什么样的人的方向,这一方向的内涵有两个方面的内容：一是学校教育的内容,二是学生发展的要求。总之,它应该清楚地回答通过哪些方面的教育内容促进学生发展的问题。

2. 办学设计体现实验特征

建青创办时,一贯制办学并没有现成的模式可供学习与借鉴。当时国内有几所基础教育"一条龙"学制的学校,它们大多历史较久,教育投资、设施较好,住宿制,或者对象为超常儿童。而建青当时的现状是：新建成的学校;教育设施与师资仅比困难学校略胜一筹;非住宿制;招收普通的儿童入学。在这样的起点上,怎样实现把建青办成教育质量上乘的学校,建青选择了走科学实验办学的道路。

（1）确定实验课题

制定实验的课题——按"三段一体"的办学模式进行基础教育的整体改革,探索大中城市提高义务教育质量的学制和相应的教育体系。实验课题在两个方面有所突破与创新：一是办学模式学制的创新,二是学校教育整体改革、教育体系的创新。总之,要走科学实验的道路,在改革中创新。

（2）四个实验抓手

建青提出实验课题的四个抓手——招生改革、学制改革、课程教材改革、学校管理改革。

对招生改革,建青从儿童具有同等的接受义务教育的权利出发,为周围居民的子女提供机会均等的教育机会,按地区划分报名入学。这项"就近入学"的招生制度从幼儿园开始,直至初中,并且中间不进行淘汰,无论是智商测试较低的学生,还是多门学科考试不及格的学生,学校照样继续让他们在校学习下去,不退学、不转学。对超常儿童、优秀学生,如果学生个人愿意报考其他市重点、区重点学校,允许他们报考,不拖后腿,来去欢迎。而实际上,几乎没有学生愿意中途离开建青,因为学校为他们的发展进步创造了良好的条件;相反,每年都有许多不属本地区的学生要求转入建青。有的家长想方设法把孩子的户口迁入本地区,以求能进建青读书。招收普通的学生,学校教育却有重点学校的水平,这样的招生改革,理所当然地受到社会各界的欢迎,受到学生与家长的拥护。

对学制改革,建青首先让过去割裂为三的"幼、小、中"教育合为一体,尔后再分段实施。11年(2+5+4)基础教育"三段一体"的构思,既有科学的教育、心理、理论的支持,又有以往成功经验的实证。至于后来从幼儿园到高中十五年一贯制,更体现了普惠和一贯的特点。

对课程教材改革,建青明确课程教材改革的原则,确定改革的思路,按既定的原则和改革思路分条块具体进行,这样做,既可以有系统的保证,又可以全面展开、互补共进。课程教材改革的原则:确保基础,注重应用,分流优化。改革的思路是:"三段"(幼、小、中)统筹安排,纵向体系的改革与横向内容的改革相结合;合理安排学科课程,打好语、数、外基础,重视音、体、美,保证劳动教育和职业技术教育;减少必修课,增加选修课,注重应用能力,发展个性。

对学校管理改革,建青成立后,撤销了原来小学、幼儿园的独立建制,实行统一的领导,由校长全面负责,下设三部(幼儿部、小学部、初中部和高中部组成的中学部)、二处(教务处、总务处)、二室(校务办公室、教育科研室)。学校管理体制实行"统一领导,全程指挥,分部负责,分级管理"。学校招生、人事、基建、经费及大额开支由校统一领导、决策,具体操作由各部二处二室全程指挥。如,教改实验由教育科研室指导实施。三部保持相对的独立性,日常教务、教育质量管理、设备使用由部各自负责,各学科教学、专业业务工作分级管理。统一领导,全程指挥,从管理机制上保证了学校的一体化;而分部负责、分级管理,可以充分发挥各方面的积极性,避免统得过死,压抑部门的创造性。

3. 办学设计充满理论构想

建青实验以邓小平1983年为北京景山学校的题词"教育要面向现代化,面向世界,面向未来"为指导方针,努力办成有中国特色的社会主义的基础教育的新型学校,培养适应现代化建设需要的,在德育、智育、体育上都得到发展,有社会主义觉悟的有文化的劳动者,造就"有理想、有道德、有文化、有纪律"的一代新人。搞好面向全体普通儿童少年的基础教育,是提高国民素质,实现四个现代化最重要的条件之一。

为实现这个宏大的目标,建青实验的理论构想由三个方面组成,综合成有内在互相联系的理论思想体系,并依据理论构想实施教改实验,主要表现为:

一是充分发展普通儿童少年的智能潜力:早期开发普通儿童少年的智能潜力,打破"普通"的迷信;汉字是复脑文字,"双语教学"有利大脑全面和谐发展;培养兴趣,促进智能发展。

二是在当代学校教育中发展"教学做合一"的理论:面向全体学生;手脑并用;学校教育与社会生活紧密联系。

三是促进学生个性发展:发展学生的爱好、特长;促进学生个性和谐发展。

4. 办学设计强调科学规律

建青开展实验的操作原则:大胆改革,稳步前进;重视社会价值,追求整体效应;综合运用教育科研方法。

一是大胆改革,稳步前进:建青实验课题,在某些方面创新步子很大,经过专家科学论证把握大的,如学校体制、课程、教材等方面;在某些方面还处于边试边改的阶段,如课堂教学、考试等领域。建青,从根本上说,不是一所全新的学校,而是继承了过去、有所创新的学校。建青的实验并非要建立全新的教育,而是改革传统教育的弊病,使之更理想、更完善。胆子要大,步子要稳,是实验课题的出发点,同时也是实验操作的基本准则。严格贯彻这条原则,有助于教改实验的成功。

二是重视社会价值,追求整体效应:建青实验学校的办学模式、素质教育等,都要经得起社会这把尺子的检验,不仅要适应当前的社会需要,还要适应未来社会发展的需要,实验课题,乃至各子课题,都要重视社会价值,这样才能目光远大,才不至于仅仅为了考试成绩高几分而迷失方向。

三是综合运用教育科学研究方法:建青的实验主要采用三个结合——科学实验与经验总结结合;试点与推广结合;学习与创新结合。

建青的实验课题可以说是一个不断学习与创新的动态进程。进入 20 世纪 80 年代以后,教育改革在我国、在世界都日新月异,改革开放为我国教育领域吹来了世界的风,各种教育思想理论、流派不断被介绍进来,我国也有不少成熟的教育改革的范例。它们都是建青学习与借鉴的对象。建青在学习中,联系自身的实际,注意创新,使建青的实验更趋完善。建青认为,这种学习与创新是非常必要的。因为最初设计的实验方案并不十全十美,特别是具体实施的环节存在考虑不周、估计不足等问题,有必要予以修正。课题自身存在的不足需要建青不断地修正,并且,不断地学习和创新,这正是建青实验课题走向成熟的标志。

(三) 建青一贯制办学的价值

教育要有意义,办学要有价值,育人要有前瞻,一直是建青教育实验改革的意义憧憬、价值取向和前瞻定位。

建青一贯制办学长达40年,以师生发展为核心,以学制设置连贯为特征,以办学整体改革和学校创新管理为重心,在学制领域探索实现贯通培养的路径,在课程领域探索衔接的方法,在育人方式领域实现素质教育的机制,既是一贯制办学的本质要求,也是一贯制办学的作为和境界。

建青教育实验改革,具有基础价值、延伸价值、长远价值。基础价值表现为对教育的真正认知,走进教育规律;延伸价值表现为对教育贯通的切实实践,走进认知规律;前瞻价值表现为对育人的衔接培养,走进成长规律。

2004年10月,适逢建青建校20周年华诞,在谈到建青20年的实验改革的内容、意义和价值时,作为一贯制实验学校的创意导者、著名教育家吕型伟在接受采访时深有感触地说了如下一番话。

> 在改革开放之后,中国的基础教育正在探索新的模式、走新的路,这就要搞实验,建青是一所老的学校,改成实验学校之后又变成一所新的学校,叫建青实验学校。搞科学实验是学校创办的宗旨,目的是要探索一种新的教育模式、新的课程、新的教材、新的管理、新的体制。所以建青进行的是比较全面的实验。
>
> 为什么要搞十五年一贯呢? 因为如果只进行幼儿园、小学或者初中、高中的一段,时间很短,很难说这个试验成功与否。从幼儿园到高中15年的时间,一个人的基础教育阶段是完整的,这样的改革实验才是有价值的。如果成功了,那就是基础教育成功了。
>
> 实践是检验真理的唯一标准。建青20年的实践是可以回答这个问题的。据我的了解,建青的教育质量从总体来说,从对人的素质培养来讲,建青培养的学生素质是不低的;就是从学校应试的角度来讲也是不低的,当然实验并没有结束。
>
> 现在建青实验改革只有20年,她的成功还应该再看10年、20年,甚至更

长,你的毕业生不管他考上还是考不上大学,能不能成才是关键。

建青学制改革,其价值突出体现在以下八个方面:

1."三段一体"学制彰显教育优势

"三段一体"是经济发达地区基础教育的办学新模式。建青现在的学制共15年,"3+5+4+3"分段,幼、小、中三段一体,具有明显的优势。

首先,落实了九年制义务教育法的有关规定,这是毫无疑问的。12年教育年限,超前实现了义务教育法,符合我国城市经济发达地区的教育发展战略。我国广大的城市地区已基本普及幼儿园三年的学前教育,搞好12年的基础教育是我国当代教育的重要课题和未来教育的方向。因此,建青实验十五年一贯制的学制具有跨世纪的意义。

其次,十五年一贯制有利于提高学前教育的水平。学前教育与九年义务制教育接轨,虽然幼儿园的设备和教师还是从前的,但是办学水平不断提高。幼儿园教师与小学部、中学部教师双向交流,共同参加科研课题,大大提高了教学、科研能力,提高了幼儿教师的素质,这是办学水平上台阶的根本保证。建青"素质教育"就是从幼儿园教育开始的。重视三年学前教育与九年义务教育的衔接,至关重要。

最后,把幼儿园、小学、中学三段合而为一,有利于充分使用教育资源,"三段一体"合办,就一个学校来说扩大了办学规模,能减少教辅和管理人员,节约相应的开支;还有,学校的实验、教学辅助设备,能充分使用,避免重复;能集中财力改善、更新设备。

"三段"合一,得益最大的是学生。最明显的是,节约了以往开学前学校必须用的衔接时间、学生熟悉新环境的时间,还有,建青淡化升级考试,减少复习备考而节约的时间,重视学生兴趣特长延续发展而赢得的时间,等等。因而,15年在校时间能够充分使用,从时间上为"素质教育"提供了有利的条件。这也是教育最大的社会效益。

2."七育并举"有利学生全面发展

建青对学生发展的认识经历了一个长期的过程,后来才定位"素质教育",并制定了实施"素质教育20字主张"。怎样在学校各项工作中加以贯彻呢?建青提出了"七育并举",把"七育"作为工作的抓手。

"七育",指德、智、体、美、劳、心、特。我国中小学教育,长期以来主张学生德、智、体、美、劳五育,建青增加了心理教育、特长教育,认为七育并举,更能促进学生个个成长,全面发展。

心理教育在传统的学校教育中不受重视。现在,人们开始认识到心理教育的作用了,但重视的程度各有差异。建青把心理教育作为"七育"之一,对中小学校开展心理教育具有创造性的意义。"素质教育"要求学生身心健康,心理教育是重要的途径之一。建青认为,当代学生健康的标志,不应该仅看身高、体重、是否近视、是否达到体育锻炼标准,还要看学生的心理素质:是否具有良好的个性,是否能适应学校与社会的生活,是否能适应学校与社会的发展,跟同学和其他人和谐相处。心理教育在建青已形成系列,例如对学生定期的心理测试,以及数据的分析、存档,面向全体学生的心理咨询活动等,在自炼课、社会实践及学校教育的各个环节,重视心理教育的因素。学校由一位副校长负责分管这项工作,把心理教育作为学校重要的议事日程工作之一。

特长教育,既是活动板块设置兴趣小组、选修课的出发点,又是兴趣小组、选修课的最终目标,建青希望每一个学生都有自己最优秀的特长,有良好的兴趣与爱好,无论是智育还是技能,要有一技之长。特长教育,从根本上否定了过去衡量学生的只有学科成绩智育第一的标准,为全面评价学生发展开阔了视野,为促进学生个个成才开拓了广阔的天地,为中小学教育增加了丰富的内容。

3. 重视早期开发有利学生潜能发展

有关心理学研究表明,早期教育对儿童发展影响很大。就智力发展来说,少儿期是智力发展的关键时期,早期开发智力可以对儿童产生重大的影响。从理论上说,基础教育承担早期开发儿童学生的智力潜能是完全可行的,首要的条件之一是学制的保证。但是,儿童学生的在校学习,往往淹没在死记硬背前人的知识经验之中,种种形式主义的、教条主义的烦琐的教育内容,很少考虑如何让学生越学越聪明,越学越能干,建青力图改变这些弊病。在这方面,有许多尚待解决的问题,例如,何时让学生学些什么最佳?怎样才能启发学生学习的内部动机?通过怎样的途径培养能力?课堂上如何进行思维训练?建青的实验当时还没有具体涉及这些,但已经在尝试开发这片领域,譬如幼儿双语教育的探索,从小培养兴趣、爱好的系列活动等。建青认为,基础教育必须重视这个问题。学生初中毕业时,应掌握一定的知识,有一技之长,但最根本的是要聪明能干,而为了造就聪明能干的学生,从基础教育第一年就应开始注意开发儿童的各种潜能。

4. 让不同差异的学生都得到充分发展的机会

学生的差异是一种客观存在。怎样对待差异,有不同的做法。有的把学生区分为超常、普通,然后再施以不同的教育要求;有的采取淘汰制,让差生留级;有的帮助差生,通过补课等不同方法促进其改变学习困难的状况,提高学科考试成绩。建青采用不同于这些的做法,认为基础教育阶段不宜过早分流,也不应该淘汰,为学习困难的学生补课,也不是明智的做法。尤其是花费大量的时间与精力,只是为了把学科成绩提高几分,还不如让这些学生的时间与精力,用于发展他们各自的所长,即使是没有特长的学生,也应该帮助他形成自己的个性特长,从而根本改变"差"的心态。建青追求"没有差生"的教育理想。

为了实现没有差生,就要创造更多的机会和场合让不同差异的学生都得到充分发展。课堂教育,体现在教学目标的分层;考试,体现在附加题;课外活动则机会更多。或许一名学生考试成绩总是落后,没有唱歌、跳舞与体育等爱好,没有手工制作、书法、篆刻等一技之长,但是他还是有机会,可能卫生值日非常负责,可能因此而受到表扬。总之,学校不能埋怨学生差,而应该思考如何为不同的学生提供充分发展的可能性。

5. "就近入学"实现有教无类

建青从最初的起步阶段,便明确学生"就近入学",对就近入学的反对意见,最根本的有两条:一是家长希望自己的孩子能进入教育质量高的学校,二是教师希望学生的学能水平大体一致以便于教学。建青用事实证明,就近入学不是提高教育质量的障碍。学生各方面的水平参差是可能改善的,学校可以为不同差异的学生提供充分发展的机会。多年来,建青正是这样努力追求的,而学校做到了这一点,针对家长提出反对意见的问题也就迎刃而解了,因此,就近入学的关键,是办好每所中小学。建青先行迈出了成功的一步,既不打折扣地"就近入学",又保证了较高的教育质量。

6. 家校社合—有利教育立体化

学生在学校接受良好教育的时间是有限的,在更多的时间里,学生生活在社会、家庭里,接受多种事物,因此,有人感叹 6+1=0(指六天在学校,星期天在家、在社会上)。为了防止这一现象,建立家庭、社会教育网络是非常必要的。学校的围墙再高大、严密,总有疏漏之处,仅仅依靠学校教育提高学生素质是困难的。并且,确切地说,学生的角色同样是多面性的,是学校里的学生,是家庭的成员,是社会的人。传统教育把学生封闭在学校、教室、课本中的做法事实证明是行不通的。学校无法预料社会、家庭对学生的各种"教育"影响。因此,堵不如疏,发挥社会、家庭教育积极的一面,克服消极的一面,使学校教育形成开放的教育,成为社区、家庭教育沟通的现代教育。

为此,建青花大力气,建立家长教育委员会的网络,与附近街道、企业等建立社区教育网络。一方面,指导家庭教育,对家庭、社区提出学校教育的要求;另一方面,接受来自家长、社会的监督与指导,不断改进学校教育。

7. 整体全面改革加大成功效应

建青的实验成功,可以归因于整体改革,全面改革。实验的触角涉及学校教育、教学、管理、课程、教材、教法、教师、学生……几乎涉及基础教育的全部领域。建青教育改革的突破口是学制改革,随着学制的改革,相应课程、教材改革全面推开。因为提高学生素质,必须要有新的课程、教材。教师教、学生学,都离不开课程、教材,课程、教材变化了,教学内容变化了,教法与学法也相应改变,学校的管理同步改革,学校各项工作配套改革。所有这一切改革,同心协力,共同为了建青实验健康顺利进行。学校教育改革的成功,选好突破口是非常重要的,而且,改革必定会逐渐推向全面,发挥整体效应。

8. 强调一体化发展有利积淀提升

建青的实验伴随时代发展、社会进步和教育深化而不断迭代升华。坚持"一体化发展"的指导思想,坚持"一体化管理、一站式支持、一贯制教育、一条龙项目"总体发展思路,坚持"实验立校、科研兴校、开放强校"的办学策略,成为建青实验教育改革的宝贵经验和治校财富。这些宝贵经验和治校财富必然成为建青发展的价值与再生价值。

作为实验学校,根本任务就是要实验改革,提高学校的整体效应是需要整体改革与单项改革并重进行的,用数字化转型赋能学校整体发展一体化与学段发展个性化的有机统一。学校以"一体化发展"作为总体思路,以"大学校观"为理念,采用"五部一体"的管理模式,"敬业精进"的教师团队在"三段一体"学制特色下,更好地为学生创设"贯通融通"的课程,实施"精准个性"的教与学,为课程实施和学生发展创意地进行"空间重构",为全校师生提供"一站式"的支持和保障,助力学生成长的跟踪与规划。

二、开题建构：一贯制办学的思考维度

一贯制办学，对建青而言是一个永恒的命题，这个开题，不仅牵一发而动全身，而且关系办学的走向和兴校逻辑。

一贯制办学的思考品质，决定了一贯制办学的生命；一贯制办学的思考维度，影响着一贯制办学的效度。

一个核心：师生发展为本；两大建树：贯通、衔接；三大思路：用实验求发展，用改革攻难关，用课题换迭代，是建青实验长达40年始终坚持的根本遵循。

（一）一个核心：师生发展为本

教育实验改革，虽是教育系统的整体更新、进步和完善，但本质上还是人的自我更新、自我变革、自我完善。因此，人是教育实验改革的核心，是决定因素。建青在长达40年的实验改革中，始终将人放在基本、突出的位置，将学校中的人——学生和教师的发展，作为第一要务。

以师生发展为本，是建青实验的主旨，也是建青实验的主流，更是建青实验的主业。

1. 师生发展的教育原理

人，是教育的对象，也是教育原理的基点。

（1）人是教育的核心

师生发展为本，前提是认识人。

教育的核心问题是培养人的问题。在研究个体社会化教育中，必须加强对人的研究，必须正确认识人的本质。马克思指出："人的本质，并不是单个人所固有的抽象物,在其现实性上,它是一切社会关系的总和。"马克思的这一论断,是在全面总结黑格尔哲学、青年黑格尔的普遍的自我意识哲学和费尔巴哈的人本主义的基础上逐步形成的。它为建青研究人提供了科学的理论武器和入门的钥匙。

人作为动物的一类,总是具有其生物性的一面,然而,人是万物之灵,人是社会的人,因而人的本质属性不是生物性而是社会性。而人的这种本质属性既不是与生俱来的,也不是固定不变的,它产生于社会关系之中并随着社会关系的变化而变化。所以,要认识人的本质,要研究人,以便教育、培养人,不能离开各种社会环境和社会关系的制约。学校作为社会专司教育、培养人的机构,它不仅始终存在于社会关系之中,而且其本身就是社会关系的一种。鉴于此,马克思强调指出:"只有在集体中,个人才能获得全面发展其才能的手段,也就是说,只有在集体中才能有个人的自由。概言之,研究人不能离开社会关系去研究人的本质,而应该是现实地、具体地、历史地、全面地研究人,把握人的本质。"

(2) 教育是"人学"

什么是教育? 教育说白了,就是育人。人是教育的基点,也是原点。离开了人,教育就是虚无;脱离了育,教育就显得苍白。教育与人的密不可分的契合性,形成了基本元素,组成了基础要素。

"人"居于教育圆中的核心,有着多方面的考量:

——在教育的本质中,人一直居于中心地带,是最基本的,是构成教育的最核心要素。

——在教育的元素中,人始终是最基础的特质。人是教育的出发点,也是教育的终点。教育如果脱离了人,也就失去了生命。

——在教育的作用中,人是最有动力的因素。离开了人的"客观"要件,教育的功能就无法实现,作用也就无从谈起。

显然,基于人的教育,才使教育具有至高无上的地位,才使教育具有牵一发而动全身的作用。人,是教育中最活跃、最有生机的要素,也是教育发挥作用的最基本的对象。教育,如果失去了人,也就失去了存在的价值;如果脱离了人,也就降低了生长的作用;如果忽视了人,也就弱化了发展的价值。

教育,或者教育学,说到底,可以归结为"人"学。教育的"人"学的本质特征,既是尊重教育产生的历史,也尊重教育存在的理由,更尊重教育繁衍的规律。

教育是"人"学,追本溯源,应该可以这样诠释:

——这是由教育的属性决定的,因为教育是教化的过程,是对人的文化、文明提升具有决定性意义的,教育的根本任务就是以德树人。

——这是由教育的功能赋予的,因为教育是转化的过程,是从量变到质变的进化过程,教育的基本作用就是以文化人。

——这是由教育的效果显示的,因为教育是融化的过程,是从理想、愿景变成现实,教育的影响价值就是让人成人。

基于此,人的核心地位,映衬出教育在人类发展中无法替代的地位,表现出促进人的全面发展难以替代的巨大功效。

因此,围绕"人"的教育,才是真正的教育,是真正发生的教育。建青对一贯制办学的研究和实践,是围绕师生的成长而进行的,因此是科学而又踏实的。

(3)教育目的是成人

从教育目的本身的发展来说,经历了德行是"唯一目的"到德行是"核心目的"的历程。这个转变符合社会发展历程、教育"为了什么"的认知历程,以及"人之为人"认知历程。在教育的萌芽时期,教育的目的是教授生存的经验。在轴心时代,教育的目的是培养道德的人。比如,孟子讲"夏曰校,殷曰序,周曰庠,学则三代共之,皆所以明人伦也"。柏拉图的"使人接近善"无不说明这一点。之后的一段时期,教育的目的逐步转化为培养"社会需要的人才"。特别是近代社会,教育的目的一度就是培养流水线需要的技术工人。到现代社会,人们对教育的目的进行了反思,逐步形成了教育的外部目的(工具性目的)和教育的内在目的的统一,即社会发展、文明传承与人的发展的统一。

教育的目的是为"人成为人"这个过程提供科学的、系统的、持续的支持,以达到通过教育,促使个体的社会性不断发展,从一个自然人成长为一个社会人,个体的自然属性与社会属性统一的目的。当然,对一个具体的人来说,"社会人"的界定又被具体的社会形态、社会文化、社会价值取向所影响。教育的价值取向自然会受其影响。

"人之为人"有着各种的认知。孟子讲,人之所以异于禽兽者几希。马克思讲,人是一切社会关系的总和。人们或从具体,或从抽象来界定人的属性。建青认为,从类的、抽象的表达来说,人与动物的区别有三:一是人有不断锤炼自身的品质,使自身的品质趋于圆满的意愿;二是人有深度地、持续地学习的能力,而这个能力又是其他品质的基础;三是人具有通过劳动而创造价值的能力。在人的发展过程中,教育应当为这三者的发展提供最有力的支持。在基础教育阶段的实践中,这三个方面,可以具体表述为善良意志、学习能力和创新素养。教育应当为这三者的持续发展奠定基础。

作为人的品质,必须有善良意志。古今中外对于人性有各种假设,但是不管这种假设是消极的、积极的、善的、恶的、理性的、自由的,都不吝啬对于善和趋于善的赞美。善良的意志是"异于"的核心。这里借用了康德善良意志的概念,"一切美德都是以善良意志为前提"的。这里的善良意志是普通意义上的理解。强调意志,是想要表达到善良是一个艰难的过程,是一个磨砺的过程,是需要节制偏好、是需要理性选择、是需要消耗心力的。在迈向善良的路径中,最为重要的是社会情感的发展水平。

作为人,必须有学习的本领。《论语》的第一篇是《学而》。《荀子》的第一篇是《劝学》,开篇就是"学不可以已"。怀特海认为,"自我发展才是最有价值的智力发展"。古今中外,无不对于学习本身进行了深入的思考,提出了高的期望。这是因为学习能力是其他能力形成和发展的基础。在诸多的学习能力中,最为重要的是自主学习、学会学习和对于学习的热情。

作为人的发展,必须有创新素养。创新是一个社会不断向前发展的动力来源,是人类实践活动中最有价值的部分,是人智能化的最高阶标志。对于创新有着各种的定义,简单地说,就是"新的、有价值的、可实现的",是形式上的新颖、功能上的价值与实践层面的可行的统一。创新可以在不同的层次上发生,有高水平的,也有普通层次的。因此,它是通过训练,人人都可以获得的一项能力。它又可以具体分为创新人格、创新思维与创新实践。

当今世界充满了不确定性。科技,特别是人工智能领域的迅猛发展,是这种不确定性的原因之一。纵观人类发展的历史,每一次科技的革新,都会给身处其中的人带来身心安于何处的惶恐。但是从历史的演化来看,每一次的发展,人类都向着更文明、更幸福的方向在发展。只要以乐观、直面、投身的态度来应对这种变化,这种变化就是希望的开始。

面对世界的变化,教育本身也在发生着变化。"高质量、拔尖创新人才、自主培养",成为教育工作的关键词。培养具有家国情怀的拔尖创新人才,成为新时代高质量教育体系发展的重点目标。随着对教育本身理解的发展,学生核心素养的培育,成为教育工作的指导思想。以核心素养来重新塑造和表述整个育人的体系,成为当前的重点。

无论如何变化,建青认为,善良意志、学习能力、创新能力是人成长的重要内容。但是,需要根据时代的发展,给予新的诠释。比如,关于学习能力的提升,当前所需要关注的,是学会学习,借用人工智能领域的理论,就是元学习。

2. 师生发展的办学理念

在建青,师生发展是有办学理念奠基的。

办学理念,是学校办学的生命。建青在长达 40 年的实验中,通过办学理念的破茧、递进、完善,不断将一贯制实验推向前进。

回眸建青历史,可以看到一条基于师生发展的办学理念脉络的清晰延展、传承与发展。

1984 年,建青成为一所从幼儿园一直到高中的一贯制学校,以幼、小、中"三段一体"教育教学整体实验改革为主要任务,探索教育教学的基本规律,提出了"注重双基,文理并重,重视实践,全面发展"的办学理念。从 1990 年开始,素质教育成为建青实验探索的重点,办学理念为"提高人的整体素质,双手托起明天的太阳"。2009 年办学理念为"用规律办学,用素质育人",2012 年办学理念为"办师生喜欢的学校,让师生共同发展",2022 年办学理念为"孕育希望 谐美青蓝"。从建青历次办学理念的调整中,我们可以看到,建青的办学实践一直将"人的发展"放在了核心位置,这恰恰是教育的本质所在。

尽管不同时期,建青提出的办学理念在表述上有不同的特点和侧重,但围绕人的发展即师生发展是不变的主基调,是常在的主旋律。

3. 师生发展的办学目标

在建青,师生发展是有办学目标依托的。

办学目标,是学校办学的愿景,也是凝聚师生人心的指向。建青在长达 40 年的实验中,不断将办学目标与时代脉搏相连,与社会要求相系,与人的发展相重,用目标导向。

1994 年,建青的办学目标为:观念现代化,管理科学化,教学目标化,教师学者化,学生个性化,手段信息化。

2004 年,建青的办学目标为:实验性,创新型,国际化。实验性,重在课程与教学的衔接,发挥课程最大的育人效应;创新型,重在创新培养方式和管理机制,探索多元发展的成长规律;国际化,重在推进国际融合,兼收并蓄,文化自信,提升教育品质。

2022 年,建青的办学目标为:长期目标——实验性,创新型,国际化;近期目标——建设一所具有思创特色的、开放型的实验学校。实验性,重在学校的文化核心;开放型,重在学校的品质核心;思创特色,重在创新是学校发展的驱动力,是实验性的必然要求。

4. 师生发展的育人目标

在建青,师生发展是有育人目标守正的。

育人目标,是学校办学的成效。建青在长达40年的实验中,通过育人目标的丰满、圆润、完善,不断将一贯制育人推向新的境界。

1994年,建青的育人目标为:重视习惯,基础扎实,能力较强,爱好显著,品德优良。

建青从办学目标出发,考虑到21世纪公民应具备的素养和充分发展学生个性等因素,将"素质教育"的内涵具体化为20个字,即育人目标如下:

(1) 重视习惯

基础教育阶段是人生的起始阶段,一个人从小养成良好的习惯,一辈子受益。习惯,要经过培养造就才能形成。经过长期的培养,形成学生的自觉行动,使其习以为常。习惯贯穿于学校教育的各个阶段,根据不同的年段有所侧重,持之以恒。

建青把学生的习惯分为四大块:行为规范习惯、学习习惯、卫生习惯、体育锻炼习惯。行为规范习惯,主要是执行中小学生行为规范,根据规范制定实施细则,有实施,有检查。实施细则,时间从幼儿园至高中,内容各有侧重,习惯始终如一。例如尊敬教师,从幼儿园就开始爱师敬师,离开幼儿园上了小学,认识了新的教师,同时仍要尊敬幼儿园教师,上了中学,仍然要尊敬小学的教师。

学习习惯,包括课堂学习、课外学习等各方面的学习习惯。例如,课堂上,预备铃声响,安静入座,准备课堂学习用具,等候教师进教室;上课认真听讲、积极开动脑筋、踊跃发言;下课后,让授课教师与听课教师先离开教室;等等。学习习惯也按年龄提出不同要求,例如,小学在教室里完成作业,课前不预习,而到中学,回家完成作业,并有少量的课前预习。

卫生习惯,包括个人卫生习惯和环境卫生习惯。个人卫生,主要依靠家庭教育培养,学校起引导与督促检查作用。如,幼儿园检查是否带手帕、剪指甲等,从小培养爱整洁、讲卫生的习惯。环境卫生,就是人人参加的卫生劳动,又是人人参与的环境保护,在固定的卫生劳动时间,人人动手打扫力所能及的卫生包干区,如,幼儿园孩子擦小桌子、小凳子,小学生打扫教室,中学承包校园保洁区,每天课余时间专人定岗值日卫生等。

体育锻炼习惯,包括每天必须的广播操、课间操、运动会等集体体育活动,包括个人的体育锻炼活动:冬季的跑步、跳绳;夏天的游泳;春、秋天的远足等。人人参与,长年坚持不懈。

一个人的好习惯可以有许多的方面。建青认为,在学校基础教育中,上述的四种习惯是最重要的,作为社会的人,行为规范习惯是和谐人生和与人共处最根本的习惯;着眼未来,学习习惯是人终生不可能缺少的,从小养成良好的学习习惯,有利于终身学习进步;着眼文明,讲究个人卫生、爱护环境与坚持体育锻炼的习惯,有益于身心健康发展,有益于社会文明进步,同时也是提高国民素质的重要方面之一,抓好培养四大习惯,那么,其他的好习惯也将随之养成。

(2) 基础扎实

中小学教育是基础教育,是人生一辈子的基础,如果仅仅是这样认识,那么所有的学科教学教育统统都要作为基础,统统要做到扎实,但那是不现实的。没有重点也就没有了基础。所以,基础教育内部要区分出重点的基础,把这一部分的基础弄扎实。建青在实践中,把语、数、外教学作为最重要的基础。这三门学科都是工具性学科,是学习其他学科的基础。学生的未来发展呈现"金字塔"结构,中小学阶段的基础越扎实、越宽广,那么金字塔的高度就可能越高,学好语、数、外,就是奠定"金字塔"的基础。

与语、数、外同样重要的基础,还有劳动技能的基础。为什么要把劳动技能列入基础呢? 建青是这样认为的:重视劳动首先是一种社会价值观念。尊重劳动、热爱劳动,让学生学会一定的劳动技能,是现代教育区别传统教育的重要特征之一。其次,把劳技列入基础是为了促进学生全面发展。从有关的学习理论来看,学习语、数、外是偏向大脑左半球的一种学习,学习劳动技能,能促进动脑与动手协调发展,促进大脑左、右半球协调发展。劳技教育有工艺制作、烹调、家电修理等,建青的目标很清楚,不是为了把学生培养成手工艺匠、厨师,而是要学生动手操作,手脑协调、劳动创造。

(3) 能力较强

能力较强,主要是指使学生具有初步的自辨、自学、自炼、自理能力。

自辨能力。所谓自辨,指辨别、认识与判断。学校教育必须重视培养学生具有独立的人格,也就是努力完善学生自我的主体意识。教育总离不开灌输,因为要让学生习得知识,"灌输"是必要的教育手段之一。然而仅仅靠灌输的教育是片面的,教育还应该培养学生独立自主的意志,使学生的主体意识不断成熟,自我辨识事物,能认识与判断真善美、假丑恶。建青认为,培养自辨能力有利于形成正确的世界观与人生观。当然,在基础教育阶段,培养学生具备的自辨能力尚属浅层次的,但是,它需要贯彻于基础教育的全过程。

自学能力。它与学习习惯有联系又有区别,可以把自学能力看作是学习习惯的发展和深化,并且,自学能力与各学科知识的学习联系更紧密,建青具体的操作分为前后两个阶段,幼、小为前段,小、中为后段,前段重培养习惯,后段偏重培养自学能力,最终目标是实现不需要教师教,学生便能学习新知。

自炼能力。主要是通过"自我教育"的形式,自我锻炼。每天下午第一节课前15分钟设"自炼课",完全由学生自己组织进行,从四年级(小学)至八年级(初中)内容上纵向衔接,融思想性、知识性、趣味性、娱乐性为一体,有思想教育、问题讨论、文娱唱歌、讲故事等,要求学生人人参加,而班主任教师不到现场,强调"自炼",让学生在活动中形成参与意识和活动管理等能力,改变传统教育"要我"参加锻炼,成为"我要"参加锻炼。自炼还要求从课堂走向社会,组织学生定期参加社会实践活动,低年级由教师组织带队,到高年级逐步变成由学生集体组织社会实践活动,达到提高自我锻炼能力的目标,为今后走向社会扫除心理上的障碍。

自理能力。主要指个人生活方面的自理能力。从幼儿阶段开始,培养简单的个人生活自理能力,例如系鞋带、洗手帕、喝完水把杯子放回原处、放学前把小桌子、小板凳排整齐等;小学阶段在生活自理的基础上培养学习生活自理,不要家长陪做作业等,再逐步发展到做简单的家务劳动与公益劳动;到初中阶段,自理能力的要求更高些,要求培养能独自照料自己生活的能力,如个人卫生、食、宿、衣着、出行等。

(4) 爱好显著

要在早期发现和培养学生的兴趣爱好,发展个性特长。从幼儿阶段起步,中小学阶段连续不间断,使兴趣、特长朝专门化、专业爱好发展。在幼儿园、小学、中学各个阶段,面向全体学生,组织多种多样的课外兴趣小组,横向上文、体、技、艺,各种门类齐全,纵向上成系列发展。学生完全根据自己的意愿参加某项兴趣活动,可以中途退出,也可以重新参加,经过若干次的尝试,最后形成向最强的兴趣方向发展,在兴趣小组活动中逐渐培养自己的能力强项。就学生个人来说,他了解了自己的兴趣需要,并且"技高一着"。从学校教育来说,通过合理的兴趣导向与分流,使各类型的学生都有可能获得冒尖发展的机会。

(5)品德良好

品德良好,这是基础教育最重要的任务,学校教育就是要培养社会主义现代化建设的接班人,为此一定要把学生培养成为热爱社会主义、热爱祖国、热爱中国共产党的四有新人。品德良好有具体的评价内容,主要分为三大块:一是思想政治方面,二是道德品行,三是行为规范与习惯。思想政治不是空洞的说教,而是从学生的实际出发,由感性上升到理性,使学生思想政治水平逐步提高、成熟。例如,幼儿园小朋友从爱妈妈、爱老师、爱同学、爱幼儿园的活动中,感受什么是爱,进而认识爱祖国的道理;小学生热爱祖国,从祖国悠久的历史、大好的河山,逐渐朝理性发展;到中学阶段,要求对"三热爱"有理性的思考与认识。道德品行,除了要听学生怎么说,如文明礼貌用语等,还要看学生怎么做;除了要看学生在学校的表现,还要了解学生在家庭、社会的表现。"把行为规范与习惯"跟培养学生的良好品德联系起来,有利于言行一致。

总之,"素质教育20字主张",可以理解为既是实施素质教育的途径,又是素质教育的目标。通过"素质教育20字主张"的贯彻与全面落实,把所有的学生造就成为社会主义现代化建设需要的各级各类人才,成为身心智全面发展的人,即素质良好的人。具体地说,建青认为什么是素质良好,是从基础教育的现状出发,认为当学生毕业离校时,其应具备以下六项素质:

(1)热爱社会主义祖国,热爱中国共产党,有社会主义觉悟,知道四项基本原则和改革开放的重大意义;有良好的道德品行;初步养成正确的世界观和人生观。

(2)思维灵活,动手能力强;掌握一定的学习方法。

(3)知识面较宽,语数外基础扎实。

(4)树立热爱劳动、尊重劳动的观念,能吃苦耐劳,懂得一些简单的劳动技巧。

(5)身心健康,坚持体锻,讲卫生,讲文明,有较好的心理品质。

(6)社会适应性较强,既有集体精神又有自立意识,能自我约束,能与人共处,有一定社会活动能力。

2009年,建青的育人目标为:德行良,基础实,能力强,特长显,视野阔。

2011年,建青的育人目标为:德行好,基础实,能力强,特长显,视野阔。

2016年,建青的育人目标为:德行好——爱国担当、明礼守则、勤劳友善;基础实——习惯良好、学业扎实、身心健康;能力强——知行合一、乐学善思、实践创新;特长显——独立自主、多才多艺、个性彰显;视野阔——博古通今、关注社会、国际融合。

2020 年,建青的育人目标为:德行好·爱的情感——爱国乐群、亲亲爱物、明责守信;基础实·意志品质——健康开朗、勤勉专注、惜时克己;能力强·逻辑思维——见微知著、审思明辨、要言达意;特长显·自我发展——择正谋远、奇思智创、尚美雅趣;视野阔·实践能力——博览妙赏、兼容并包、明体达用。

同时,建青对教师的成长目标做了具体界定。实验成功的关键是"人",必须建设一支教育、科研双肩挑的教师队伍。如果把学校比作一架运行着的机器,教师就是螺丝钉和燃料、润滑油,没有他们在各个岗位上的出色工作,这架机器就无法运转。而要进行教改实验,教师肩负的担子比过去更重。培养和造就一支出色的师资队伍,是当务之急的大事,建青在建校之初,提出的要求和采取的措施有:

(1) 更新知识结构

建青开办的时候,教师队伍的构成并没有特殊的优待。所以,一开始,建青认识到必须依靠学校的努力,提高师资水平。衡量一名教师的水平,大致可以从师德、业务水平、教育科学理论修养三个方面来衡量。培养师德很重要,良好的师德主要靠教师个人的修养和陶冶,提高业务水平可以靠学历进修来达到。相对来说,教师的教育科学理论修养是较薄弱的。找到了薄弱环节后,建青采用"请进来、派出去"的方式,更新教师知识结构,提高教师素质。请进来,是请大学、科研所教育专家来校讲课,办教育科学理论的系列讲座,介绍国内教改的动态,介绍教育名家及其主张等,开阔教师研习教育学、心理学的思路;派出去,是选派部分的教师参加上级与外单位主办的各种研讨班、学习班,为教师进修学习开"绿灯",提供尽可能的方便。应该说一般教师的业务状况都比较好,由于过去的师范教育重学科业务、轻教育心理,走上教师工作岗位后的继续教育更新知识往往也是专业的比重大,因此,安排学习教育科学理论大有必要。时至今日,学校教师学习教育科学理论已蔚然成风,每学期都要组织分级分类的培训讲座。

(2) 使用与培养相结合

为了尽快地造就一支骨干队伍,建青通过压任务、压课题,培养教师教育科研双肩挑的过硬本领。学校的教师与学生比例与大多数学校一样,教师的日常工作量是满载的。在保证完成教学工作量的基础上,组织一批教师搞科研课题。在初期,科研课题成员由学校决定与自愿相结合,老、中、青梯队搭配,在完成课题的同时,培养年轻教师。到后来,课题组基本上是自愿合作型的,每学年自报科研课题计划,邀请专家评审,确定课题后再实施。科研课题,只要求在学校实验的大范围内,不求大而全,但求实而精,通过改革、实验、实践总结,实实在在地做一两件有益的事,或者发现或总结一两条经验,这样紧密联系教学和实验,容易出成果。

(3)宽严结合,严肃制度

宽松的工作氛围与严格考核相结合,奖勤罚懒,奖励优秀。学校对教师的管理工作,力求营造一种轻松的气氛,注意工作方法,发挥工、青、妇等组织的作用,开展经常性的职工娱乐活动、组织参观、想方设法提高教师待遇。同时,严格管理制度,对缺勤、迟到及其他不遵守教学工作和秩序的行为,予以必要的处罚,打破"大锅饭",奖勤罚懒。经过民主讨论,教工代表大会通过,学校制定了教育、教学工作的条规。实施效果令人满意。对优秀实行奖励,如教学、科研或其他各方面的优秀工作者,精神鼓励与物质奖励相结合,树立先进典型榜样,形成全体员工积极向上的精神风貌。

以下是建青教师培养目标要求:

表1　入职第一年(见习期教师培养)

	学员要求	导师要求
本体知识	每周规范的教案(详案,提前一周)交给导师	指导学员的教案
	每周听两节导师的课,完成听课笔记20篇的记录	每周听1节学员的课,给予评课和指导。
	每学期1次校级公开课	指导学员公开课的备课过程
作业命题	每学期进行作业设计展示,完成一次命题	指导学员设计作业和命题过程
信息能力	信息技术整合能力	熟练运用各项信息技术
实验能力	在任职过程中学会发现问题	帮助、指导学员尝试解决问题
育德能力	全程跟班管理	指导学员进行班级管理
	做到班主任"十必到"的基本要求	指导学员做到"十必到"
	每学期1次主题教育课	指导学员主题教育课备课过程

续　表

	学员要求	导师要求
心理辅导	在跟班过程中,与导师共同对学生进行心理辅导	指导学员正确进行心理辅导
科研能力	每学期至少读 1 本教育专著,撰写 1 篇学习心得或教学反思	

表 2　入职 2～5 年(能力构建期)中级教师培养期

	能力	呈现方式	
教学能力	教学设计能力	幼:半日活动设计 小:单元整体设计 中:教学案设计、单元整体设计	
	课堂教学、实验能力	校级及以上公开教学、课型、实验设计	
	作业设计能力	分层作业设计	
	本体知识、命题能力	1～2 次期中、期末模拟测试卷	
	质量分析能力	每学期班级期中、期末质量分析报告	
	信息技术整合能力	熟练将信息技术服务于教育教学(微信群合理运用、微课运用、资源库应用、质量分析平台使用)	
育德能力	全员德育	学科德育	落实二纲,育人教书
		研究和指导学生的能力,特殊学生(心理)辅导能力	1 名学生有明显的转变,有跟踪实验的过程记录
	班主任工作能力	创建"三自"型班集体	班委例会常态化、班干部培养
		营造良好班风、学风的能力	班级环境优美、学生精神面貌好、同学间团结互助
		与任课老师形成共育的能力	班级例会正常召开并形成相应的措施
		与家长沟通的能力	捕捉学生的闪光点,对存在的问题提出合理建议,引导家长支持学校工作,保质保量完成家访工作,无投诉,提升家长满意度
科研能力	撰写 1 篇教育教学案例;参与项目、课题研究		

表3 任教5～10年(能力展示期)高级教师培养期

	能力	呈现方式
教学能力	教学设计能力	幼:特色半日活动设计 小:单元整体设计系列化(全学段) 中:教学案设计系列化(全学段)
	课堂教学、实验能力	区级及以上公开教学及评优活动 课型设计能示范和辐射
	作业设计能力	分层作业设计系列化(全学段)
	本体知识、命题能力	每学期至少1次年级统测卷(含单元检测、期中、期末)试卷命题
	质量分析能力	每学期至少1次年级学科统测(含单元检测、期中、期末)质量分析报告
	信息技术整合能力	熟练将新媒体服务于教育教学
育德能力	全员德育 学科德育	落实二纲,有机融入
	全员德育 特殊学生(心理)辅导能力	1名学生有明显的转变,有跟踪实验的过程记录
	班主任工作能力 创建"三自"型班集体	班委例会常态化、班干部培养
	班主任工作能力 营造良好班风、学风的能力	班级环境优美、学生精神面貌好、同学间团结互助
	班主任工作能力 与任课老师形成共育的能力	班级例会每月至少召开1次,并形成相应措施,有跟踪记录
	班主任工作能力 与家长沟通的能力	全面分析学生潜在的能力和优势,指导家长进行生涯发展规划及指导,善于处理学生、家长和学校之间的矛盾,注重发挥家长(家委会)和学生的主体作用,因势利导,形成合力
科研能力		1. 为教师开设专题讲座;2. 主持1项课题研究;3. 开发1门校本课程;4. 指导学生开展研究(探究)性学习。(1、2、3中任选一项;4必选,高中为小课题研究,初中为开放性作业,小学为长作业,幼儿园为小制作)

表 4　任职 10 年以上教师（学科带头人培养期）

		能力	呈现方式
教学能力		教学设计能力	教学设计有个人教学风格，任教学科成绩突出；参加课程标准修订、教材编写等
		课堂教学、实验能力	在区域本学科领域有一定知名度，承担区级及以上示范课
		作业设计能力	作业设计系列化、校本化（全学段）
		本体知识、命题能力	能承担区域范围质量检测的命题；参加中、高考命题
		质量分析能力	中、高考科目中考卷、高考卷评价 1 份或完成本学科教研组以上层面的质量分析
		信息技术整合能力	熟练将新媒体服务于教育教学
育德能力	全员德育	学科德育	落实二纲，经验分享
		特殊学生（心理）辅导能力	同高级教师
	班主任工作能力	创建"三自"型班集体	
		营造良好班风、学风的能力	
		与任课老师形成共育的能力	
		与家长沟通的能力	
科研能力			主持区级以上课题，并取得能够推广和应用的研究成果；有论著发表
带教能力			具有较强的指导、带教能力，在指导培养青年教师方面取得成绩和经验

表 5　任职 15 年以上教师（特级教师培养期）

	能力	呈现方式
教学能力	教学设计能力	精通教学，教学效果特别显著
	课堂教学、实验能力	在区级以上范围内有声望，承担区级及以上示范课

续　表

	能力	呈现方式
教学能力	作业设计能力	作业设计系列化、校本化（全学段）并能产生辐射作用
	本体知识、命题能力	能主持区域以上范围质量检测的命题；参加中高考命题
	质量分析能力	中高考科目中考卷、高考卷评价 1 份或完成本学科教研组以上层面的质量分析
	信息技术整合能力	熟练将新媒体服务于教育教学
育德能力	全员德育 学科德育	落实二纲，榜样示范
	全员德育 特殊学生（心理）辅导能力	同高级教师，在学生思想政治教育和班主任工作方面有突出的专长，积累丰富的经验并传授
	班主任工作能力 创建"三自"型班集体	
	班主任工作能力 营造良好班风、学风的能力	
	班主任工作能力 与任课老师形成共育的能力	
	班主任工作能力 与家长沟通的能力	
科研能力		主持区级以上课题，并取得能够推广和应用的研究成果；有论著发表
带教能力		具有较强的指导、带教能力，在指导培养青年教师方面取得成绩和经验

5. 师生发展的课题研究

在建青，师生发展是有课题研究开路的。

课题，是学校办学的通道。建青在长达 40 年的实验中，通过持续不断的课题研究、实验探索、实践检验，有效地把师生发展推向科学有序的轨道。

而在课题研究中，人，即学校的师生成为主角。研究学生、研究教师，是课题研究的两大主题，也是支撑课题探索的两大支柱。

建青先后以龙头课题《九年一贯制素质教育办学模式研究》《"九年一贯制"素

质教育课题延伸研究》《城市中小幼学生创造力培养序的研究》《一贯制学校探究性学习中教师指导行为研究》《一贯制学校提高学生传媒素养、发展语言能力的课程建设研究》《十五年一贯制学校学生优势智能实验室课程建设的实践研究》《数字化转型视阈下十五年一贯制学校学生自我发展规划力培养的实践研究》这七大实验项目,即七大课题,瞄准师生发展的需求,体现了师生发展为本的理念和意识。

(二) 两大建树：在一体中贯通、衔接

在一贯制办学中,贯通、衔接,可谓是精粹、精致和精华。而形成贯通、衔接的优势,成就一贯制学校的特质,一体则是核心和要义。

贯通,是一贯制办学的特征,也是一贯制办学的秉性。贯通,保证了一贯制办学的成色,也增添了一贯制办学的亮色。

衔接,是一贯制办学的功能,也是一贯制办学的物化。衔接,体现了教育功能性的发挥,也展示了一贯制办学的强势。

一体,是一贯制办学的前提,也是一贯制办学的灵魂。一体,为一贯制办学的贯通理念奠定了设施基础和运行机制,为一贯制办学的衔接功能打下了观念根基和实践导向。贯通的"路路通"和衔接的"环环连",实则是一体的"框框架"起到了驱动、引领作用。

1. 一体的"框框架"

建青作为首创中国基础教育幼、小、中"三段一体"办学模式,教育对象涵盖幼、小、初、高四个学段学生,实施十五年制幼儿园、小学、初中、高中教育,按国家和上海市规定,为规定区域内符合条件的适龄儿童和青少年提供高品质的全日制一贯制实验学校的基础教育,不同学段的学生在"同一个屋檐"下学习生活,是一体的基本形态,也是学校的组成样式。

一体,成为建青对内管理的灵魂、对外形象的标志。一体,让办学"泉涌滚滚"。

(1) 空间环境的一体

从学校发展来看,建青一体的产生与学校更名紧密相关。建青,始于 1939 年创建的"私立南洋模范无线电学校",1952 年更名为"私立南洋模范补习学校",1955 年更名为"私立建青初级中学",1956 年 6 月,转为公办学校,更名为"上海市建青初级中学",1969 年更名为上海市建青中学,直至 1984 年 7 月,经长宁区人民

政府批准,以建青中学为主体,与相邻的虹桥路第二小学和虹桥路第二幼儿园合并,成为一所一贯制实验学校,被命名为上海市建青实验学校。显然,一体是建青由"私立建青""建青中学"更迭及其合并各一所小学、幼儿园而成为建青实验学校的实体变化的结果。校名的变更和办学主体的扩容,是建青一体空间环境产生的前提。

建青校址的变化,越来越有利于一体。学校1954年迁至华山路1364号,1983年迁至虹桥路1161弄20号,直至2005年7月,由虹桥路整体搬迁至现址古羊路900号,不仅校园面积得到了扩容,面貌发生了深刻变化,配备了良好的设施,美化了环境,而且使年龄从3岁至18岁的幼儿、小学生、中学生,在"同一个屋檐"下展开学习生活,实现学习环境的共处、教育设施的共用和教育优势的共享。

为了使一体的空间环境更有利于贯通和衔接,建青以关爱"最柔软的群体"——幼儿为基点,制定和落实了一体空间重构的基本原则,表现为"大让小",既能体现普通学校环境建设的一般原则,如和谐、整洁、优美、安全等,又特别强调混龄下的建设原则,如主题综合、灵动组合、虚实结合、跨龄融合等,环境建设更体现出学校人文关怀、爱的情感,这与学校的育人目标相一致,旨在培养建青学子的成长意识、感恩意识和责任意识。

（2）管理模式的一体

一体,对学校管理体制和机制提出了挑战,也给一贯制办学提供了改革、优化和连贯的机遇。

建青在成为一贯制学校之前,是一所初中,管理体制与大多数学校一样,基本上是学生以班级、年级建立,教师以学科教研组或年级组设立,学校以校级、中层和基层建制为呈现样态的。

而建青成为一贯制学校之后,一体在管理上就显得更有优势。

经过20年的改革,建青在"三段一体"办学模式实验中,逐渐形成"统一领导、全程管理、分部负责、分权赋职"的管理体制,学校以"基础扎实、素质良好、能力较强、爱好显著"为目标,以文化知识学科、社会实践课、选修活动课与风纪环境教育四大部分组成新的课程结构体系,完成编写一批特色教材,为学生创设一个以学校教育为中心的学校—家庭—社会一体化的开放型教育环境。通过实验,培养目标达到预期效果,小学阶段对未经挑选、就近入学的学生,仅用五年时间就完成小学六年的学习任务,对幼、小、初中自然过渡也进行了卓有成效的探索。建青在教育实验方面迈出坚实的步伐,积累了宝贵的办学经验。

　　建青经过探索,在九年一贯制办学期间,形成了具有自身特点的运行机制,主要表现在一体化的管理网络。一贯制要求有一体化的管理网络,这一管理网络既非小学的,也非中学的,而是按照一贯制的要求构建的。一是行政系统:一室两部四处。一室即校长室;两部即小学部、中学部;四处即教务处、总务处、教科室、校办。二是党务系统:二部一会一队。二部即党总支、团总支;一会即工会;一队即少先队。另设家长教育委员会、教职工代表大会。两大系统的"一体化",形成"三段一体"的学校新格局。

　　如今,建青经过多年的改变、探索,形成了稳定的管理结构:设置五个内部行政机构,分别为幼儿部、小学部、中学部、发展部和保障部;可根据实际需要设置教学辅助部门。幼、小、中三部分别设主任室,下设教导室,主要负责各学部日常教育教学管理。发展部设主任室,下设科研室、评估室,主要负责全校的政策研究、整体规划、督导评估、实验孵化、教育科研、师资培训等工作。保障部设主任室,下设校务室、教务室、总务室、人事室、信息室,主要负责全校校务管理、教务管理、总务管理、人事管理、信息管理、教学辅助、内外协调等工作。

　　学校党务工作机构与行政相应机构合署办公。根据需要,可单独设置党务工作机构。

　　学校根据一体化管理要求,部分管理工作采用中心管理机制。根据需要,设立科创发展中心、艺术发展中心、学生发展中心、生涯发展中心、体育发展中心、国际交流中心、网络数据中心等。

　　同时,围绕学校"创新型、实验性、国际化"的办学目标,学校推行科学化、人文化的管理模式,制定了上海市建青实验学校章程,章程由总则、组织机构和管理体制、学生、教职工、学校与家庭、社会、学校资产和财务管理六部分组成,充分反映学校办学者、管理者,以及教职员工、学生的要求与意愿,使章程起草成为学校凝聚共识、促进管理、增进和谐的过程。

　　建青在管理上持续落实和丰富"一体化发展"的总体发展理念,以"五部一体"为管理特点,倡导大局意识、大学校观念,强调站在学校整体发展的高度上,推动学校一体化发展。

　　建青的管理旨在实现办学目标:建设一所具有思创特色的开放型的实验学校。传承实验性、创新型、国际化的总体目标,坚持"一体化发展"的总体发展思路,坚持实验立校、科研兴校、开放强校的办学策略,加快教育数字化转型,打造学校特色。

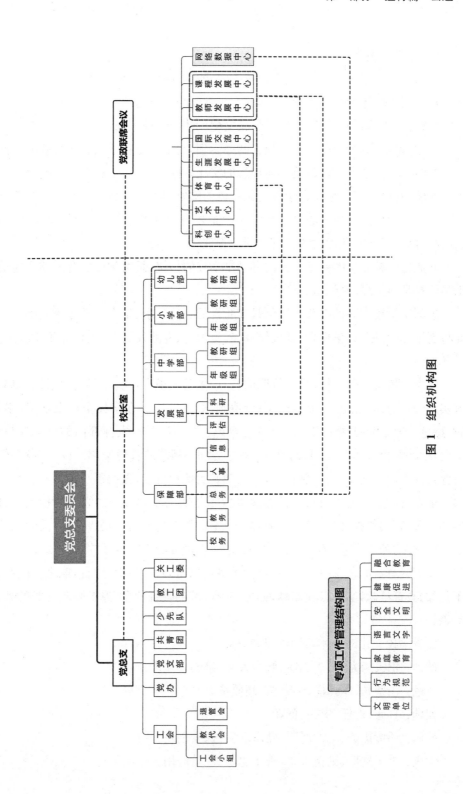

图 1　组织机构图

（3）学校文化的一体

作为一体的建青，学校文化实现统一内涵和共同标志，势在必行。

建青基于一体的办学体制，一体的学校管理与共同的学校文化紧密相连。

"孕育希望 谐美青蓝"，是建青学校文化一体的形神表征。

"孕育希望 谐美青蓝"，既是建青的办学理念，也是建青学校文化的基本内容。

"孕育希望 谐美青蓝"，是办学理念的文化认同，也是文化意识的办学理念。

实验、开放、思创，是建青学校文化一体的重要内涵。

实验是学校文化的核心。搞科学实验是建青创办的宗旨，目的是要探索一种新的教育模式、新的课程、新的教材、新的管理、新的体制。

开放是学校品质的保证。开门办学是学校的传统，是由学校实验性质决定的，也是学校品质发展的保证。

思创是学校发展的引擎。思创是实验性的必然要求，是未来学生重要的能力。要将创新理念融入办学理念、学校管理、教育教学、专业发展、学生培养等学校工作的各方面。

建青学校文化的一体，具有鲜明的特点，主要表现在："实验"为文化核心，倡导求实、开放、思辨、创新、实践等核心价值观念，发挥实验在学校全面发展、科学发展、特色发展中的引领作用。倡导责任意识、主人翁意识，发挥部门的能动性与创造性，推动学校协调发展，形成"科学民主、公正协调"的管理文化。以"三段一体"为育人特点，"一条龙"为学制特点，"一贯制"为课程特点，强调每一门课程、每一个学程都要为学生的全面成长与持续发展打下坚实的基础，形成"纵向衔接贯通、横向丰富融通"的课程文化。以"孕育希望 谐美青蓝"为办学理念，倡导"关爱信任、平等尊重"的师生关系，师生和谐发展；倡导"厚德养正、包容激赏"的育人理念，坚信经过正确有益的教育引导，每一位学生都可以得到发展；倡导"青，取之于蓝而青于蓝"的教育信念，实现自我超越；倡导"非择优"的教育理念，追求有教无类的教育梦想。

建青学校文化的一体，具有明晰的标志。

精神：积极探究、勇于创新、敢为人先、争创一流。

特色：一条龙、非择优、全方位、高质量。

校训：真诚、责任、求实、创新。

校风：环境优美、纪律严明、勤奋求实、探索创新。

学风：勇于进取、勤奋求实、善于思考、注重应用。

教风：热爱学生、从严治教、勤奋求实、探索创新。

2. 贯通的"路路通"

贯通，不仅是物理空间的概念，也是系统架构的意识。在建青实验教育改革中，贯通是改革的重心，也是实验的主场。贯通，让办学"溪水潺潺"。

（1）育人目标的贯通

由于学制的局限，以往育人往往基于本学段，难以形成育人的连贯性。一贯制办学，促进育人从学段思维走向整体思维，从单个层面走向多个层面，从局部强化走向全部综合。

建青凸显十五年一贯制教育的特色，围绕"德行好、基础实、能力强、特长显、视野阔"的育人目标，依据各学段学生特点和教育规律，细化了学段目标，初步实现了在整体育人目标上的贯通。

建青确立的育人目标在分学段的达成标志中，更强调了贯通，包括内容的前后递进和连贯。如"德行好"中的"爱国乐群"，幼儿部培养的具体指向是：认识国徽、国旗、首都，会唱国歌，为自己是中国人感到自豪，适应集体生活，愿意与大家分享，有同情心，关心他人，爱自己成长的校园，爱生活的城市；小学部培养的具体指向是：培养学生了解中华民族悠久的历史和灿烂的文化，增强爱国情感，培养学生学习社会主义核心价值观，热爱祖国，热爱人民，帮助学生树立与他人和谐相处的观念，学会尊重他人，积极沟通，具有集体责任感和团队意识；初中段培养的具体指向是：关心国情时政，关心家乡的建设，具备民族自尊心、自信心和自豪感，热爱集体，与他人融洽相处，积极参与学校、社区活动，初步形成公民意识；高中段培养的具体指向是：认识社会主义制度的优越性，具有为实现中国梦而奋斗的理想信念，形成正确的世界观、人生观、价值观。团队合作意识强，热心公益，积极参与志愿者服务，勇于承担社会责任。这个"德行好"的分学部、学段的培养具体指向，体现了贯通的一脉相承和一以贯之，具有整体育人的意识。

持续育人的贯通，既是脉络清晰，又是一贯到底，不仅避免撞车，也避免分割，使育人的整体效应得到最大限度的释放。

（2）课程体系的贯通

对一贯制办学而言，课程体系是教育发力和产生影响的主阵地。一贯制办学的贯通，课程体系既是实现载体，也是价值建树。

建青的课程体系，既忠于国家规定的课程的全面落实，又基于一贯制的优势落地,尤其在贯通上彰显课程的连续、连贯、连接作用。

在建青,课程体系、课程目标、内容和实施方案,强调贯通育人,让每一门课成为贯通育人的"载体"。

建青坚持"以学生发展为本"的素质教育精神,以"指南""方案""标准""两纲"为依据,充分体现学校的幼、小、中"三段一体"的十五年一贯制办学特色,注意课程衔接,加强校本课程的持续开发,推进"品牌"课程的建设,形成具有学校特色的基础型课程与拓展型课程、研究型课程相整合的课程结构,以满足学生不同层次的需要,发展学生的多元智能。如打造的艺术、体育和科创"一条龙项目",初步实现了课程纵向上的衔接与贯通。学校立足于"让每一个学生根据自己的兴趣爱好与优势智能水平,有课程可选择,有活动可参加,有特长可拓展"的发展目标,通过学习空间重构,初步实现了课程横向上的丰富与融通,不断拓宽学生的学习生活经历,提升学生的综合素养。

同时,建青架构了幼、小、初、高一体化 JQ 系列课程,充分展现贯通的能量。

一贯制办学,既有学生系统学习和习惯培养的优势,也有生源非择优、学生个体差异巨大的特点。学校立足《国家中长期教育改革和发展规划纲要》,基于《中国学生发展核心素养》,围绕学校办师生喜欢的学校,让师生共同发展的办学理念,以培养"德行好、基础实、能力强、特长显、视野阔"的建青学子为目标,建设 JQ(JOINT QUALITY)——建青高品质融合课程,课程凸显一贯制学校课程融通和贯通的特色,即横向丰富融通、纵向衔接贯通。

JQ 系列校本课程,目标是国家课程和地方课程的校本化实施,结合学校育人目标,重点培养学生发现并解决实际问题的能力。课程是以学生素养为指向,以学校办学理念为指导,丰富必修、选择性必修及活动课程的内涵,实现国家课程和地方课程的校本化实施,旨在培养学生具有适应 21 世纪挑战的关键素养和能力,使学生具备适应个人终身发展和社会发展的关键素养:社会责任、交流能力、合作意识、创新精神、自主学习能力、实践能力和国际化理解。

JQ 系列校本课程包括 JQ-TRY、JQ-MAP、JQ-WIN 系列校本课程,以及 JQ-IDEA 思创(创智·创意·创造)跨学科特色课程、JQ-MEDIA 国际理解(文学·文艺·文化)跨学科特色课程、JQ-DESIGNER 生涯规划(阅己·阅人·阅事)跨学科特色课程。

JQ-TRY、JQ-MAP、JQ-WIN 系列校本课程的构建,体现学校"三段一体"学制的特点:幼儿部 JQ-TRY 课程,鼓励学生在做中学,具有试错精神;小学部 JQ-

MAP课程,鼓励学生多元发展,多维度评价;中学部JQ-WIN课程培养学生综合能力及关键技能。三个学部四个学段的课程目标围绕学校培养"德行好、基础实、能力强、特长显、视野阔"的育人目标开展,螺旋交替上升发展,构建"横向丰富融通、纵向衔接贯通"的课程体系,凸显十五年一贯制学校的育人特点和优势,旨在全面对接国家课程,面向全体学生,丰富国家课程校本化实施的内涵与外延。

JQ-TRY、JQ-MAP、JQ-WIN系列校本课程设置侧重基础学科的外延,以班级授课模式开展,部分课程进行项目化实施,个别学科教学内容跨学科领域。课程建设充分考虑国家课程和校本课程的融通,属于选修课程;同时,充分尊重各年龄段学生的发展需求和各学部自身特色及优势,保证课程开设的丰富性和多样性。

表6　JQ-TRY、JQ-MAP、JQ-WIN系列校本课程

学段	课程群名称	板块	课程
幼儿学段	JQ-TRY	添智(科学集体探究活动)	教师走班
			幼儿预约
		添悦(科学区域活动)	科学小镇(室内)
			科学小镇(户外)
			班本化科学探究活动
		添趣(科学综合活动)	科技亲子嘉年华
小学学段	JQ-MAP	艺术俱乐部	布谷歌唱——合唱(Choir)
			舞蹈精灵——舞蹈(Dance)
			奏鸣未来——管乐(Brass Band)
			形体韵律——形体(Shape-up Exercise)
			墨海弄潮——书法(Calligraphy)
			印迹有痕——版画(Prints)
			走近大师——绘画赏析与创作
			聚焦镜头——摄影(Photography)
			领巾飘扬——鼓号队(Drum Band)

续　表

学段	课程群名称	板块	课程
小学学段	JQ-MAP	体育俱乐部	手球（Handball）
			乒乓球（Table Tennis）
			武术（Martial Art）
		国际融合俱乐部	戏剧（Drama）
			快乐英语（Happy English）
			演讲（中英文）（Speech）
			小企鹅 AI
			一起·玩建筑
			微笑日记
			财商课程
			小企鹅爱科学
		传统文化沙龙	小记者（Little Reporter）
			讲故事
			硬笔书法
			课本剧
中学学段	JQ-WIN	艺术与健身	手球
			舞蹈
			电脑绘画
			合唱
			易拉罐画
			非遗面塑
			美术培养课程

续 表

学段	课程群名称	板块	课程
中学学段	JQ-WIN	艺术与健身	管乐队
			篆刻
			外交篮球
			乒乓
			素描与速写
		科学与创新	信奥
			乐高机器人
			飞的梦想
			这就是物理
			DI DRAMA
			人工智能
			科学做中学
			智能车挑战
			科技创新班
			VR 创想
			DI 创新思维
			数媒课程
			创意戏剧
		学习与生活	中国模型建筑
			生命科学拓展
			雅思综合
			这就是物理

学段	课程群名称	板块	课程
中学学段	JQ-WIN	国际理解	科普英语
			雅思综合
			英语公共演讲课
		人文与思辨	新闻观察与写作
			文学名著选读
			雅思综合
			英语公共演讲课
		实践与交流	英语配音

JQ-IDEA 思创跨学科特色课程、JQ-MEDIA 国际理解跨学科特色课程、JQ-DESIGNER 生涯规划跨学科特色课程，是在 JQ-TRY、JQ-MAP、JQ-WIN 系列校本课程的基础上，梳理和开发形成的"横向丰富融通、纵向衔接贯通"的课程体系。其对接整体育人目标，以"孕育希望 谐美青蓝"为课程理念，以"创新力""规划力"培养为核心目标，培养具有"科学精神、文化自信""终身学习"等价值观念，"乐群、责任、专注"等必备品格，"创新力、批判力、表达力、审美力、规划力、实践力"等关键能力的建青学生，以跨学科、项目化学习为主要方式，关注数学、语言、科技、国际理解、生涯规划等课程内容，建立幼小中一贯的特质课程框架。此项课程，旨在指向学校核心育人目标，以素养培养为导向，在 JQ-TRY、JQ-MAP、JQ-WIN 系列校本课程丰富多样的基础上，充分利用一贯制学校学制特点，着重培养学生的必备品格和关键能力，侧重学生创新思维的培养、全球胜任力的培养和自我发展规划能力的培养，促进学生全面发展的同时凸显优势智能。

JQ-IDEA 思创跨学科特色课程以"创智·创意·创造"为主要板块:"创智"板块以算法和编程为底层技术支持，"创意"板块以设计和创编为底层技术支持，"创造"板块以调查和实验为底层技术支持，重在高阶思维的培养、重在实践能力的培养，重在实际问题的解决。JQ-MEDIA 国际理解跨学科特色课程以"文学·文艺·文化"为主要板块:"文学"板块以语言和思辨为底层知识支持，"文艺"板块以戏剧和编曲为底层技术支持,"文化"板块以国际交流与传统节日为底层活动支持,重在批判性思维的培养、重在跨文化意识的培养、重在全球胜任力的培养。JQ-DESIGNER 生涯规划跨学科特色课程以"悦己、阅人、阅事"为主要板块:"悦己"板块以情绪管理和时间管理为底层能力支持,"阅人"板块以合作沟通和规划学习为底层能力支持,"阅事"板块以职业体验和社会实践为底层活动支持,重在自我发展规划能力的培养、重在合作沟通能力的培养、重在社会意识的培养。

表 7　JQ-IDEA、JQ-MEDIA、JQ-DESIGNER 跨学科特色课程

课程群名	板块	核心力	课程群名	幼儿部	小学部	中学部
JQ-IDEA 思创课程	创智	算法与编程	信奥基础班			√
			智能车挑战			√
			人工智能			√
			车模		√	
			玩转计算机		√	
			现代科技	√		
			……			
	创意	设计与创编	电脑绘画			√
			DI DRAMA			√
			VR 创想			√
			中国民族模型建筑			√
			数字作品创造		√	
			易拉罐画			√
			创意小制作		√	
			美味生活馆	√		
			乐高搭建	√		
			……			

课程群名	板块	核心力	课程群名	幼儿部	小学部	中学部
JQ-IDEA 思创课程	创造	调查与实验	乐高机器人课程		✓	✓
			"飞的梦想"航模			✓
			这就是物理			✓
			科学做中学			✓
			科创大赛拓展课			✓
			玩趣科学		✓	
			科学游戏	✓		
			实验创想	✓		
			科学亲子嘉年华	✓		
			童趣 4+X 活动	✓		
			科学小镇（室内）	✓		
			科学小镇（户外）	✓		
			班本化科学探究活动	✓		
			……			
JQ-MEDIA 国际理解 课程	文学	语言和思辨	雅思综合			✓
			新闻观察与写作			✓
			文学名著选读			✓
			英语公共演讲课			✓
			快乐儿童英语	✓		
			……			
	文艺	戏剧与编曲	合唱		✓	✓
			舞蹈		✓	✓

续　表

课程群名	板块	核心力	课程群名	幼儿部	小学部	中学部
JQ-MEDIA 国际理解课程	文艺	戏剧与编曲	管乐		✓	✓
			形体		✓	
			书法		✓	
			版画		✓	
			绘画赏析与创作		✓	✓
			摄影		✓	
			鼓号队		✓	
			手球		✓	✓
			乒乓球		✓	✓
			武术		✓	
			电脑绘画			✓
			易拉罐画			✓
			非遗面塑			✓
			篆刻			✓
			外交篮球			✓
			素描与速写			✓
			"小飞龙"武术	✓		
			小荧星艺术团	✓		
			……			
	文化	国际交流与传统节日	DI DRAMA		✓	
			快乐英语		✓	
			演讲(中英文)		✓	

续　表

课程群名	板块	核心力	课程群名	幼儿部	小学部	中学部
JQ-MEDIA 国际理解课程	文化	国际交流与传统节日	小企鹅 AI		√	
			微笑日记		√	
			小企鹅爱科学		√	
			小记者		√	
			讲故事		√	
			硬笔书法		√	
			课本剧		√	
			沪语童谣	√		
			幼儿经典诵读	√		
			……			
JQ-DESIGNER	阅己	情绪管理和时间管理	心理课		√	
			生涯课			√
			一日生活常规	√		
			……			
	阅人	合作沟通和规划学习	志愿者服务系列			√
			一日游戏活动	√		
			……			
	阅事	职业体验和社会实践	一起·玩建筑		√	
			财商		√	
			中国模型建筑			√
			小记者		√	√
			英语配音			√
			植物种植体验	√		
			传统节日活动	√		
			……			

（3）学制学段的贯通

相较一般学校，一贯制办学有利于学段的贯通。学段制学校，往往以学段作为考虑办学的主要因素，难以顾及学段间的贯通，可能也没有现实的贯通条件，各个独立的校园使得学段成为自然的屏障。

而一贯制学校不同，天时地利，让贯通随处可见，随时产生，随景可触，随情滋缘。在建青的校园里，能听到娃娃声，也能听到带有变声期的嗓音，年龄相差的距离，可能成为贯通的需求。

建青严格落实国家课程方案和课程标准，探索国家课程校本化实施。基于学校办学理念、育人目标、学校特色，构建符合学段特点和整体一体化要求的校本课程体系。

关注各年龄段学生学习方式和学习特点，充分发挥各种教育手段的交互作用，丰富活动形式，注重真实情境体验，使学生的自主性、主动性和创造性获得发展。

积极探索适合幼小中不同学段的学习方式。学校初步形成了满足学生多元选择的拓展型课程、研究型课程系列，形成了具备建青特色的大艺术课程、DI 课程等跨学科课程。各学段积极推进教育教学改革，学生自主选择、体现个性的分层教学和管理机制逐步形成，切实提升了学生的综合核心素养。

各学段形成了多元评价方案。幼儿学段聚焦"观察—分析—评价—调整"课程管理机制，形成了"一日生活"评价方案。采用"自评、他评、互评"等方式，对教师、幼儿开展评价，形成成长档案。小学学段强调科学评价，树立科学的质量观，全面推行各学科"等第制"评价，从学习兴趣、学习习惯和学习成果三个维度展开，形成了"小企鹅棒棒堂"评价体系。中学学段学业成绩采用分数和等第制相结合评价方案，综合学生的学业成绩、学习能力、实践能力、兴趣特长、团队合作等方面，开展多维度评价。学校依据学生成长手册，结合育人目标，关联学科核心素养，建设"生涯发展支持系统"，形成了全面的、连续的、多元的跟踪成长体系。

（4）特质培养的贯通

一贯制办学，为一以贯之地培养具有共性特征和个性特点的一代新人提供了有利条件与难得机会，也为形成"建青人"的特质奠定了时空基础和内容连贯。

特质培养，是建青发挥十五年一贯制办学优势在育人上的追求和特色。长期以来，学校致力于学生"创造力"和"规划力"的特质培养，坚持从幼儿到高中进行学段贯通持续推进，取得了显著的成效。

一是创造力培养，是建青从幼儿到高中历时十多年的学程，根据儿童生理发展的规律及各年龄阶段的心理特点进行了贯通。

——兴趣到特长的贯通培养。爱因斯坦说,兴趣是最好的老师。兴趣是创造最重要的成分,是创造的开始。因此,没有兴趣,就没有创造。

兴趣的发展有一根链,由低到高,由浅入深,即好奇—兴趣—中心兴趣—特长。

幼儿的好奇心是先天遗传与后天培养的"合金",他们的日常生活与游戏、学习中也充分体现了他们的好奇心。好奇心的特点是无意性强、目的性差,散乱且呈跳跃式。

幼儿进入小学,当了小学生,真正意义上的学习开始了,学习任务、学习责任需要他们对各科的学习发生兴趣。兴趣是在好奇心基础上发展起来的、有意性较强、有一定的目的性的、比较稳定但又比较广泛的心理倾向。

进入初中后,由于学习的学科门类增多、内容深化,学生不可能各种爱好都均衡发展。在客观影响与主观选择中逐渐对某些学习内容特别感兴趣,成为中心兴趣,其他学习内容成为边缘兴趣。能否在初中时期形成他们的中心兴趣,这是衡量他们心理成熟度的一个方面。中心兴趣是在兴趣基础上发展起来的相对集中、有意性、目的性很强,且稳定而持久的一种心理倾向。

高中生进入了青年初期,价值观渐趋稳定,对学习有更大的自觉性和选择性。在初中时已有兴趣的基础上,通过进一步的钻研深化而形成自己的特长,高中生的这个特长领域最有可能成为他们创造发明的前奏。

——思维的贯通培养。思维是人智力的核心,当然也是创造的核心。智力和创造力虽然不是同步的,但它们都以思维作为自己的支撑点。

幼儿的思维是从婴儿的动作思维发展而来的形象思维,也就是想象。幼儿通过具体形象的表象进行思维,也是幼儿创造力表现的一个极为重要的方面。孩子从再造性想象开始,不断在想象中扩大创造性成分,是创造力的雏形。

小学阶段抽象的逻辑思维能力逐步发展,知识也不断扩充,为创造性思维能力的培养提供了条件,这种创造性思维能力仅仅是初步的。

初中生是人生发展的过渡时期,生理心理的成熟、抽象逻辑思维能力进一步提高,为创造性思维的发展提供了良好的条件,成为人生创造力培养的关键期。

创造力的问题是涉及一个人的全面素质问题,特别是良好的心理素质问题。到了高中阶段,学生趋向全面成熟,这就要注重对他们进行全面的心理素质的培养,为迎接创造力的高峰期打下扎实的基础,做好充分的准备。

——独立性的贯通培养。人出生后身心发展相当迅速,到3岁时就进入到第一个反抗期,独立意识明显地表露出来,这可以说是人生发展的第一个突变期。

人需要独立,需要自主,否则人的心理就不能发展成熟,人格发展也不可能完善。

幼儿时期是人生独立自主的开始,依赖与顺从是创造的大敌,有了独立和自主就有了创造性的可能。幼儿在游戏中最能表现他们的独立性、自主性,因而游戏就成了幼儿最广阔的创造领地。培养幼儿的独立性、自主性是创造力培养的前提条件。

小学时期学生在勤奋学习中获取成功,在成功中树立自信,在自信的气氛中学习,才有继续取得成功的希望。小学生系统学习知识为创造力提供了最好的营养,小学生在学习成功中树立起自信,为创造力提供了不竭的源泉,也为日后的学习和创造磨制出锐不可当的利器。

初中时期应该说是一个多事之秋,进入了第二个反抗期,社会的准则与他们个人的独立意识与成人感产生了尖锐的矛盾。半成熟、半幼稚、半独立、半依赖、半成人、半儿童,客观上要求他们有一定的自控能力,使自己的行为意识进一步社会化。在创造力的发展上也要求他们能更多地自控。深入和扩大的知识学习需要他们自控,学习社会、了解社会需要他们自控,从自控中发展他们的毅力和坚持性,这是创造力发展的灵魂。

高中学生的人生观、世界观正在逐步形成,因而创造性人格的培养是这个阶段的重点。要塑造一个具有鲜明个性的自我,有充分的自信力去实现自我。爱因斯坦说:"什么是野草? 就是一种人们还没有发现其价值的植物。"世界上不存在俗人眼中那种毫无用处的野草,当然也就不可能存在一个无能之辈。要自我肯定,自信自爱,充分认识自己内在的巨大潜能,坚信自己是一个美好而伟大的人,这是开拓光辉的未来、实现创造发明的不可动摇的基石。

二是规划力培养,是建青基于时代发展对人的全面素质要求和人生规划的考量而实施的重点培养。

规划力,是人持续发展的重要能力。学生在校学习,既是现实发生的,也是规划中成就的。因此,规划力,无论学生认识多少、掌握多少,都是自觉或不自觉存在的。十五年一贯制办学,学生要在校园内经历幼、小、初、高四个教育阶段,形成科学、有序的规划力,既是学生自我发展的客观需求,也是建青能提供的教育优势。

建青认为,自我概念主要是个人对自己在兴趣、能力、价值观念、人格特征等方面的认识。这种概念从青年以前就开始形成,进入青少年阶段后会进一步明确,并逐步成为职业上的自我概念,每个阶段的自我认知、生涯探索及生涯规划都是个人良好发展的有力保障。也就是说，人在每个阶段如果能够充分认识自我，理解现阶段的任务和职责，并进行良好的规划，就能达到生涯成熟，从而提升幸福感。

——规划力是终生需要的能力。规划力是一个人面对具体事情时需要具备的能力，在人生的每个阶段也需要这种能力，在清楚认识自己的兴趣、能力、价值观念、人格特征后，分清主次并适当调整，决定把自己的力量投入到哪个方面才可以发挥自己最大的优势并坚持下去，正是生涯成熟的标志。建青研究中的规划力是一个人在人生成长的每个阶段或面对具体事物时，对未来发展的规划能力，即了解自我、分析设计、笃志执行的能力，也就是在清楚认知自己的兴趣、能力、价值观念、人格特征等信息后，分清并适当调整，决定投入精力的方向，进而发挥自身优势，坚定执行，最终实现生涯规划。

——规划力需要贯通培养。十五年一贯制正是打开了培养的"窗口期"，提供了贯通培养的时空。学生生涯发展也是一个连续的过程，需要综合考虑学术、职业和个人方面的需求。随着时间的推移，学生生涯发展的研究逐渐扩展到更广泛的领域，包括社会和情感发展。因此，关注学生的发展应该从以下四个方面开展：首先，学生的学业发展。这包括学生在学术方面的成就、学习动机和学习策略等。其次，学生的职业发展，涉及学生对不同职业的认知、职业兴趣和职业规划等。再次，学生的社会发展，包括学生与同伴、家庭和社会的关系，以及他们在社会中的角色和责任。最后，学生的个人发展，涉及学生的自我认知、自尊和情感健康等。

——规划力培养注重个性培育。建青探索十五年一贯制学校如何在更好地了解学生的需求和挑战的前提下，帮助学生全面清晰地认识自我，并为他们提供个性化的支持和指导，使得他们具有规划的思考模式和自我发展规划力，从而更好地规划自己的学习和职业发展，提高他们的学业成就和职业满意度，提升幸福感，并成长为适应时代发展的 21 世纪人才。

（5）研究探索的贯通

一贯制办学，尤其是十五年一贯制办学，时间跨度、连续程度都比单一学段制的学校更具优势。这种时空的延续，也使学校对教育规律、学生成长规律的研究和实践取得了有利条件和便利可能。

从 1984 年建青成立起，研究体系的贯通、研究内容的贯通、研究项目的贯通、研究路径的贯通、研究方法的贯通、研究效应的贯通、研究时效的贯通、研究影响的贯通，已成为系统研究贯通的生态。

无论是九年一贯制、十一年一贯制，还是十六年一贯制、十五年一贯制，一贯制成为研究贯通的主线,提升优质办学成为研究贯通的主题。贯通,维系整个研究大局,贯穿整个过程。

建青经过多年研究,呈现的一大批成果具有贯通的特点:1996 年《九年一贯制素质教育办学模式研究》、1997 年《"九年一贯制"素质教育课题延伸研究》、1997 年《城市中小幼学生创造力培养序的研究》、2003 年《一贯制学校探究性学习中教师指导行为研究》、2011 年《一贯制学校提高学生传媒素养、发展语言能力的课程建设研究》、2019 年《十五年一贯制学校学生优势智能实验室课程建设的实践研究》、2022 年《数字化转型视阈下十五年一贯制学校学生自我发展规划力培养的实践研究》,以及教育数字化转型的研究,都是对贯通的一种诠释、解读和探索。

3. 衔接的"环环连"

衔接,是一贯制办学的优势,也是一贯制办学的佳境。衔接,让教育环环相扣,节节相系。衔接,让育人"锦上添花"。

(1) 衔接的正确认知

一贯制学校,从组织结构上看,似乎是不存在衔接问题的,因为从幼儿到高中,从一年级到高三,一以贯之,没有了因为学段原因必须分割的可能,似乎磨平了学段间产生的突出"尖角",但其实不然。这是因为:

第一,教育跨度存在是需要衔接的天然原因。一贯制学校并没有因为学制一贯而使衔接课题自然消失。没有学段建制并不等于没有衔接需求,教育坡度的客观存在,仍然是衔接的客观存在,又因为学段的身影随影而存,使得这种衔接不由一贯制学校产生,也受到面对社会大多学校的学制体制所制约。

因此,是因为有了坡度的存在才会有需要衔接。十五年一贯"三五四三"学制共分四个学段:幼儿、小学、初中、高中,会涉及三个衔接点,即幼与小的衔接、小与初的衔接、初与高的衔接。教育跨度的存在,衔接的需求不减。不同的学段,有不同的学习任务与特点,段与段之间如果没有衔接好,就会造成教育教学工作的重复或脱节,引起学生发展的延缓或阻滞。减少跨度,实现学段间的平稳转段,就是必要的衔接。建青充分利用"一体化""一条龙"的优势统一领导、统一管理,对衔接进行研究和探索。

第二,学生差异存在是需要衔接的主观原因。人有差异是客观的,学生个体千差万别、个体发展不均衡也是正常现象,实施减少个别差异化的教育,就需要衔接。

因此,衔接问题,实际上主要是学生的适应、动机水平问题。即由于教育跨度所带来的学生适应不良和动机水平过低,要求学校教育做出相应调整或帮助学生提高适应性水平。

所谓教育跨度,主要指幼儿园、小学、中学在教育环境、教育要求、师生关系、教育方式上不同,它们构成了相对于学生来说比较大的台阶,学生在完成角色转变时有跨越上的困难;跨度的另一个意思是学生在获得高中就读资格上的困难,即初中与高中之间有一个升学考试。由于存在被淘汰的可能,考试引起的焦虑水平比较高,由此带来考试负效应——使主体状态处于消极状态,并将这种状态带进之后的学习过程。

所谓适应性水平,是一个综合指标,包括学生身心发展水平、学生学习准备状态、学生学校教育认同和接受水平等。

——身心发展水平。学生的身体心理是否具备进入中学的条件。例如一天的授课时数、一节课的长度、教学进程及强度等学生能否经受得住。

——学习准备状态。学生的认知水平、认知结构、认知方式等是否具备进行中学学习的条件,即准备水平如何。

——认同接受水平。学生对不同于小学的教育外部环境(要求、关系、方式、评价等)是否能认同、接受,其主动性水平如何。

所谓动机水平,即动机强度,是一个人对某一目标期望、追求、达成意愿的强烈程度。它包括三个方面的因素:

——期望。学生是否有期待中的目标,是否相信自己能够完成任务。

——价值。学生对完成学业所获利益的估价。

——氛围。学生参与学习活动时的环境对个体需要的满足程度。

显然,衔接重在教育调整。依据学生的适应状态,学校教育做出策略性调整,即学校和学生之间的双向"衔接"。

——适应。使学校教育要求适合于学生的发展水平,帮助学生适应中学学校生活,例如学校环境、教育节奏、教育方式、教育要求等。

——发展。根据学生的"最近发展区"选择并确立学习和教育目标,运用多种策略推动学生朝着预期目标发展,不断改善、提高其发展水平。

因此,正确认知衔接,有利于衔接的针对性、精准化和有效性。

(2)衔接的研究目的

衔接问题实质上是个适应性的问题,包括学生的学习适应性与社会适应性两个方面。其研究目标是:一是转变教育观念。教育的要求和措施,以学生的发展为本,顺应学生身心发展的规律,内化为学生自身的价值体系和认知结构,从而充分发挥教育在培养人才中的作用。二是研究教育、教学和管理方法上的衔接问题,制定各阶段目标、要求与措施,形成规范。三是根据幼、小、初、高中学生年龄特点,提出相应的教育要求与内容。

研究、探索和实践的最终目的是:将衔接要素分散在各个年级,以各年级的小跨度,实现学段间的平滑连接,最终实现整体上的贯通。

围绕一贯制的学校特点,建青统整基础型、拓展型、研究型"三类"课程,注重衔接、凸显特色、扩大选择、发展个性,形成了《建青实验学校幼小衔接绘本教材——爱上"悦"读(试用版)》《小初衔接学习生活指南》《初高衔接学习指南》等衔接的课程方案和系列校本教材,落实学校的育人目标,满足学生在不同学段的发展需求。

(3)衔接的基本策略

衔接,是教育中的一个重大课题,也是办学中的一个关键话题。衔接,也许对面上学校来说是更高的要求,但对一贯制学校来说则是基本的样态。

衔接,并不是事务,也不仅是教务,而是要务。

第一,育人思想的衔接,要有系统育人、全面育人、过程育人的意识和育人连续、育人接续、育人后续的观念,通俗地说要有育人一盘棋的思维。

第二,育人思想的衔接,将学生学段成长作为整个成长来看,将学生阶段成长作为过程成长来看,将学生眼前成长作为前瞻成长来看。

第三,育人思想的衔接,重在关注阶段性成长,更关注成长阶段性的无缝对接。

在具体实践中,建青采用了以下策略:

一是"衔接"段的下移。一贯制学校所面对的入学新生,是学前教育的幼儿。其适应学校教育水平,与"小—中"相比不可同日而语。如果说,"小—中"是适应程度问题的话,那么,"幼—小"衔接则是能力和水平问题。具体地说,一个孩子,从学前教育的幼儿变成学生,面对着角色转换、活动室变为课堂、自由活动时空支配、学习任务、教育要求、教育方式等诸多问题,这是一个远比"小—中"跨度大得多的台阶,从某种意义上说,简直就是一种"飞跃"。因此,"衔接"段的下移意味着学校工作难度增加,教育要求提高。

二是"衔接"点的分散。与"六三""五四"学制的大跨度衔接不同,十五年一贯制学校采取平稳过渡的方式完成衔接。这样的"衔接",实际上是将"衔接"的要素分散、要求降低、结构简化,把原先集中于"小—中"段的衔接,均匀地分配到各个年段,在九年中逐步完成过渡,这就是多点衔接。

三是衔接的实验结论。优化幼、小、中三段衔接。抓好幼、小、中三段两个衔接点是实行"三段一体"办学新格局的关键。学校自1984年起组织了实验研究,获得以下一些认识：

——双向靠拢,有机衔接。幼儿园大班向小学靠拢,使大班学生逐步受到小学生影响;小学新生向幼儿园靠拢,即在小学起始阶段保留一部分幼儿园的生活方式,并逐步淡化。双向靠拢主要侧重在教育环境、教育方法、指导形式及管理方式上的调整,使幼儿园与小学能彼此平稳衔接。

——减小坡度,自然过渡。这里的"坡度"主要指教育教学要求上的降低。例如作息时间、饮食安排、课时设计及活动方式等,一头连着幼儿园,一头连着小学,给予时间跨度为一年的衔接段。

——共同管理,师资衔接。学校每到"幼小"进入衔接期,便组织小学教师到幼儿园听课、幼儿教师到小学兼课,教育教学上共同学习、研究,取长补短;资料上共同积累,幼儿个案跟踪研究到小学,从资料中寻找衔接的轨迹;在管理上共同负责,双方介入幼儿生活,例如,在暑期举办"低幼衔接班",由小学、幼儿教师共同负责管理,这样一来,从资料上较好地完成了"幼小"衔接任务。

——因人而异,家校同步。"幼小"衔接,除了从整体上做好以上工作外,还须针对幼儿的个别差异,设计个体的衔接方案,要求家庭与学校一起共同过好生活关、学习关、心理关。只有这样,才能保证每一位幼儿能同步完成角色的转换。

四是衔接的心理教育。要发挥十五年一贯制学校的优势,做好各学段衔接期的心理健康教育工作,为孩子们的健康成长保驾护航。将心理健康教育的理念渗透于教育教学全过程,构建起3岁到18岁递进型的以促进学生"健康成长"为目标的校本课程。依托集心理测评、学生档案、学业分析等于一体的"生涯发展"平台,探索建立学生生涯发展档案,为学生品德个性培育、学业发展促进、综合能力提升等提供依据。

五是衔接的课程实施。高效统整基础型、拓展型、研究型"三类"课程,注重衔接、凸显特色、扩大选择、发展个性,形成幼小、小初、初高衔接课程方案,落实学校的育人目标,满足学生在不同学段的发展需求。以评价促进教师教学方式与学生学习方式的变革,探索适合幼小中不同学段的学习方式及高中学段分层走班教学的策略途径,切实提升学生的综合核心素养,提高学校课程领导力及教师的课程执行力,确保幼小中教育教学质量在区域内的优势位置。

(4) 衔接的关键节点

衔接,是学校对教育实施的主导性介入,也是学生对适应的主体性磨砺。

对建青而言,十五年一贯制办学,衔接的点在于三个,即幼小衔接、小初衔接和初高衔接。面对不同的学段,不同的衔接需求,建青摸索出了其中的关键要素。

① 幼小衔接的关键要素

幼小衔接在于：一是幼儿对集体生活的适应及其适应过程中的情绪管理，二是身体素质的发展水平，包括运动能力和健康水平的获得方式。

一是集体生活中的情绪管理。

幼儿进入幼儿园，可以说是开始了集体生活。

"情绪"是一把钥匙，是儿童反映其心理状态及与环境交流的一种方式。例如，一个情绪稳定且高涨的儿童更容易与老师、同学建立良好的关系，乐于与人交流、互动，也将得到更多关注。与此相反，一个脾气暴躁、爱哭的孩子与同龄人接触时很容易产生冲突，也更容易被身边环境孤立。

人其实每时每刻都在被情绪左右，这些情绪有积极的，也有消极的。积极情绪是指个体由于体内外刺激、事件满足个体需要并且个体对事件进行积极的认知评价而产生的伴有愉悦感受的情绪，包括快乐、感兴趣、感到满足、自豪、感激和爱等。消极情绪与积极情绪相对，是指个体遭受挫折时产生的低沉的心理状态，包括忧愁、悲伤、愤怒、紧张、焦虑、痛苦、恐惧、憎恨等，在幼儿中往往表现在以下几个方面：容易生气、遇事爱哭闹、爱发脾气、胆小、害怕、不愿表达自己的想法、不会与人交往和合作、有攻击性行为等。

为了保证孩子全方面健康发展，不能只重视认知发展，也应该专注孩子情绪状况。好的情绪是人终身学习的基础，是健康人格形成过程中的重要组成。在幼儿园阶段，提供适当正确的指导，有助于促进幼儿德、智、体、美全面和谐的发展，对个人与社会有着深远影响。

幼儿懂得管理自己的情绪是很重要的，不然会造成比较严重的后果，比如，情绪化严重、不容易控制自己。孩子不懂得如何控制自己的情绪，家长和老师如果不适当进行干预，任由孩子乱发脾气，时间长了，孩子的脾气会越来越暴躁，而且还会影响他们的社交关系；又比如会太过自我。家长和老师如果对孩子发脾气的行为不加控制，任其发展，要什么给什么，孩子就会形成以自我为中心，完全不顾他人感受的性格，习惯于别人都围着自己转，一旦受点挫折或者遭到拒绝，就会闹情绪；还可能太过强势。有些孩子喜欢通过发脾气来控制别人的意愿，稍有反对，就会大发脾气。家长和老师如果不及时纠正，时间长了，孩子在生活和学习中为人处世往往容易显得强势、刚愎自用；还可能缺乏耐心。爱发脾气的人往往做事情沉不住气，缺乏耐心和专注力，如果家长和老师放任孩子发脾气不管，孩子容易形成急脾气，不利于将来的工作和学习。

培养幼儿情绪的调控能力，是一项非常重要的任务。如何培养幼儿的情绪管理及调控能力呢？建青是这样做的：

——为幼儿创造和谐的情感环境。这是幼儿成功调控自我情绪的基础，为孩子创设宽松、愉快的情感环境，使幼儿获得安全、关爱、尊重的需求。这包括幼儿园和家庭两个空间。

——培养幼儿认识自身情绪的能力。只有能够觉察分辨自己的情绪，才有可能以适宜的策略调节自己的情绪。帮助幼儿了解自身情绪，可以从情绪用语与解读面部表情、肢体动作开始，在日常的活动中，让幼儿观察不同的面部表情、身体姿态，请他们说一说这是什么表情动作，想想在什么情景下，自己或他人会出现这样的表现。教师还可以结合幼儿的具体活动，利用或创设某些情境，让幼儿明确感知他在这种情况中的情绪状态，并做出相应的反应。

——引导幼儿正确地表达自己的情绪。以适当的方式宣泄消极情绪，帮助幼儿学会以一种可被人接纳又能达到较为满意结果的方式来表达情绪，在幼儿发脾气大哭甚至耍无赖的时候，不要一味责备幼儿，也不要压抑幼儿的情感，创设有效的情境帮助幼儿去选择对自己、对他人无伤害的方式来疏导和宣泄负面情绪。

——培养幼儿积极的心态。培养幼儿积极的态度，在生活中引导幼儿积极乐观地看待自己和他人，善于发现自己的优势，能用积极的方式评价他人、看待他人所做的事情。当幼儿遇到不快乐的事情时，教师要善于引导他们发现事件中隐含的积极因素，鼓励其将消极情绪转化为积极情绪，当孩子们用自己特有的方式去面对不愉快的事情，并能乐观地看待它时，他们的生活就会拥有更多的快乐。

——家园共育，改变家庭教育方式。对幼儿延迟满足、家长以身作则、和睦的生活氛围，是培养孩子健康心理的必要条件。

二是身体素质的发展水平，包括运动能力和健康水平的获得方式。

《学前儿童健康学习与发展核心经验》指出，学前儿童的运动水平一般属于前控制水平和控制水平阶段，向下一阶段水平发展就需要多种机会的练习和探索。在运动水平进阶的过程中，幼儿往往会失去动力和兴趣，因为单纯为运动而运动是十分枯燥乏味的。这就需要教师运用一定的手段和指导策略让幼儿的运动兴趣和积极性持续高涨，运动量保持一定的强度，缩短幼儿某项运动从前控制水平到控制水平的进程，让运动活动更有趣、更高效地开展。

《幼儿园工作规程》强调，"幼儿户外活动时间每天不得少于 2 小时"，其中，"每日户外运动不少于 1 小时"。《3～6 岁儿童发展行为观察指引》指出，户外运动是幼儿园实践教学体系的重要组成部分,是促进幼儿健康发展的重要环节。幼儿往往具有强烈的好奇心,喜欢接触新事物。在幼儿教学实践中发现,户外运动对幼儿的身心健康和全面素质的发展具有不可替代的教育价值。幼儿园应该以幼儿的整体发展为宗旨,强调各领域共同发展、有机联系,促进幼儿情感、态度、能力、知识、技能等多方面的发展。幼儿园户外运动的重要性可见一斑。

在学前教育领域,有个高频出现的词汇:五大领域,即健康、艺术、语言、社会、科学。长久以来,有关五大领域的整合教学的探讨从未停止。学校幼儿部致力于探究渗透科学要素的户外运动的实施可能性,并针对其存在的问题,提出教师有效的指导策略与建议,提升教师支持幼儿户外运动的能力,并为教师建立"大运动观"视角,进一步丰富、拓展和完善户外运动的内涵,还为教师在突破领域壁垒的户外运动中的指导提供一定的实践思路和启示,最终实现儿童的身体、认知、情感与社会性等和谐健康发展。

建青幼儿部拥有近22年科学活动研究传统,从部主任到一线教师针对科学领域孜孜不倦数十年如一日地开展集体教学、游戏活动和个别化活动的研究,已有较为详细的科学活动指导策略,先后发表区级课题《科学教育资源在幼儿园尝试教学中有效利用的研究》《"玩&创"科学探究活动促进幼儿科学素养养成的实践研究》。

② 小初衔接的关键要素

小初衔接的关键要素在于:

一是习惯养成。习惯养成,对学生成长具有奠基意义,建青重视习惯教育。

基础教育阶段是人生的起始阶段,一个人从小养成良好的习惯,一辈子受益。习惯,要经过培养造就才能形成。经过长期的培养,形成自觉行动,学生就习以为常了。习惯贯穿于学校教育的各个阶段,根据不同的年段有所侧重,持之以恒。

建青建校之初,把学生的习惯分为四大块:行为规范习惯、学习习惯、卫生习惯、体育锻炼习惯。

行为规范习惯,主要是执行中小学生行为规范,根据规范制定实施细则,有实施、有检查。实施细则,时间从幼儿园至高中,内容各有侧重,习惯始终如一。例如,尊敬老师,从幼儿园就开始爱师敬师,离开幼儿园上了小学,认识了新的老师,同时仍要尊敬幼儿园老师,上了中学,仍然要尊敬小学的老师。

学习习惯,包括课堂学习、课外学习等各方面的学习习惯。例如,课堂上,预备铃声响,安静入座,准备课堂学习用具,等候老师进教室;上课认真听讲、积极开动脑筋、踊跃发言;下课后,让老师与听课的客人老师先离开教室;等等。学习习惯也按年龄提出不同要求,例如,小学在教室里完成作业,课前不预习,而到中学,回家完成作业,并有少量的课前预习。

卫生习惯,包括个人卫生习惯和环境卫生习惯。个人卫生,主要依靠家庭教育培养,学校起引导与督促检查作用。如,幼儿园检查是否带手帕、剪指甲等,从小培养爱整洁、讲卫生的习惯。环境卫生,就是人人参加的卫生劳动,又是人人参与的环境保护,在固定的卫生劳动时间,人人动手打扫力所能及的卫生包干区,幼儿园孩子擦小桌子、小凳子,小学生打扫教室,中学生承包校园保洁区,每天课余时间专人定岗值日卫生等。

体育锻炼习惯,包括每天必须的广播操、课间操、运动会等集体体育活动,也包括个人的体锻活动:冬天的跑步、跳绳;夏天的游泳;春天、秋天的远足等。人人参与,长年坚持不懈。

一个人的好习惯可以有许多方面。建青认为,在学校基础教育中,上述四种习惯是最重要的,作为社会的人,行为规范习惯是和谐人生和与人共处最根本的习惯;着眼未来,学习习惯是人终生不可能缺少的,从小养成良好的学习习惯,有利于终身学习进步;着眼文明,讲究个人卫生、爱护环境与坚持体育锻炼的习惯,有益于身心健康发展,有益于社会文明进步,同时也是提高国民素质的重要方面之一,抓好培养四大习惯,那么,其他的好习惯也将随之养成。如今建青在小初衔接的时候,更关注的是行为习惯和学习习惯,因为这是最基本的习惯。

二是群体意识。群体意识,是在集体生活中由集体主义教育而内化形成的。群体意识在于接纳、包容、合作和集体荣誉感的建立。

建青在育人目标中,明确提出"德行好:爱国乐群、亲亲爱物、明责守信",作为群体意识的归属。

德行好最为主要的内容是能够处理好人与家庭、人与社会、人与国家、人与自然的关系。明确自身的责任,信守自己的承诺是由道德的"知"向"行"的保证。

群体意识中,爱国是主题,乐群是经常。爱国体现了对故土家园、民族文化的归属感、认同感、尊严感与荣誉感的统一,是每个学生必须具有的最高价值准则。乐群体现了个体的亲社会性、团队精神和合作意识。培养学生能与师长同学融洽相处、和谐共生的意识,能够在集体中既发挥自己的智慧,也能够为他人的才华喝彩。

群体意识中,亲亲爱物是规范。亲亲是德行的起点和根本。对亲人、师长敬重谦逊,对幼小关爱体恤,是和谐有序的家庭生活和校园生活的重要体现。敬长怀幼对于建青这所十五年一贯制的学校来说尤为重要,是师生共同发展、和谐共处的良好基础和有力保障。爱物是德行的恢廓,是对生命的热爱,是对劳动成果的尊重,是对自然的敬畏。要树立与自然和谐相处的意识,要引导学生懂得"取之有度""用之有节"的道理,培养环境保护的自觉,形成健康文明的生活方式,实现人与自身、人与他人、人与自然的和谐相处。

群体意识中,明责守信是担当。明责是行动的前提。责任意识是人成长的基础,担当精神是生命成长的关键。明确成长的每一个阶段应当承担的责任,树立自觉意识。明确在学校、家庭、社会各个场景中应当承担的责任,树立角色意识。明确在学习、生活、交往等各个领域中应当承担的责任,树立担当意识。理解个人、集体、国家利益之间的辩证关系,树立远大理想。勿以善小而不为,要从小事做起,从身边的事情做起。守信是行动的保证,是立身之本,也是规则建立的前提。内诚于心,才能达至知行合一的境界;外信于人,才能维系良好的社会生态。要培养学生待人诚恳、言行一致、不说假话、不夸大成绩、不掩饰错误、勇于改正错误的品行。

③ 初高衔接的关键要素

初高衔接的关键要素在于:

一是自主学习。经过小学、初中的学习,在解决了基本规范之后,自主学习,是学生掌握终身学习本领的关键。

自主学习,是对规范学习的坚持,是对有效学习的加持,是对智慧学习的扶持。自主学习的养成,对稳定地进入高中学习具有建设性的意义。

建青提出,初中生有较强的观察能力、阅读能力、数理能力、理解能力、表达能力和动手能力,学科均衡发展,有浓厚的学习兴趣,初步形成跨学科探究学习能力,这是自主学习的内涵和外延。

二是自我发展。自我发展,应当是初中生经过初中学习建立的意识和观念,也是为进入高中学习的必要准备。自我发展,从理想出发,以目标导向,以任务引入,使学生对高中学习更有信心、更有想法、更有方向。自我发展,为高中生涯发展奠定基础,也为高中全面发展提供动力。

建青提出,初中生思维活跃,善于发现,敢于尝试,勇于批判,有一定的独立思考能力。会多角度看问题,能自知自省,学习他人长处,促使自我进步。这样,就是对投入高中学习的礼遇,也是对自身成长的致敬。

(三) 三大思路:用实验求发展、用改革攻难关、用课题换迭代

教育实验改革是一个系统工程,需要整体思维、多向思考、路径思索。

在建青长达40年教育的改革实验中,用实验求发展、用改革攻难关、用课题换迭代,是贯穿改革全局、实验全部的一条主线。

1. 用实验求发展

实验,是建青最有价值的招牌,具有权重和分量。

——实验学校的名称,体现了学校的性质,表明这所学校既是以实验而立校的,也是以实验而兴教的。这样的办学定义,奠定了其在基础教育学校的质性,昭然于世,具有标志性的意义。

——实验学校的地位,赋予了教育实验的功能,表明这所学校是以实验而标新立异的,也是以实验而获得质量提升的。这样的办学定位,决定了办学的方向,具有功能性的标志。

——实验学校的作用,更多地被寄寓育人的价值,表明这所学校是以实验而强化教育效应,以实验而卓越超然的。

实验,也是建青办学最夺目的旗帜,具有引力和张力。

——实验学校,让校长和教师涌起改革的更多激情,激起创新的更多畅想,扬起卓越的更多愿景。

——实验学校,让校长和教师有劲使得上,有活更好干,有力更好使,充分发挥蕴含的积极性、创造性。

——实验学校,让校长和教师更有路径地走进教育规律、走进教育理想、走进教育大同。

敢于尝试,成为实验的秉性。因此,建青的实验初期,经过反复的讨论与专家咨询论证,把实验的课题定为按"三段一体"的办学模式进行基础教育的整体改革,探索大中城市提高义务教育质量的学制和相应的教育体系。

(1)基础教育必须适应社会发展

社会发展呈加速度运动发展趋势,教育必须跟上时代的步伐。

高科技领域日新月异,知识更新加快。今天的学生——未来社会的主体,将面临着他们父辈所不同的社会生活,这是社会的进步,同时,也要求新一代人要具备不同于父辈的素质。教育要适应社会发展,学生要适应社会发展;教育的改革要立足于从社会未来发展的需求,做好人才的储备工作。

(2)传统教育必须改革

教育的历史源远流长,现代教育是继承发展教育的结果。毫无疑问,传统教育中有许多优良的、合理的内容,乃是建青今天要继承的。然而,传统教育的弊病,集中表现在:① 统一的学制,固定不变的学制把儿童分割在互不联系至少是很少联系的不同学校内,学生从幼儿园进入小学,从小学进入中学,从一个断层进入另一个断层,不同的阶段教育缺少衔接与联系。② 统一的课程,课程在体制上基本是为升学应试教育服务,重智育轻德育;重知识轻能力;重书本轻实践;重分数轻应用。课程内容滞后,几十年未变。③ 统一的育人标准,学生学习负担重,教育内容方法划一,不利于学生个体身心发展,不利于发现与培养不同特长的人才。相当长的一段时期以来,我国的中小学校教育基本上处于封闭的状态,脱离国情、脱离社会、脱离生产、脱离实际,也脱离学生的生活。因此,社会各界批评学校教育质量低,教师对教育现状不满,学生对学校有意见。传统教育已经到了非改不可的地步了。

建青的实验,曾进行过对照实验的分析。

1984 年秋季招收的小学一年级实验班学生共 78 名,因家庭搬迁转学 3 名,到小学五年级共有学生 75 名,其中男生 42 名、女生 33 名,全部升入本校初中,到初中四年级(1993 年)毕业,中途无转学,共有学生 75 名,其中男生 42 名、女生 33 名。

表 8　实验班学生智商分布

智商水平 学生人数	好	中	差
78 人	12 人	57 人	9 人
百分比	15.2%	73.3%	11.5%

本次智商测试采用"韦氏量表"。分析测试结果表明,实验班学生智商分布多数偏于中下,与普通学校学生群体智商分布相仿。

表 9　实验班家长职业调查统计表

家长职业 学生人数	工人	农民	工程师	教师	干部与职员
78 人	39 人	13 人	4 人	4 人	18 人
百分比	50%	16.7%	5.1%	5.1%	23.1%

其中"工程师"栏目指中级以上专业技术职称。"干部与职员",指从事白领工种的职员与机关干部。调查统计资料表明:实验班家长及可能予以的家庭教育情况一般化。

表 10　实验班与本校非实验班英语口试成绩对照

年级 ＼ 成绩	平均分	优良率 (85 分以上)	超优率 (100 分以上)
实验班(五年级)	78.73	38.66%	8%
非实验班(六年级)	77.2	26.78%	0.8%

表 11　实验班与外校班级英语测试成绩对照表

年级 ＼ 成绩	X	S
本校实验班	100.26	13.53
外校班级	91.88	8.43
P	<0.001	

表 12　实验班五年级掌握英语词汇和语法与普通小学英语教学要求对比表

单位比较 ＼ 成绩	词汇量	语法项目
本校毕业班	600 个	to be/ to have/ there be 现在进行时、祈使句
普通小学教学要求	104 个	to be/ there be

表 10、表 11、表 12 资料表明:实验班低幼英语教学的优势到小学五年级阶段已经充分表现。

表 13　情景辨析正确性对照

项目	实验班(五年级)		六年级	
	正确	不正确	正确	不正确
为幼儿服务	73	2	97	13
同学呕吐	74	1	99	11

续 表

项目	实验班(五年级)		六年级	
	正确	不正确	正确	不正确
作业得了优	73	2	103	7
有人欺侮小同学	72	3	107	3
老师讲错了题目	74	1	108	2
答应的事发生变化	72	3	105	5
总计	438	12	619	41

表 13 统计分析：

项目　班级	正确	不正确	总和	
实验班(五年级)	438	12	450	$X^2 = 3.841$ 实际： $X^2 = 1.25$ $P > 0.05$ 无显著差异
六年级	619	41	660	
总和	1057	53	1110	

表 14 处理问题意见正确性对照

项目	实验班(五年级)		六年级	
	正确	不正确	正确	不正确
被人弄脏了衣服	66	9	105	5
别人在背后议论	37	38	59	51
劝架处理的方法	44	31	48	62
遇与自己吵过的人	54	21	85	25
答应保密老师问题	70	5	101	9
总计	271	104	398	152

表14统计分析：

班级＼项目	正确	不正确	总和	
实验班(五年级)	271	104	375	$X^2=3.845$ 实际： $X^2=1.05$ $P>0.05$ 无显著差异
六年级	398	152	550	
总和	669	256	925	

表13、表14是情景调查资料。调查资料表明：实验班学生与非实验班学生的非智力因素及处理问题能力等无显著差异,在一些具体的项目中,实验班学生的正确率略高。

表15 在集体中心理反应对照表

项目	实验班(五年级)		六年级	
	是	否	是	否
学习心情愉快	56	19	73	37
对班干部满意	62	13	80	30
服务工作认真	52	23	56	54
学习任务紧张	17	58	39	71
团结关系满意	56	19	36	24
能帮助同学	58	17	37	23
学习气氛好	35	40	55	55
集体活动有意义	53	22	72	38
组织劳动重视	458	217	646	344
总计	458	217	646	344

表 15 统计分析：

项目 班级	是	否	总和	
实验班(五年级)	458	2174	675	X²＝3.8 实际： X²＝1.21 P＞0.05 无显著差异
六年级	646	344	990	
总和	1104	561	1665	

表 16　实验班与普通班六年级焦虑成绩对照

	人数	X	S	Z	P
实验班(五年级)	66	79.38	11.35	3.09	＜0.001
六年级	104	35.55	14.58		

表 17　实验班与普通班六年级心理实验结果对照

	人数	刺激性质	反应时间 X(秒)	反应时间 (秒)	两种刺激 反应时差
实验班 (五年级)	12	中性	0.423	0.134	0.025
		相关	0.448	0.159	
六年级	18	中性	0.338	0.147	0.036
		相关	0.374	0.156	

表15、表16、表17是实验班学生的有关心理测试及分析。资料表明：实验班学生在集体活动中的心理反应与非实验班学生对照无显著差异；焦虑测验，非实验班焦虑程度高于实验班，其差异达到非常显著水平，非实验班学生心理负担重；心理实验，实验班和非实验班对相关刺激的反应时间都大于中性刺激反应时间，非实验班反应时差大于实验班。依据实验心理学原理来看，相关刺激与中性刺激反应时差越大，心理焦虑程度越高，心理负担越重。结论是实验班心理负担低于非实验班心理负担，表明实验班学生心理素质有优势。

表 18　实验班学生体质情况统计

项目	性别	人数	上海均数	实验班均数	与上海均数比较	中等以上％	中上等以上％
身高(cm)	男	40	138.29	138.89	＋0.6	64.3	21.4
	女	33	139.5	143.2	＋3.7	47.1	41.2
体重(cm)	男	40	29.42	34.72	＋5.3	40.5	21.4
	女	33	28.91	34.8	＋5.89	47.6	17.6
胸围(cm)	男	40	64.03	64.42	＋0.39	59.5	19
	女	33	62.54	64.47	＋1.93	55.9	32.4
坐高(cm)	男	40	73.82	73.86	＋0.04	69	9.5
	女	33	73.79	77.05	＋3.26	58.5	14.7
肺活量(mL)	男	40	2040	2356	＋325	61.9	19
	女	33	1880	2088	＋208	55.9	20.6
50m(s)	男	39	9.68	9.25	＋0.43	/	/
	女	33	10.04	9.03	＋1.01	/	/
立定跳远(cm)	男	39	150	153.64	＋3.64	/	/
	女	33	141	147.14	＋6.14	/	/
仰卧起坐(次)	男	39	30	40.14	＋10.14	/	/
	女	33	32	43.21	＋11.21	/	/
体前屈(次)	男	39	4.1	5.85	＋1.75	/	/
	女	33	6.7	6.92	＋0.22	/	/

表 19　实验班学生体锻达标情况统计

级别	人数	达标率	区达标率％	市达标率％	与区比较	与市比较
优秀	3	4.3％	12％	16％	－7.7	－11.7
良好	42	56.85％	50％	55％	＋6.85	＋1.85
及格	64	86.8％	85％	90％	＋1.8	－3.2

　　表18、表19是实验班学生体质与体锻情况统计,资料表明:实验班学生体质各项指标均超过上海市均数;体锻达标情况:体育锻炼优秀率低于市、区标准,但体锻良好率与及格率情况较好,表明实验班学生身体素质较好。

　　实验班小学阶段在各项兴趣活动中获奖情况:

　　全国书法比赛三等奖1名,上海市青少年计算机比赛获优秀证书两名,市少儿管乐比赛第二名1人,区小学生英语听力比赛第一名1人,第四名1人,五年级数学竞赛三等奖1人,演讲比赛鼓励奖1人,《小主人报》书法比赛二等奖5人,区少年宫舞蹈比赛三等奖1人,区法制节目表演二等奖1人。

　　此外,还有其他有关资料研究如下表:

表20　1988年建青小学毕业生参加区统考三科平均成绩与区平均成绩对照表

科目 成绩单位	语文	数学	英语	总分
实验班(五年级)	94	92	75	261
六年级	92	89	73	254

表21　自炼课提高学生能力自查统计表

项目	有很大提高	有较大提高	有提高	没有提高
捕捉信息能力	74	149	145	14
整理材料能力	86	161	118	17
口头表达能力	105	138	128	11
组织能力	76	141	138	27
自我辨别能力	111	168	97	12
协调配合能力	93	155	119	15
表演能力	100	118	128	36
自我控制能力	129	145	92	16
总人数	774	1 175	965	143
平均百分比	25.3%	38.4%	31.6%	4.7%

表 21 是 1991 年 6 月对坚持自炼课的 9 个班级 382 名学生进行的问卷调查统计,资料表明:自炼课对培养学生各种能力有很大或较大提高的占 63.7%,有提高的占 31.6%,没有提高的仅占 4.7%。

为了总结实验 10 年来的成果,当时以市、区有关教育部门的专家和研究人员为主体,组织了专门的评估小组。评估后的各类数据表明,建青的实验是基本成功的,效果是良好的。

2. 用改革攻难关

改革,是建青实验的利器。

教育改革,从根本上说,是思想解放、观念更新、架构改变、关系调节、方法变革,是一场系统工程,需要用改革的系统思维来进行全方位的推进。

建青长达 40 年的教育实验改革,注重从思想解放中找到生机,从观念更新中找到发展,从架构改变中找到建树,从关系调节中找到平衡,从方法变革中找到出路,可以说是一场改革的攻坚战。

当回眸建青 40 年践行教育改革的基本脉络时,至少有两个关键词值得一提,那就是"整体教育改革"和相应的"学校管理创新",这是改革的重心和主战场。

(1) 整体教育改革

建青的"整体教育改革"与我国教育体制改革几乎同步,也与素质教育的实施密切呼应。自 1984 年以来,学校在幼、小、中"一条龙"的一贯制学校整体改革实验中可谓一路先锋,先后成为"上海第一所十五年一贯制实验学校""率先提出'不加选择、就近入学'的实验学校""上海对学生创造力研究具有独到见解的实验学校",以及"以研究学生为特色的探索 3~18 岁幼儿青少年身心发展规律与培养方法、途径的实验学校"。40 年来,一条颇具特色的教育改革"建青之路"铺就了:那就是摒弃"点滴修补"式的渐进变革策略,转而在教改实验和科研项目的引领下,尝试从最为关键的环节着手,在育人理念、招生入学、学制安排、课程设置、学校管理、教师发展及教育评价等方面实施有机的整体改革,力求找寻一种为幼儿及青少年提供公平、优质并且是素质教育导向的基础教育模式。

在探索和改革的进程中,学校始终重视发挥"教科研"的引领作用。甚至在很大程度上可以说,建青的发展史就是一部学校教科研推动学校发展的教育史。40 年来,建青逐渐摸索出一套"滚动研究、全员参与"的教科研模式:在"按三段一体的办学模式进行基础教育整体改革""九年一贯制素质教育模式研究""城市幼小中学生创造力培养序的研究""一贯制学校探究学习与教师行为改善的研究"这四个彰显着时代特色的"龙头课题"的牵引下,吸纳全校几乎所有的教师参与,形成上百个课题齐头并举的课题群落,产出了大量能运用于一线教改的成果。

正是在课题研究的助推下,学校实施了"非择优"的招生制度改革,开展了幼、小、中"三段一体"培养模式的实验,积极推动了课程教材改革及相应的学校管理改革,并且着力探索"幼、小、中"学生创造力的培养及三学段衔接优化的育人途径和策略。1994年,学校已逐步形成一贯制学校实施素质教育的"十大特色",并向同行贡献了一系列基础教育阶段办学的重要经验和启示。

从办学评价上看,建青的整体教育改革已然显现出素质教育的整体效应。早在1993年6月,学校就达到了在"不加选择、就近入学"前提下,让学生在心理、能力、体质及学习成绩等方面均达到了区重点水平的预期目标;进入21世纪以来,学校在"按规律办学、用素质成才"的理念支撑下,围绕"实验性、创新型、国际化"的办学目标及"德行好、基础实、能力强、特长显、视野阔"的培养目标,打造了一系列鲜明的办学特色。在德育方面,形成了"自主管理、自主教育、自主发展"的"一条龙"特色,在"全员参与、全过程渗透、全方位开展"的策略下打开了"动感德育"的新格局。在智育方面,学校圆满完成上海第一、第二期课改实验任务,运用新的理念和方法在各学科有效推进拓展性和研究性学习,提高学生综合素质、提升学校办学质量;多年来,学校不仅在历届中考和高考中成绩喜人,而且开辟各种发展平台竭力让每个学生的潜能都得以发挥、让每个学生都有成功的体验。在体育方面,凭借特色优质的手球运动,赢得"市二线高水平运动队""奥运人才培养基地"和"全国优秀体育项目传统学校"等殊荣;在美育方面,不仅以丰富多样的艺术社团活动为学生搭建"情感美育"的平台,而且以高水准的汇报演出屡屡在国内外相关比赛中折桂。此外,一贯制学校在教育国际化方面的探索与实践也取得了新进展,学校与国外学校的教育交流不断扩大,教师的全球意识得以增强、学生的国际视野得以拓宽,师生对中外教育的优势互补及国际交往礼仪的理解正不断加深。

建青人也深谙变革之难,但却并未望而止步、随波逐流;相反,学校上下坚定改革的信念,在自己的教改"试验田"中"精耕细作",不断发挥着自身的"能动性",于微观的学校层面拓宽教育变革的生长空间。

（2）学校管理创新

建青在整体教育改革中所收获的各项成就,源于诸多因素的合力作用,但更离不开一套高效的管理体制、机制对各方面因素的整合与驱动。建青在40年的实验探索中,初步形成一套适应于"一条龙"学校的管理模式和机制,也就是"统一领导、全程管理、分部负责、分权赋职"的组织与管理机制,以及与之相应的教育科研、课程与教学、学校德育、人力资源、公共关系、综合服务等多维度的制度创新。建青在学校管理中的这一系列突破和创新,既是学校整体性教改实验的产物之一,也是推动改革顺利开展并确保实效的核心要素。

为了展现建青学校管理创新的全貌,建青将其放置于学校40年来改革探索的脉络中来加以把握。大体上,学校的"三段一体"式教育实验改革的进程可以划分为两大阶段:第一阶段自1984年至1996年,主要是以建青实验学校完成组建、开始划片招生为起点,至1996年上海市教委依托建青经验对"九年一贯制素质教育办学模式"进行总结为终点;第二阶段从1997年至今,在这个阶段中,建青开始尝试将"一贯制"办学向高中延伸,探索"十五年一贯制"的办学路径。

第一阶段(1984年至1996年):一贯制学校管理架构的初创期。

自20世纪80年代以来,国家的宏观教育政策呈现出两种价值取向相互扭合的局面:一方面,要"早出人才,快出人才,出好人才",于是教育界上下掀起一阵兴办重点校的劲风,学校的前身建青中学也在这种情势下被确立为上海市长宁区重点中学;另一方面,国家又要将庞大的人口负担转变为人力资源,也亟须实施普及义务教育。然而,这种"两条腿走路"的方针,却在"赶超型"国家的战略实践中滑向了"精英主义"的教育路线,重点学校体系的建立和"片面追求升学率"的应试教育痼疾复发,拉关系择校破坏招生秩序的现象也偶有抬头。在推进普及义务教育的过程中,如何消解"效率"与"公平"的冲突、更好地兼顾"普及"与"提高"的要求,这对于当时发达地区的大中城市而言,已然成为一个有必要探索的教改议题。

在上述情境下,1984年秋,经长宁区人民政府批准,建青中学与邻近新办的虹二小学、虹二幼儿园整体合并,成立了建青实验学校,从而踏上了中国基础教育首创的幼、小、中"三段一体"办学模式整体实验改革之路。在改革最初的十多年间,建青在秉持"夯实基础、艰苦创业"的办学传统的同时,重点实施了四项主要的改革:招生改革、学制改革、课程教材改革及学校管理改革。

表 22　建青实验学校第一阶段内的主要改革

改革项目	内容
招生改革	· 取消小升初考试、放弃重点校"择优权" · 教改实验对象是普普通通的学生,而非超常儿童
学制改革	· 幼小中"一条龙"教育 · 在幼儿园到初中的 12 年中进行一贯制,非淘汰教育
课程教材改革	· 调整课程设置、改革学科知识体系 · 优化教学内容、研究劳动教育系列 · 创设劳技课程、建立选修活动课
学校管理改革	· 实行"统一领导、分部负责、全程管理、分权赋职"原则

在改革的第一阶段,学校实验的重点任务是摸索中等以上发达地区城市提高义务教育质量的学制,特别是九年一贯制的办学模式。为了能够适应整体性教育改革的需求,学校在管理模式上也不断探索,初步创建了适应于一贯制学校管理的基本框架,其内容大体如下图:

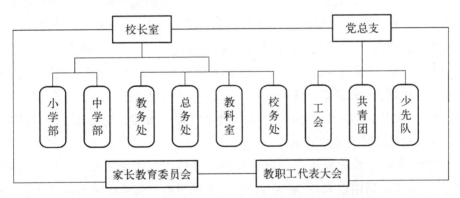

图 2　九年一贯制模式下学校一体化管理体制的网络结构

首先,确立了"统一领导、全程指挥、分部负责、分级管理"的领导和管理原则,也制定了一系列规范化的管理制度。其基本特征主要表现在:① 坚持管理体制的统一性。这意味着实行校长负责制,并由校长统筹领导各个部、处、室的负责人,在工作原则上给予指导;同时,各个负责人要有"一贯制"的全程管理视野,在管理工作的各环节及工作的内容和形式上要体现"一贯制"教育思想。② 保持分部的相对独立性。这要求在一个连续的教育体系中,实行中小学"二部"主任负责制,分权赋职以发挥中小学各部自身优势和特点,充分调动其积极性和创造性,使其相对独立地开展工作与活动。③ 重视纵横层级的协调性。由于一体化管理体制表现为一个全方位多层次的管理结构,既包括纵向层级即中小学两个学段,又包括横向机构诸如校务办公室、教科室、教务、总务等部门。横纵层级之间形成一个相互联系、相辅相成的网络结构,在管理中尽量做到纵向有序和横向协调,发挥整体效应。

其次,确定了学校日常行政工作、德育工作、教学管理、总务管理及健康教育等学校事务的管理原则,规定了实施管理职责的人员和机构,同时也形成了基本的管理策略与机制。

第二阶段(1997 年至今):一贯制学校管理机制的精细化。

如前所述,早在 1993 年 6 月,学校的首轮实验班就通过了上海市教学评估组专家的验收,确认了就近入学的学生经过学校九年的一贯制培养,各项测试成绩都达到了重点中学水平,实验取得了重大成效。及至 1996 年 6 月,上海市教委在建青学校举办"九年一贯制素质教育办学模式现场会",进一步将建青十多年探索出来的六项经验向全市推广。

在完成第一阶段教育实验的基本目标之后,学校根据当时教育改革中所存在的主要问题总结经验与教训,认为改革不能仅局限于九年义务教育阶段之内,高中阶段的"升学应试"倾向依然严重,办学体制和模式还比较单一、缺乏创意,高中阶段的课程设置、教学内容和方法、招生考试和评估制度虽有所改变,但仍未能适应市场经济体制和实施素质教育的需求,与 21 世纪社会发展对人才规格的需求仍不够匹配。为此,学校在得到上海市教委的批复之后,开始尝试进行九年一贯制模式向高中和幼儿阶段的延伸实验。

与此同时,学校教育改革所处的外部环境也发生了如下变化:其一,自 20 世纪 90 年代中后期以来,国家教育体制改革的重心转到学校内部管理体制的调整,侧重于学校组织的去行政化和去官僚化,并强调以效率为准则提高学校组织的管理效能;其二,素质教育成为基础教育改革的核心内容和主要战略;第三,进入 21 世纪以来,教育公平逐渐成为主导的政策取向,发达地区的基础教育发展更强调实现"优质均衡"。宏观的政策转变也相应地体现在上海的教育改革中,如进一步完善校长负责制、扩大学校办学自主权、尝试民营化体制改革;实施二期课程改革,以学生发展为本,着力培养学生的创新精神、实践能力和积极情感;采取多种手段提升薄弱学校办学水平、促进教育的均衡发展、增进教育公平;等等。除此之外，2005 年建青整体搬迁至地处古北现代国际社区的古羊路 900 号，学校的办学条件、社区的整体环境和文化氛围都发生了很大的改观。新校址为学校的改革搭建了新的平台，学校的定位和目标也不免要做出调整，"国际化"发展已成必然。

学校要与时俱进，依据外部社会的需求及自身的教育理念，积极稳妥地将各项改革向纵深推进。这一阶段的改革主要包括，将整体教育改革从九年一贯延伸至十五年一贯；通过对幼儿和青少年创造力培养序的研究，构建相应的素质教育理论基础和实践体系；依托二期课改的实验，探索研究性学习和教师行为改善的问题，进一步培育具有建青特色的教育实验改革的主流文化。

此间，伴随各项改革的深化，学校管理的体制和机制也随之进行了必要的调整和更新，在既有的九年一贯制管理模式的基础上呈现出更加"精细化"的发展特征。这主要表现在：

首先，完善组织结构、优化管理职能，构建适应幼、小、中衔接的教育管理模式。基于九年一贯制学校的管理网络框架及相应的规范制度，完善并最终形成"统一领导、全程管理、分部负责、分权赋职"的机制。在纵向维度上，建立以幼、小、中三个学部为主、十五年一贯的教育连续体，在横向维度上进一步延伸教务、总务、教科及校务的相应职能；同时，学校成立了幼、小、中三部联合的家长教育委员会和社区教育委员会，在抓好自身素质教育的同时，还注意与家庭和社会联手构建起"一校两委"的开放式办学系统；此外，完善和修订了相关的管理制度，编制了《学校工作制度汇编》等一系列规范管理的制度文本；最后，积极开展校内民主管理的建设，坚持干部民主评议制度。

其次，在一贯制学校整体的管理架构内，进一步探索高效开展各项学校事务的策略和机制，力求在制度建设上有所创新。这集中体现在以下五个方面：

（1）在学校教科研工作中，为了充分发挥课题研究对整个学校教育改革的引领作用，也为了调动全体教员参与科研的热情和积极性，更为了培育独具特色的校本科研文化，学校的教科研管理逐渐形成管理网络；建立了《行政干部每日教育现象巡查制度》，并将其扩展到行政干部、部分教师和学生代表的每日巡查，立足对教育原生态现象的"观察、记录、分析、总结"，为管理机制的"创新"提供依据。

（2）在学校课程与教学工作上，经过积极探索，已初步形成"双向靠拢，有机衔接；减少坡度，自然过渡；共同管理，师资衔接"的课程衔接策略，并开发出一系列适合学生发展的校本课程和校本教材；在教学工作上，以学习方式优化和教师教学行为改善为重点，各教研组也已经形成了以"课题研究"为核心的教研实践模式。

（3）在学校德育工作上，除了利用课堂这条传统的渠道之外，学校更致力于探索"全员参与、全过程渗透、全方位开展"的新模式，依托学生团队和各种社团，逐步形成了"三自"（自主管理、自主教育、自主发展）的"一条龙"特色德育互动和管理风貌。

（4）在人力资源特别是师资的开发与管理上，为了解决"师资的适应性和通用性"这个一贯制学校所面临的重要问题，建青继承了传统的"教师带教、岗位成才、任务引导"等策略，充分发挥高级教师的引领作用，通过对高级教师提目标、压担子，通过名校长、名师培养工程、学科带头人项目、课题研究等形式，培养骨干教师；同时，学校尤其重视以"课题研究"为载体，将教师的教科研活动与管理、师训、教学和德育工作结合起来，以"兼职科研员"的方式培养学校科研骨干。在此过程中，学校力求构建一种"教师专业学习共同体"的机制，充分发挥其在促进教师专业发展和职业晋升上的积极作用。此外，进一步修订和完善各类人员的岗位职责，采取有效措施增进人职匹配，激励教职员工的工作积极性。

（5）在学校公共关系的经营和管理上，为了给学校的教育实验改革提供更为丰富多样的教育资源、为学校创设更为适宜的外部环境，进一步巩固、优化和提升学校的知名度、信誉度及美誉度，建青继续秉持"开放强校"的基本理念，通过各项管理举措的创新来推进办学"开放系统"体系的构建。例如，进一步完善好"一校两委"的办学模式，充分发挥家长委员会和社区委员会的能动作用，为学校三个学部各项工作的顺利开展提供支持与保障；依托"龙头教改项目"的推进，巩固并延伸与有关高校的合作关系，为学校的课程开发与实施提供人员与物力资源的支撑；完善与政府和媒体的互动机制，为学校开辟良好的教育改革与发展空间。

至此，在九年一贯制学校管理框架的基础上，伴随学校管理体制和各项工作机制的完善和优化，一个与十五年一贯制实验学校相适应的精细化管理体系已基本形成。这个体系是在学校进行"三段一体"教育改革的过程中形成并得以完善的，它构成学校运作的"操作系统"，驱动着学校各项事务的计划、组织、实施、评估与反馈；它优化了多年来经检验有效的管理经验，是教育改革及其管理创新的成果。

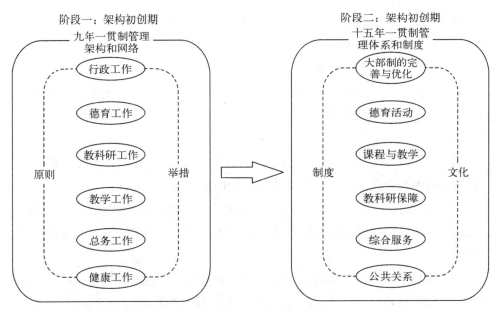

图 3 建青实验学校管理的变革与创新

3. 用课题换迭代

课题,是教育实验改革面对的实际问题,也是推进教育实验改革的探索引擎。

建青在长达 40 年的教育实验改革中,将课题研究视作"侦察兵",瞄准一贯制办学中的突出问题、难点问题,把握"实情";将课题研究当作"掘进机",破解教育改革中的核心问题、关键问题,攻克"堡垒";将课题研究作为"大台阶",完善育人过程中的贯通问题、衔接问题,占领"高地"。可以说课题研究已成为建青教育实验改革的一把"利剑"。

问题导向,是建青用课题研究换实验迭代的主要特点。不断研究问题,正是建青教育实验改革常青所在。建青实验,基于问题,源于问题,高于问题,问题成为话题,话题成为课题,课题成为解题,由问题牵引的破解机制由此产生。

持续接力,是建青用课题研究换实验迭代的重要坚持。40 年来,建青的课题研究犹如一棵大树,经过岁月洗礼、阳光沐浴和雨露滋润,不断枝繁叶茂。课题研究不但从不间断,而且环环迭升。

从 1996 年起,建青的课题研究走上了更有系统性、全局性、针对性的轨道,也引起了社会的广泛关注。值得一提的是,1996 年建青的《九年一贯制素质教育模式研究》被列入"建设与上海一流城市相匹配的一流教育"项目研究系列,这是由上海教育发展基金会资助的"建设与上海一流城市相匹配的一流教育"项目研究,总课题研究确立了六项重大课题,其中"中、小学从应试教育向素质教育转轨的内涵、教育制度、教育思想、课程体系与师资素质研究"作为第五项内容,建青申报后,经过专家认定和批准,与华东师大等十三家单位及其学术负责人一起为中标单位和承接人,而建青是中标的唯一一家来自中、小学的代表,足见课题的重量、分量和能量。

至今,作为"龙头课题"的七大实验项目,就是以课题研究的方式展开的,反映了建青通过课题研究实现实验迭代、改革更新的高度、宽度和水准。

七项实验之一:1996 年的《九年一贯制素质教育办学模式研究》,以素质教育为准绳,以一贯制为前提,对素质教育办学模式进行探讨,主题明确,立意前瞻,富有创新。

七项实验之二:1997 年的《"九年一贯制"素质教育课题延伸研究》,紧扣主题,基于已有的成果进行高一层、深一层的深入研究,使延伸出新招、出新意。

七项实验之三:1997 年的《城市中小幼学生创造力培养序的研究》,瞄准时下学生素质培养的重点"创造力",从一贯制出发,对培养序进行研究,摸准现状,找到关键,提出了用规律育人的渐进方式,很有见地和启示。

七项实验之四:2003 年的《一贯制学校探究性学习中教师指导行为研究》,以教学现实中的探究性学习为题,以教师指导行为为轴,对教师的教学观和教学方法进行了审视,提出了提升的路径。

七项实验之五:2011 年的《一贯制学校提高学生传媒素养、发展语言能力的课程建设研究》,突出信息时代传媒素养的重要性,找到了课程特色的新的生长点,对连续培养学生语言能力提出了重大的主张和方法。

七项实验之六:2019 年的《十五年一贯制学校学生优势智能实验室课程建设的实践研究》,将学生优势智能发展建立在实验室课程体系上,并进行了全面架构,为创新实验室的落地和生长提供了新方案。

七项实验之七:2023 年的《数字化转型视阈下十五年一贯制学校学生自我发展规划力培养的实践研究》,将学生自我发展规划力及生涯发展置于数字化的环境下,赋能十五年一贯制办学。

在建青,科研领先不但是观念上的,更是物化的。在学校教科研工作领导小组的统筹策划和教科室的组织协调之下,学校教育科研成果迅速转化为学校管理行为或教育教学措施。为了真正发挥教科研在学校工作中的作用,学校做到了"五到位"：机构到位、人员到位、经费到位、议事到位、领导到位。并且逐步形成了自身的工作规范,实行了六项管理：组织管理、计划管理、活动管理、规范管理、课题管理、档案管理。学校教育科研工作成果累累,解决了一大批亟待解决的问题,促进了学校素质教育整体水平的提高。

建青的教育科研拥有历史的长度,拥有全方位渗透的广度,也拥有可持续发展的基础厚度。目前,注重学校教育科研已成为建青人的共识,教育科研活动已成为建青人的广泛实践活动,成为一道独特的"全员科研"的校园文化风景线。

首先,是在建青实验学校,教育科研并不是一部分人的事,教师的科研意识普遍较强,参与面广,持续时间长,参与教育科研的教师占全校教职员工的 90%,从幼儿园到高中乃至学校的服务保障工作,所有的教职员工都在不同程度上确立了科研意识,立了课题。

其次,学校也在校本科研管理机制上保证了教师教科研活动的顺利进行,不仅在理论指导、具体实施时尽力为教师创造条件,更从人员配置、硬件设施、时间、空间上对教师的科研活动给予充分的支持。因而建青的教师对教科活动热情高,努力参与,教科室每年申报的新课题、课题成果等属于长宁区的"大户"级,教科研成果累累,获奖连连。

40 年来,学校教工边学习、边研究、边探索、边总结,据不完全统计,课题数量共 125 项,其中市级 8 项、区级 71 项、校级 116 项。由于在课题研究中注重创造性和实践性,多年来,学校研究成果较多,发表 300 余篇论文,出版相关书籍,其中《探究学习与教师行为改善的研究》《高中思想政治课教学加强人文教育的研究》等课题在市、区第九届、第十届教育科研成果评比中获一、二、三等奖。尤其值得一提的是,申报的以"研究学生"为切入口的基础教育课程改革教学研究成果《从研究学生出发,提升"十五年一贯制"学校课程实施的有效性》获教育部成果奖,同时成为长宁区唯一一所在此项研究成果评审中获奖的学校。因此,教育科研正成为提高教师教育创新能力、促使教师专业化发展的重要途径。

在此过程中,建青实现了不少理论和实践方面的创新。如,在学制方面,作为上海最早的一贯制实验学校,建青研究成果已得到大家的公认,其先见之明和率先之举,具有遵循教育规律和认知规律的科学性和操作实践的创造性。1996 年,学校"九年一贯制素质教育模式研究"的课题参加上海市"与一流城市相匹配的一流教育"的前瞻性研究招标,随即成为普教系统唯一的中标单位。学校对于该课题的研究和探索,取得成果《九年一贯制办学模式研究》,获得全国教育学会论文评比一等奖,同时相关经验也开始向全市进一步推广。"不加选择、就近入学"的招生制度经过建青的率先实验和总结,为相关决策提供了重要的参考素材,该项制度如今已成为《中华人民共和国义务教育法》的法定规则。

综上所述,建青的课题研究,成为了一贯制办学灵动发展的"天线"和"网络"。

第二部分

厚育篇·审题

教育，是一种厚育。

办学，是一种审题。

厚育，是点燃之举，也是点睛之术。

审题，是叙事之需，也是描绘之谱。

一贯制办学，成为厚育的主题，也成为审题的核心。学制改革、招生改革、学校管理改革、课程教材改革四大领域，关注研究学生、关注师资建设、关注环境创设、关注特色办学、关注家校合作五大落脚点，始终是一贯制办学实验改革的探索重心，也是追求高质量发展的审题内容。

四大领域和五大关注，将厚育标明，将审题标示。

厚育为审题积淀，审题为厚育引路。在一贯制办学的教育教学改革中，善于审题，是"建青人"的才华，也是"建青人"的风尚。

一、审题建设：一贯制办学的关键视阈

教育改革，是头脑清醒的改革，也是厘清思路的破解。

建青，不仅对教育改革的方向做到牢牢把握，而且对教育改革的指向做到心中有数。从实验之初，建青在筹建初期，就对实验的方向和指向做了明确的认定，这样的认定为持续改革实验建立了基轨。

（一）四大领域之一：学制改革

建青的存在，是以学制而著称的，十五年一贯制的学制，成为办学的根本制度和基点。

1. 学制改革解决弊端

学制改革，是建青教育实验改革的首个关键重点。

在传统的学制中，幼儿园、小学、中学各个阶段区分得清清楚楚，以至于成为互不联系的一个个教育断层。首先，从社会经济发展来看，过去由于受经济的制约，只有少数人能够接受全部的幼、小、中各阶段教育，大多数的儿童只接受小学阶段的教育，中、小、幼三阶段教育理当分明。而现在不同了，社会发展了，又有九年制义务教育法的规定，大中城市少年儿童中幼儿园入学普及，绝大多数孩子几乎都全面接受这几个阶段的教育。而如若建青的学制依然如旧，继续人为地把少年儿童接受基础教育分为三个阶段，这显然是不符合社会发展的实际情况的。

其次，儿童少年的身心发展有其自身的固有规律，幼儿、儿童、少年各年龄阶段既有连续性，又有延续性。原来的基础教育阶段的幼、小、中三段与幼儿、儿童、少年各阶段并不完全相符。

还有,在小学与初中之间,以及各年级之间,都有一个升学考试的影响问题,为了这些升学考试,需要投入大量的教学时间复习准备。而这种考试对学生的成长进步能起到多大的作用呢?模糊升学的概念,淡化考试的影响,可以使教学活动按照科学的轨道运行。

2."三段一体"呼之欲出

建青将改革学制作为"头道功夫"。首先,让过去割裂为三的幼、小、中教育合为一体,而后再分段实施。建青最初把基础教育11年,分为幼儿园两年、小学五年、初中四年,从总体上说,是按九年义务教育的年限设置的。把小学(初等教育)定为五年,这早已有之,新中国成立以后5+4分段的学制在不少地区与学校获得成功,延长初中(中等教育)一年,可以更充分地发展学生的个性特长,更符合学生年龄阶段的分段。把幼儿园(学前准备)定为两年,这在大中城市是不难实现的,学前教育虽然未列入义务教育法,但它是基础教育的开端,是基础的基础。11年(2+5+4)基础教育"三段一体"的构思,既有科学的教育、心理、理论的支持,又有以往成功经验的实证,而且,建青按照"三段一体"运行的经验证明,它是完全可行的学制。

学制改革,不仅打通幼儿园、小学、中学的通道,而且为形成各学段教育的有机结合和融合提供了机制上、制度上的保证,有利教育的贯通和衔接。

(二) 四大领域之二:招生改革

招生,是学校教育的重要环节,不仅关系学生以何种方式入学,也对家长选择教育会产生重大影响。

1. 实施就近入学

招生政策,是由政府规定的,如何使招生方法更贴近教育本质,体现教育公益价值,免除升学压力,一直是教育改革的重头戏。

把学校分成市重点、区重点、中心学校,往往是从招生考虑的。把学校区分成重点与非重点,当然有许多客观的原因、历史的原因,如教育资源、投资等。但是从学生接受义务教育的视角看待这一现象,有的学生能进入各方面条件都好的重点学校,有的学生却被拒之于门外,甚至考试仅一分之差便只能进入条件较差的非重点学校,这是教育机会不均等的表现。

建青的前身是一所区重点中学,按照惯例招生可以择优录取。但建青的招生改革"刀刃向内",提出:从儿童具有同等的接受义务教育的权利出发,为周围居民的子女提供机会均等的教育机会,按地区划分报名入学。这项"就近入学"的招生制度从幼儿园开始,直至初中,并且中间不进行淘汰,无论是智商测试较低的学生,还是多门学科考试不及格的学生,学校照样允许他们在校继续学习下去,不退学、不转学。对超常儿童、优秀学生,如果学生个人愿意报考其他市重点、区重点学校,允许他们报考,不拖后腿,来去欢迎。而实际上,几乎没有学生愿意中途离开建青实验学校,因为学校为他们的发展进步创造了良好的条件。相反,每年都有许多不属本地区的学生要求转入建青。有的家长想方设法把孩子的户口迁入本地区,以求能进建青实验学校读书。招收普通的学生,学校教育却有重点学校的水平,这样的招生改革,理所当然地受到社会各界的欢迎,受到学生与家长的拥护。

2. 实施评价改革

在中考改革方面,建青在 1997 年开始了不经中考而直接升入高中的一贯制教育延伸实验,历经多年的探索后,至少取得了三个方面的重要经验,那就是对学生的评价应从单纯的学业评价转为综合评价、中考分数绝不是学生在高中以上阶段学习成绩的唯一预测指标,推选与自主招生的结合是中考改革应该坚持的方向。也许这些经验现在已经不算新鲜,但建青的实践却为当前的各项改革提供了最为直接、鲜活和丰富的一手资料,它对改革的支撑作用不容小觑。

(三) 四大领域之三:学校管理改革

管理改革,是学校教育实验改革的高端,是办学产能产效的前提。

学校管理改革,不仅是组织结构的改革,也是思想方法的改革。

1. 管理的"一体化"

科学化、扁平化、有效化,一直是办学的重点。

建青成立初期,撤销了原来小学、幼儿园的独立建制,实行统一的领导,由校长全面负责,下设三部(幼儿部、小学部、初中部和高中部组成的中学部)、二处(教务处、总务处)、二室(校务办公室、教育科研室)。

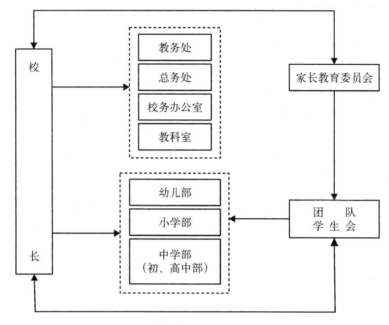

图1 学校管理机制运行图示

学校管理体制实行"统一领导,全程管理,分部负责,分权赋职"。学校招生、人事、基建、经费及大额开支由校统一领导、决策,具体操作由各部二处二室全程指挥,如,教改实验由教育科研室指导实施。三部保持相对的独立性,日常教务、教育质量管理、校产由部各自负责,各学科教学、专业业务工作分级管理。统一领导,全程管理从管理机制上保证了学校的一体化;而分部负责、分权赋职,可以充分发挥各方面的积极性,避免统得过死,压抑部门的创造性。

2. 发挥团、队作用

发挥团、队与学生会的参与、监督作用。团、队、学生会组织,历来有各自的任务与活动,学校有专门的师资负责指导与组织工作,保障学生组织活动的健康发展。这是学校管理与教育工作的重要方面。建青在管理改革中,努力发挥学生组织参与和监督学校教育工作,一方面,可以培养学生的主人翁意识,培养参与社会活动的能力;另一方面,获得学校各项工作的反馈信息,以利于调整和改进,真正实现学校的所有工作是为了学生的一切。例如,校长定期与学生代表(主要是较高年级学生)对话,学校电视台就学校发生的热门话题采访校长,并现场电视直播。学生对学校各方面的工作,都可提出意见或建议。校长与学生直接见面已形成制度,成为学校管理的不可缺少的一个环节。

3. 形成家校合力

设立家长教育委员会。家长教育委员会工作由校长分管负责。建青在幼、小、中各段都建立了家长教育委员会,下设各年级、各班级的家委会系统网络。"家委会"的职能包括:① 参与学校管理。对教改实验出谋划策,讨论建议学校重大事宜,支持教育事业。② 支持与贯彻素质教育。配合学校的教育工作,力求使家庭教育与学校教育同步。③ 改善家庭教育。对学生家长开设系列家庭教育讲座,向家长介绍儿童生理、心理的特点,介绍家庭教育方法,以及教育科学常识,提高家长的教育水平。不定期地进行心理咨询活动,帮助家庭教育有困难的家长改善对子女的教育。学校在决定重大教育改革举措时,总要听取家委会的意见,争取得到家长的支持或理解,保证学校教育改革的顺利进行。

4. 一体化高质量发展

学校管理改革不断推进。近年来,建青以"一体化发展"为学校发展总体思路和机制运行的系统构想,建立了"大学校观"的理念、"五部一体"的管理、"敬业精进"的队伍、"三段一体"的学程、"贯通融通"的课程、"精准个性"的课堂、"空间重构"的环境、"一站支持"的保障和"跟踪规划"的成长,形成了更为科学、更为完整、更出成效的管理机制。

(四) 四大领域之四:课程教材改革

课程教材改革,是学校教育实验改革的主阵地,也是高质量办学的保障。
课程教材改革,既要体现国家意志,也要符合社会需求,更要适合学生成长。

1. 课改思路

对建青来说,除了完成国家课程之外,还要开发为一贯制所需的课程,这是课程教材改革的特殊任务。一贯制办学,需要一贯制的课程教材依托。
建青在创办之初,就把课程教材改革放在办学的全过程来加以谋划。调整课程设置,改革学科知识体系,优化教学内容,研究劳动教育系列,创设劳技课程,建立选修活动课,发展个性特长。

建青的课程教材改革从 1984 年建校就开始着手进行,课程教材改革的难度大,招生改革与学制改革很大程度上是决策的改革,而课程教材改革需要更周密的设计与实践,并且在短时期内很难见效。因此,建青首先明确课程教材改革的原则,确定改革的思路,按既定的原则和改革思路分条块具体进行,这样做,既可以有系统的保证,又可以全面展开、互补共进。

课程教材改革的原则:确保基础、注重应用、分流优化。改革的思路是:"三段"(幼、小、中)统筹安排,纵向体系的改革与横向内容的改革相结合;合理安排学科课程,打好语、数、外基础,重视音、体、美,保证劳动教育和职业技术教育;减少必修课,增加选修课,注重应用能力,发展个性特长。1988 年,上海市具体部署课程教材改革,建青成为试点学校之一,让人感到幸运的是,建青前期的课程教材改革与上海市课程教材改革方案在诸多方面相一致,改革探索为方案提供了必要的实例。1988 年以后在贯彻上海市课程教材改革方案的过程中,建青进一步完善了本校的课程教材改革,为全面推广上海市课程教材改革方案提供了具体操作和一些成熟的经验。

2. 课改重点

建青初期,课程教材改革主要有:

一是调整课程设置,修改教学计划。为了赢得时间,首先,建青把幼、小、中三段作为完整的教育体系,统筹安排,统一课程设置和教学计划。增强课程学科系统的衔接,减少不必要的重复,适当精简、调整,赢得了一部分时间。其次,合理安排学科。建青的宗旨是:加强思政教育,打好语、数、外三门学科基础,重视音、体、美,保证劳动技术职业教育;"两减":减少必修课,减少学生过重的课业负担。这样,又可以腾出一部分时间。从一年级到九年级,必修课每周不超过 27 节,年级越高必修课时越多,利用腾出的课时"两增":增加选修课、增加学生自己支配的时间,发展个性特长。这样,在保证建立学生较合理的知识结构、全面提高教育质量的前提下,贯彻落实了发展个性、提高素质的教育目标。

二是改革学科知识体系,优化教学内容,特别是语、数、外三门工具学科的改革。在学科改革中,建青把语、数、外三门工具学科作为重点改革的对象,在三门学科的内部:① 要求改革的重点突出,抓住存在问题的症结,提出主攻方向;② 建立能力训练的序列;③ 教材配套建设跟上。

语文学科改革:根据语文学科融思想性、工具性于一体的特点,确定语文学科改革以加强培养学生的语言文字应用能力为突破口。1988 年成立"加强初中应用文教学,提高学生听、说、读、写能力"课题组,课题以初中段为主体,统辖九年义务教育阶段,制订 11 年语文知识和能力训练的教学系列计划;自编九年义务教育应用文实验教材。课题组用三年时间,完成了课题计划,撰写了应用文教学实验报告,初中应用文教材在长宁区、普陀区、青浦区等 11 所不同类型的学校进行推广试点,得到好评,后来被上海市课程教材改革办公室列入选修教材;在初中应用文教材的基础上着手编写高中应用文选修课本,作为试点推广;制定了 11 年听说读写能力训练计划:从加强语文应用能力着手,训练学生初步掌握并运用祖国语言文字的知识和能力,养成说普通话的习惯,掌握一定的语文学习方法,促进人际交流,通过弘扬民族语言的感染力的演讲,培养热爱社会主义的思想情感和爱国主义的精神。在课程教材改革推出的新教材实施以前,语文课使用自编应用文教材,与统编教材配合使用,各段按能力训练序列的要求分别落实;新教材推广以后,建青仍把应用文教材作为必修内容,继续完善 11 年语文能力训练序列。

数学学科改革:从适应社会发展的需要出发,数学学科的改革宗旨是克服重考试分数、轻实际能力的倾向,重视培养以思维能力为核心的各种数学能力。首先,制订 11 年数学教学系列计划,注重早期开发,注重早期培养学生掌握所学数学知识解决实际问题的能力。其次,对统编教材,重新调整和处理教学内容,编写各册教材的处理意见,并制定了明确的教学目标与要求,选编了部分实验教材,协调使用。再次,改进课堂教学统得过死的做法,根据不同的教学对象,对教学目标、教学内容和要求做分层处理,允许学生冒尖,也允许有些学生"落后",不强求学习上的统一进度,容许学生达到教学目标的差别,这样就为学生个性思维独立发展打下了良好的基础。最后,重视培养以逻辑思维能力为核心的数学能力,重视培养运用数学知识解决实际问题的能力,有利于开发学生的大脑,启发思维与智力,从而改善和促进其他学科的学习。

英语学科改革:英语教学改革要跟上我国改革开放的形势,目标是通过 11 年的系列训练,培养学生在听说读写方面都具有初步使用外语的能力。改革的措施,首先是开设低幼外语。为了落实十一年一贯制,从幼儿园起设英语课,成立了"英语学习最佳学龄研究"课题组,进行低幼英语教学实验,课题组编写了从幼儿园到小学二年级的低幼英语课本,以口语模仿为主,打好语音、语调、听说的启蒙基础,激发低幼儿童学习英语的兴趣,养成大胆开口说英语的习惯。编写的低幼英语实验教材有教师用书、学生练习册等,已印刷出版发行,课题已撰写阶段实验报告。

低幼英语实验及其教材,填补了英语教学的有关空白,为研究早期"双语教学"提供了丰富的资料。从小学三年级至五年级,主要使用统编教材,适当引进"3L"教材内容,继续贯彻听说领先、读写跟上的原则,培养实际使用外语的能力。六年级至九年级,采用新教材(统编教材与"3L"教材并列使用),根据不同教学对象,因材施教,分层次提出教学目标与要求,进一步培养外语听说读写使用能力。英语教改的总目标是,在总体水平上不低于国家颁布的初中英语教学大纲的标准,在听说与使用英语的能力方面高于大纲的要求,实施十一年一贯制的英语教学,在我国鲜有尝试,建青在实验中积累了一些有益的经验,这本身就是一种成功。其次,通过 11 年的英语教学,唤起学生学英语的兴趣,培养初步的听说读写使用能力,实现了大面积提高英语教学质量,并且为不少学生打下了较好的英语基础。

创设劳技课程:劳动教育,是要培养学生具有劳动观点、劳动习惯和生活自理能力,并初步掌握一些劳动生产的基础知识和基本技能。在传统教育中,劳动教育往往被其他工具性、知识性学科淹没,劳动课变得可有可无。因此,建青把劳动课列入课表,严格按教学计划实施,对教师与学生,都要求明确劳动教育的重要意义;明确手脑并重对学生未来发展的重要意义。建青制订了 11 年劳动教育的系列计划和要求,在低幼儿童阶段,主要通过自我服务劳动、做简单的家务劳动和公共卫生劳动,养成爱劳动的习惯。在小学阶段设劳动课,通过学会自我服务劳动、一般家务劳动和公共劳动,培养劳动观念和进一步培养劳动的习惯,促进手脑并用。初中阶段,开设劳动技术课,学习一些生产基本知识和基本技能,确立热爱劳动、尊重劳动的观念,养成爱劳动的好习惯,并具有基本的劳动本领,争取成为手巧能干的人,成为勤劳聪明的人。劳动教育作为素质教育的重要组成部分之一,取得了较好的预期效果。

建立选修活动课,发展个性特长:选修活动课是对传统课程设置的重大突破。建青在减少一定量必修课的基础上,增设选修活动课。选修活动课,顾名思义,它含有两层意思,一是选修,二是活动。选修活动课的内容具有多层次、多类型的特点,普及与提高相结合,学科与扩展相结合,兴趣与特长相结合。例如,学科类普及型的有课外阅读,提高型的有文学研究、写作等;兴趣类有音乐、舞蹈、书法、工艺制作等。选修活动课列入课表,每周三个半天,并且贯穿九年,这样学生在低幼年龄段表现出的一些兴趣与爱好,能延续发展。例如,选修舞蹈、美术的不少学生,从幼儿园就显露出这方面的爱好与才华,进入中、高年级后,选修活动课进一步发展这方面的能力,有的显示出超过一般水平的专业能力。

建青的选修活动课起步早，普及率高，学生参加选修与课外活动达到两个
100％，并且，延续时间长。在上海市课程教材改革方案中，选修活动课是课程设置
的新的"板块"，在中小学阶段设有活动课，高中阶段设有选修课。建青在贯彻上海
市课程教材改革方案中，继续保持选修活动课的优势，使之不断完善。实践证明，
选修活动的低龄化倾向是学生成长的客观需要，也是素质教育的重要环节。选修
活动课，对于扩大学生的知识面，丰富学生的课余生活，提高文化修养、审美情操、
动手能力、发展智力，促进思维，发展个性特长，早出人才等各方面都有积极的
作用。

课程教材改革在建青全面展开，除了上述的这些方面，还有化学、生物学科的
教改，已形成特色教学，历年来成绩优秀，学生屡次获奖。德育教育课程，也制订了
11 年的系列计划，逐步形成规范，为贯彻德育教育大纲做了许多有益的、成功的尝
试，可以说，课程教材改革在建青全面开花结果，正是因为辛勤耕耘和科学实验，各
学科教学都取得较好的成绩。

建青自建校起就十分重视学校的课程开发，学校的课程教材改革从 1984 年建
校就开始着手进行，1988 年上海市具体部署一期课改，建青实验学校就成为试点
学校之一。建青实验学校坚持课程改革的原则是确保基础、注重应用、分流优化。
改革的思路是：幼、小、中"三段"统筹安排；纵向体系的改革与横向内容的改革相
结合；合理安排学科课程，注重应用能力培养，发展个性特长等。多年来，建青逐步
建立了大课程观，关注学生的全部学习经历，包括正规与非正规的学习经历，并形
成了"双线式"的课程体系。"双线式"的课程体系分为讲授式课程和活动式课程，
讲授式的课程主要以学习间接经验为主，包括国家规定的学科课程及各类选修课，
活动式的课程以习得直接经验为主，包括各种主题活动、社会实践活动、校园文化
活动、社团活动和研究性学习等。

3. 课改特色

首先，科研先导，注重实效。以科研为先导引领学校的各方面发展始终是建青
实验学校的一大特色，课程建设上更是如此。最为典型的例子，就是依托龙头课题
《城市中小幼学生创造力培养序的研究》，探索了以课程、教材、教法为内容的培养
规律，进而形成了创造发明、环保、生物、计算机、科技英语、科技阅读等富有创造教
育特色的课程。又如，依托《中小学教材的校本实验研究》的课题，编写出十多套语
文、外语等校本教材，其中已正式出版多套，并已推进到其他学科，如《手球》《剪

纸》、面向外国学生的《我的第二故乡中国》等体艺综合类的校本课程教材。

其次,学校在课程建设中关注三个基本"点",提高三个"力"。学校以《城市中小幼学生创造力培养序研究》的理论成果为依据,顺应3～18岁幼儿到高三学生身心发展规律,在课程设置、课程标准及其课程实施中关注学生对课程的理解、掌握与学习运用,较好地处理三个关注点:① 关注幼、小、中的衔接;② 关注特色课程的引领;③ 关注学生个性的发展。提高了三个力:① 课程的创造力。以少先队的"队的知识"课程为例,学校把其作为在拓展性课程培养学生创新能力的实验中,把课程标准的制定、教材的编写及其课程的讲授全部交由少先队大队部的队干部去承担。再如体育课中,教师大胆设计,由高中女学生去幼儿部承担"玩手球"的校本课程的课堂教学,让高中生在与娃娃的共同教学中体会手球的魅力,增强关爱的亲情。② 课程的领导力。集中体现在主动基于学生的实际来落实课程标准,把对新课程理念及标准的理解与实施作为领导的应有之义。为此,学校加强了对各级干部的培训与指导。强调"领导"就是出思路与用干部,在新课程实施中也很重视各级干部对新课程实施中可能出现的问题要善于思考并正确处理,而对于贯彻课程的执行力,学校除了确保在课时上不分学科轻重缓急一视同仁外,更在课程内涵的理解与掌握上加强培训。③ 课程的执行力。集中体现在学校坚持幼小中"三段一体"的十五年一贯制办学特色,严格按照课程计划,开足、开好三类课程。在"基础性课程"中,以各学科贯彻课程标准为一贯制学校的课程与教学管理创新为主,做到科学运用、创新提高、务实到位;在"拓展性课程"中,以开设科目"货真价实"为主,课程基本要素件件落实,学生确实学有所得;在"研究型课程"中,以课题建立贴近学生、贴近实际、贴近学科为主,学生的科技创新能力得以彰显。

最后,注重课程衔接,加强校本课程的持续开发与建设。建青实验学校率先在中学部建立起了"拓展型课程申报制度",从课程设置、教材编写、评价体系等方面初步构建出拓展性课程的管理体系。每学年初由教师根据本人教学特长提出课程申报,教研组根据学年教学要求和学段特点进行评价,最后由学校课程领导小组统筹安排。以主题或模块课程的开发为基础,加强课程整合,推进有建青特色的各学科校本课程的建设。

建青实验学校的拓展型和研究型课程主要分两种:一种是学科内容的延伸与加深,以限定性拓展为主,内容主要包括:① 结合新的课程标准中的拓展内容进行教学。如,语文课程中,在初中开设中华科技阅读,分年级开设朗诵、文言文阅读,高中开设名著选读、古诗词鉴赏。② 结合学校学生实际参加的竞赛的内容开展教学,以自主性拓展为主。如科技英语竞赛辅导、计算机竞赛辅导、防震救灾、网页设计、"白猫杯"化学竞赛等。另一种是拓宽知识面及增强学生综合素质的自主性拓展课程,包括:① 拓宽学科的外延。如初中的民俗教育、中国初级手语、新闻报道、数学思维训练、程序设计、网页制作、旅游地理、漫画基础、动植物探秘、环保、生活中的心理学、写作、青少年口语交际等;高中的中国文学四大名著问题研究、中国徽派建筑与艺术、信息技术、程序设计、生活中的化学、高中数学思想方法、科技英语、游乐设施与物理、水产品膳药之用与安全等。② 增强学生技能,如 DV 制作、摄影、建青报采访、编辑、编织等。③ 增强学生艺术修养和身体素质,如声乐合唱、管乐、啦啦操、手球等。④ 创新意识和能力培养。学校依托长宁区少科站及 2049 项目相关软硬件资源,特别增设了一些符合学生兴趣、培养学生动手能力和创新意识的自主性拓展课程。如初中的科技创想画、机器人制作、业余电台、创造发明、环保小卫士及奥运科技;高中的单片机原理与制作、生物信息工程、科技小创作等。此外,学校还把 20 多个社团活动也纳入拓展性课程中。

建青以《探究性学习教师指导行为的研究》为载体,开设了研究型课程。如,高中年级学生 2007 年参加了在教师指导下的有关课题研究,共结题 86 项,2008 年完成了上海郊区农村调查系列报告等。建青通过探究创新教学模式,正确处理了三对关系(国家、地方、校本教材的应用关系;提高课堂双基学习效率与研究性学习的关系;课堂教学与课外实践的关系),改革课堂教学,把自然的"创造性教学"的过程转变为自觉的、有组织、有计划的群体性创造性教学行为。学校还根据长宁区教育局提出的建设"主题轴"综合课程,结合学校原有的课程不断完善,初中的"我爱上海系列课程"正在构建并实施,涉及地理、历史、政治等多门学科,通过了解上海乡土历史、探寻上海旅游资源、学习上海话等具体课程,通过学生自主学习、走访调研、社会实践等方式,使学生了解上海,热爱上海。高中以实验为突破口,综合了物理、化学、生物等学科,让学生在动手过程中培养观察问题、发现问题、解决问题的能力。

近年来,学校强化课改,开设依托优势智能实验室空间建设优势智能实验室课程,致力于思创特质课程体系建设,以实现精准育人。

为满足学生的个性化需求和潜能的开发、培养学生解决现实生活中出现问题的综合能力,学校立足《国家中长期教育改革和发展规划纲要》,结合育人目标,依托优势智能实验室空间建设优势智能实验室课程,贯通式培养学生创新精神、创造能力、艺术鉴赏力、思辨能力、批判精神、生涯规划能力,以及跨文化意识、自主解决问题的学习方式。学校还建构了优势智能实验室浸润式课程教学模型,厘清了基于具身认知理论的优势智能实验室学习场域和优势智能实验室课程建设共生共长的关系。建青充分利用十五年一贯制学校发挥生源差异化特点与办学一贯制优势,形成立德树人、重体验、重实践、浸润式学习的国家课程校本化实施新路径;创建了与优势智能实验室课程群匹配的幼、小、初、高 MEAD 优势智能实验室学习场域。建青遵循灵活组合、跨龄适切,具备实验探索功能,提倡虚实结合。适性扬长的优势智能实验学习场域有利于学生对学习内容的多通道感知,与学习环境的动态交互,在学习过程中体验情境,浸润式学习。

在新的教育背景下,学校落实立德树人的根本任务,根据中国学生核心素养的要求,围绕学校"孕育希望 谐美青蓝"的办学理念和建设一所具有思创特色的实验性、开放型学校的办学目标,根据国家课程总体要求,基于学校"三段一体"的办学机制和"德行好、基础实、能力强、特长显、视野阔"的育人目标,提倡"五育"并重,打造学校"思创"特色,注重"一体""一贯"和学段特点,形成整体目标和分段目标,分级实施与分段衔接一贯的具有学段特点和学校特色的课程体系。学校既不断完善体现学校课程丰富性的 JQ(JOINT QUALITY)——建青高品质融合课程,又梳理开发形成纵向贯通、横向融合的 JQ-IDEA 建青思创课程体系。JQ-IDEA 思创跨学科特质课程是在 JQ 系列校本课程的基础上,梳理和开发形成的纵向贯通、横向融合的以素养培养为导向的特质课程体系。目前重点建设"创智·创意·创造"三个主要板块:"创智"板块以算法和编程为底层技术支持,"创意"板块以设计和创编为底层技术支持,"创造"板块以调查和实验为底层技术支持,重在高阶思维的培养,重在实践能力的培养,重在实际问题的解决。

二、择题建业：一贯制办学的主张落点

建青，不仅做出了教育实验改革的重点领域，而且确立了教育实验改革的关注视点，使方向明确和关注契合融入了全过程。

（一）五大关注之一：关注研究学生

1. 认识学生是教育的前提

学生，是教育教学的对象，也是学校的主人。

学生，是教育永在的命题，是教学永恒的主题，是学校永存的话题。没有学生，教育就没了着落，教学就没了生气，学校就没了活力。

教育的实现，是主体与客体的互动。因此，教育要对教育对象产生影响，首先必须在认识学生上下好"先手棋"，真正认清学生的面目。

认识学生，这是教师的"必修课"，也是执教的"基本功"。

认识学生，认识学生的一切，包括学生的基础、长相、性情、脾气、特长、短处，也包括学生的家庭背景、经济条件、父母状态，这能为教育提供参照。

在认识学生上下功夫，绝对不枉费砍柴工。

有时候，教育的缺陷就在于不够认识学生的"内在"，教学的缺点就在于不够认识学生的"侧面"，教师的不当就在于不够认识学生的"软肋"。

在认识学生上打不了"胜仗"，教师就别想在打扫战场时得到"收获"；在认识学生上打不开"局面"，教师就别想在冲锋陷阵时获得"奇迹"。

认识学生，需要心思、细思、反思。

在传统观念中，学生上学是来念书的，所以要教好学生，只须把教材这本"书"研究透，多少年来，这样的主张似乎已"约定俗成"。不过，建青却另有想法。我们提出"研究教育先从认识学生做起",为"约定俗成"做了最有价值的"补充"。

建青是国内少有的实施从幼儿园至高中教育的一贯制学校。进行学制改革、学段衔接、创造力研究等多项具有"航标"意义的探索与改革,研究来探索去,更加发现,认识学生是研究教育最基本的元素,是实施教育最基础的台阶,从这个意义上说,学生也是一本"书"。这样的领悟与探索,至少有以下两点是值得赞许的:

一是"目中有人"。教育,从传授角度看,是外因作用于内因,而且教育教学的载体决定着教育对象永远处于"被教育"的状态,即使现在强调师生平等、教学相长,但学生是要到学校接受教育的,不可以由着性子自由选择。在这种情形下,不少教师很容易产生"主导意识",甚至把教材作为对学生进行教育的唯一"经典",在教材与教育对象之间,不免产生倚重前者的惯性。而在建青,教师开始考虑如何使教育教学与学生的关系从"自上而下"变成"上下沟通",甚至把学生放到主体地位来认识。在他们看来,没有"人"的教育,可能是千篇一律的"大锅饭",而"目中有人"的教育是可以依人而变的。

二是"心中有谱"。教学,从课堂实施程序上看,"无谱"的应付与"有谱"的执着,会有截然不同的效果。建青提出,要把学生培养成既有共性又有个性的新人,学校开设的拓展型课程,即使选修的人数再少,只要学生需要仍然坚持开课,这不是一般的坚持,恰是心中有学生的表现。人是有差异的,能力是有高低的,成功的方式会有不同,这些不仅应当尊重,而且应当作为教育的财富予以开发与利用,让不同的人有选择不同的方式成就自己、造福社会的机会,这是"心中有谱"的睿智。

建青认为,认识学生先行,这不只是本质教育的回归,而且是现代教育的本义。任何时候,教育要以人为中心,这也是一种"适者生存"。

2. 研究学生是教育的本职

教育的点在哪里?取决于两个方面:一是时代对人的需求,二是人的成长的规律。研究学生是教育过程中必不可少的重要环节。

研究学生,说到底就是研究教育,因为教育是"人学",是研究人的成长规律和导向成长的内容、路径。

研究学生,研究他们的生理、心理,研究他们的特点、需求,研究他们的背景、环境,研究他们在成长过程中的共性和个性,研究他们在不同时期可能会遇到的不同问题。一句话,通过研究激活学生的"档案"。

研究学生,研究教育教学进行过程中与学生的关联点、影响点,研究教育教学实施过程与学生的切入点、融合点,研究教育教学与学生的转化点、有效点。一句话,利用研究激发教育的活力。

研究学生的重大意义,是找到教育的方向和重点,是将教育这把"剑"用到点上。

教育的目的是培养人,促进人的全面发展。而研究学生、了解学生,是促进学生全面发展的基础,是教育内涵发展和科学发展的保障。只有深入研究学生,才能全面了解学生,才能有的放矢地做好教育工作。可以说,教育的高度取决于教育者对教育对象了解的深度,这是古往今来被反复证明的真理。

研究学生是以人为本的需要。以人为本,不仅主张人是发展的根本目的,而且主张人是发展的根本动力。而且建青都知道"千人千面",每个人都是不同的,而教育本身就是关注人性、追求个性,促进人的发展,这就更要求建青研究学生、了解学生。长期以来,人们对教育民主、教育自由的期待和呼唤,是教育摆脱功利化、工具化追求的必由之路,其首要前提也是尊重学生。教育工作者不是流水线上的"技术工",而应是真正关注生命发展的农民,也就是研究教育对象、研究学生。

3. 教师的"教育日记"

建青在 25 周年校庆活动中,一本"教育日记"十分抢眼。在建青,"教育日记"记载的是教师对学生的观察、对教育的研究,每一本日记都是教师的成长史。

在紧张的备课上课之余,为何还要让教师坚持写教育日记? 这是因为教师工作如果没有积累,缺乏研究,日复一日很容易缺乏热情、因循守旧。但教师工作又是一项具备创造力的工作,如何从平凡、司空见惯的事物中看出新细节、新变化,需要不断反思总结。因此,学校建议教师写日记,"以叙事的方式反思并改变自己的生活"。

起初,学校的良苦用心让一些教师不解。有教师认为,当教师无非是备好课、上好课就行,写日记浪费时间,多此一举。还有教师困惑:这个日记写什么? 它和平时的值班记录有何不同?

随着时间的推移,教师的疑虑逐渐打消了。有的教师写日记之初,通常写下寥寥数语打发了事,"今日无事""一切正常"等记录随处可见。一段时间过去后,教师开始反思:学生每天都有变化,教育无时不在变化,教育日记不是记"流水账",而要体现教师的思想与智慧。现在,教师的教育日记视角新颖,内容丰富:以中学班会课为样本,研究何种课题更吸引学生;观察不同社团受学生欢迎程度,了解中学生兴趣爱好……

"教育日记"以研究学生为出发点，记录了教师的探索与思考。有的教师写道："能与学生交朋友是一种本领。"第一堂课下课前5分钟，教师把小卡片分发给学生，让他们写下自己的姓名、绰号、爱好、优缺点、理想、对老师的期望等。这一"招"果然灵验，学生写得饶有兴致，有的还在小卡片上留下个人自画像或MSN、QQ号等，拉近了与老师距离。

有的教师写道："不拿学生成绩做比较，让学生与自己昨天比成长。"教师送给一些学生"自信瓶"，里面全是同学和老师写下的他们的优点和进步，学生在这种"比"法中不断进步。

此外，巧妙化解师生矛盾、给学习"降压"有何妙招……每一笔记录，都体现了教师独特的思想。

（二）五大关注之二：关注师资建设

师资，是教育的中坚力量，也是办学的主要支柱。师资的重要性不言而喻。

对建青来说，师资建设更有需求的广泛性、贯通的普适性、衔接的通晓性和专业的跨学科性。

一贯制学校，对学校管理是一种考验，对师资建设同样是一种历练。

1. 立足于教师的专业素养

建青独特的十五年一贯制整体教育改革，无论是转变教育目标、教学理念、学习方式、教育评价等各方面的要求，还是以教科研推动学校发展的策略选择，抑或是在更微观的"三自"德育模式、运用新的理念和方法推进探究性、研究性学习的智育思想，都离不开开展和落实这些思想和目标的行为主体之一的人——教师，而且这些以创新性、实验性和探索性的课程改革活动、教学指导模式、德育创新实践，都对教师的专业素质和能力提出了较高的要求。

首先，从课程改革实验来看，新课程教学理念和教学目标，都倡导从注重知识和能力的传授，转向对学生的情感、态度和价值观的影响和形成。这种由教学的"工具属性"转向"价值理性"的要求，需要教师在理解和领悟课程与教学改革的本质和意义的基础上，去探寻和设计与"价值理性"追求相匹配的教学目标、教学内容和教学方法。同时，还要对十五年一贯制学校实验课程的教学模式设计，这些都对教师的教学理念的更新、教学行为的改进,提出了更高、更深的要求。其次,建青把教育科研作为学校发展的核心驱动力,不仅是当前学校自主、内涵、优质发展的一种重要趋向,也是学校从优质走向卓越的必然选择。这就要求教师具有教育教学研究的兴趣、善于发现和挖掘教育教学中的问题,具有较高的反思能力、掌握教育研究方法和教育的专业精神,无疑,这些能力的要求,都需要教师不断学习,实现自身的专业发展。

从建青在探索自己特色的教育改革道路的思想、内容和举措上,我们不难看出,学校整体教育改革的推进,都必须在全体教师理念认同的基础上,由学校全体教师根据教育改革的理念、思路,新课程的内容、目标,以及对学生现有水平、兴趣和需求充分了解与研究的基础上,实施教学行为、教学方法的变革,并在新的课程理念、教学思想的指引下,去分析和研究自身教学的问题、学生学习困难的原因,从而改进自己的教学,促进学生创造性思维能力的提升,实现自身的专业发展。而这所有的一切,都需要以教师提升自身的专业素质为基础,并在自身专业发展的过程中来完成。

2. 构建教师成长的多元渠道

在教师专业发展这个长期的多阶段的过程中,除了教师自身专业发展的意识、设计个人专业发展的规划外,还需要其所处的外部组织环境,创设其专业发展的机会、平台,也要有为促使其专业发展相匹配的制度设计。建青把目光转向教师在教学成绩、科研成果、专业智慧等方面所取得的成果,可以深切体会到学校在教师培训、课题研究指导、经费支持、学历提升等多个方面的积极努力。与此同时,在这些支持工作实施的制度安排方面,也都进行了详细的师徒带教制度、在职攻读研究生制度等制度设计。

(1)把好"引进关"。建立严格的教师招聘与引进制度。建青认识到,新教师的优秀与否直接决定着学校未来发展的后劲和能量。如果能够招聘到优秀大学生或研究生,引进一些业务精干、职业成熟的在职优秀教师,那么就能够为学校教师队伍注入新的活力,也为后续的教师专业发展提供了坚实的基础,尤其是一些具有高级职称的优秀教师的引入,其直接就能够提升整个教师队伍的实力。所以,建青在新教师的招聘或引进环节,首先要做到对本校教师的需求做出规划和分析,以便合理制定出教师招聘的需求数量、质量标准和结构来源。比如,建青规定在每学年第一学期(11月前)摸排学校教师情况,了解退休、拟调、缓聘教师事宜,确定下一学年引进招聘教师的数额和具体要求(拟调教师最迟应在每年 5 月 30 日前书面申请,否则不予考虑)。接着在招聘过程中,结合区教育局教育人才招聘的有关程序和规定,制定出学校对候选人的试讲、面试考核的具体程序和方法,从而力图公正、客观地对候选人的业务能力、综合素质做出科学的评鉴。比如,学校规定成立由校长、书记、分管校长、人事干部和有关部、室组成的招聘教师领导小组,负责教师引进和招聘工作;由学校负责聘请专家(每门学科专家不少于两名),负责对引进、招聘教师进行业务能力考核。在具体步骤上,严格按照下列程序进行:① 校分管领导、人事、教研组长审阅应聘者材料。② 应聘者试教,校分管领导、教育学院教研员、教研组长及有关老师听课、评课。③ 进行综合能力测试。④ 面试由校长、书记负责。⑤ 基本符合条件者提交校务会讨论、决定。⑥ 由人事部门去区人才交流中心办理有关手续,同时签订小合同(学校)。这些做法已经成为制度规范,以保障师资引进和招聘有章可依。

(2) 注重"培训道"。注重对教师人力资源的培训与开发。所谓"培训开发"的内涵,在有的学者看来,培训开发是指通过各种方式使员工具备完成现在或者将来工作所需要的知识、技能并改变他们的工作态度,以改善员工在现有或将来职位上的工作业绩,并最终实现组织整体绩效提升的一种计划性和连续性的活动。尽管这一概念是从企业组织人力资源的培训与开发的角度上来界定的,但是其对于学校组织人力资源的培训与开发同样适用。对学校组织来说,针对不同教龄、不同发展阶段的教师,制定各自的培训目标、内容、方式及措施等具体要求,可以实现不同发展阶段教师的实践性知识的获取、教育教学技能的提升和他们从事学校教育事业的专业精神与情意培育,从而使全体教师在学校的各项工作中取得优异的成绩,最终促进学校整体教育质量的提高。

当前建青实验学校十分看重制度建设对教师人力资源开发的规范和保障作用。因此,在对教师的培训上,制定了一个系统的培训制度,以保证学校教师培训工作长期有序、顺利地进行。

从这个系统的师资培训制度来看,建青在充分明确教师培训的方向、重点和核心等重要问题的基础上,指出教师培训所要坚持的五个原则:坚持师德建设与业务培训并重的原则;坚持培训师资服从教育教学工作需要的原则;坚持从实际出发、逐步提高的原则;坚持在职培训、业余进修和自学为主的原则;坚持培训与教科研相结合的原则。同时,指向"三提高"和"两注重",建青强调教师培训的全面性、实效性和科学性,也即教师培训不仅要提高教师的教育教学能力,也要提高教师的师德,还要提高教师的心理素质、精神素质、观念素质与智能素质。同时,在教师培训过程中,还要注重培训的内容要与教育教学相联系、与教育科研相结合,以促进培训能够有效地解决实际问题。当然,坚持教师培训多种方法的运用与结合,也是教师培训科学性的反应。

毋庸置疑的是,师德是教师培训的核心内容。而就当前整个中小学教师队伍建设来看,师德的地位居于国家对教师各项要求的首位,这一点在我国中小学教师绩效工资的考核标准中也得到充分的体现。建青在教师培训制度上把师德作为核心内容,强化师德的重要地位,并为此专门制订了具体的师德教育规划,以期有计划地提高教师的师德。

3. 重在"年轻人"培养

在教师人力资源的培训与开发上,建青尤为引人注目的是,其非常重视和加强对学校中青年教师的培训工作。这可能是由于建青颇有远见地看到,中青年教师的成长与发展,对于学校内涵、优质、持续发展的重要作用。在对中青年教师的培训上,建青特别制定了《中青年教师校本培训纲要》,为中青年教师的专业发展提供了系统的、科学的规划和安排。

以毕业进校工作不满六年的青年教师为主,涵盖全体中青年教师,建青对中青年教师的教师校本培训有着特有的"模式":"发展"期内以带教为主,"成熟"期以自研为主。

如设定目标:一年合格,三年发展,六年成熟,十年骨干。达标标准为过"三关"(心理关、技能关、教风关):一是心理关,事业心、责任心、进取心、爱心、恒心、刻苦心、毅力、自信、自强;二是技能关,备课、上课、听课、评课、命题、答题、教材教法、教学手段、教学信息、教学专题、电教电脑、指导学法、个别访谈、评语、家访、主题班会、德育常规、社区实践;三是教风关,严谨进取、求实、创新、互爱、团结、协作。

同时,采取具体措施加以落实:一是成立由学校领导、教研组长、部分骨干教师组成的校指导教师组,具体组成一对一带教对子;二是举办专题讲座、专题研究与交流、课题研究、参观考察、经验总结;三是相互听课,共同备课,公开(展示)汇报课,教学及主题班会评优课,社会实践汇报课,学习分析、评课,命题训练,试卷分析;四是读书进修;五是技能竞赛,粉笔字、钢笔字、普通话、教案评优、演讲、备课、说课、主题班会、电脑、电教;六是教学研究、课题研究、教学经验总结、专题研究交流、论文展示;七是综合能力测试,每年进行一次本学科本学段基本技能基础知识、思维能力的测试,以此考查教师的本体性知识及教育教学理念。

此外,加强考核:一是建立个别带教档案,设计带教听课、备课评课专用表格;二是设立带教竞赛评优考核制度,每学期指导教师与被带教教师召开带教小结交流会;三是健全奖励制度,提前转正、工资晋级、职称评定、学期年终奖励、市、区级荣誉评比等。

针对工作不满六年的青年教师和工作年限在6~10年的中青年教师制定不同的培训方式和发展方式,这为中青年教师的专业成长与发展提供了方向上和思想上的指引;同时,通过教师带教、进修、讲座、研究、听课与评课、教师技能竞赛与测试等多种举措,为中青年教师的全面发展与综合素质的提高给予了系统性的制度保障。不仅仅在对中青年教师培训的措施与制度上做出规定,建青还充分考虑到处于不同发展阶段的教师的特征和需求,并为各发展阶段的中青年教师制定了具有针对性的培训内容和措施,以提高教师培训的实效性。

鉴于教师教育发展的需要,为保证校本研修的针对性和有效性,建青采取了整体设计(自上而下)、分部细化(自下而上)的五级推进方法,即:校部—幼、小、中三部—教研组—备课组—教师个人。自上而下的整体设计,是学校立足于实际,以发展教师的专业素养和教育境界的提升为根本,以提高教育教学质量、创建特色学校为目的的公共课程;自下而上的分部细化,则是要求教师改变自己在校本研修中的被动地位,通过教研组、备课组共同研究和合作学习,突出教师的自我研究和自主学习,突破个人专业发展的瓶颈期、平台期,从而走上自主成长型教师的可持续发展之路。

建青的学制别具一格,有效地发挥和管理好"全学段"的优势,是一个颇具挑战性的课题。学校在深入贯彻党的教育方针、政策的同时,立足实际,始终围绕办学目标,切实落实育人目标,以凝心聚力促发展为抓手,利用学校资源优势,加大培养"一贯制"教师的步伐,形成了"三全"发展教师新机制。所谓"三全",就是学校以"全程教育、全面发展、全员培育"的工作机制,提升教师整体素质。通过抓学习,党群联动,促进教师"全程教育"观念形成;通过抓活动,搭建平台,促进教师"全面发展";通过抓发展,实事聚劲,实现对学生的"全员培育"。

结合区域研修规划和学校五年发展规划对教师发展的要求,整体设计校本研修规划。在此基础上,制订每年度《上海市建青实验学校校本研修实施方案》。校本研修计划以全体在编、在岗教师为对象,围绕学校办学理念和育人目标,结合新形势下教育现代化带来的能力建设的迫切需求,以提高教师队伍的整体素质为核心,以学校特色创建及教师专业发展为切入点,根据教师不同的成长阶段,建构"一体两翼"(一体指全体教师,两翼指资深教师和青年教师)的校本师资培训体系。学校从"师德与素养""知识与技能""实践体验"三个方面设计课程,按照"三部两线"("三部"指幼儿部、小学部、中学部,"两线"指年级组、教研组两个条线)进行校本研修实践。建立融学习中心、资源中心、管理中心三位一体的教师教育综合平台,实现资源推送、教师空间、教育教学研修、培训管理、专业评估等多功能应用,逐步构筑具有建青特色的"人人、时时、处处"的学习环境,为建设教师学习发展档案和教师培训发展方向提供有效的数据支持,以提高校本培训的针对性和有效性,努力打造一支"师德高尚、业务精湛、结构合理、勇于创新"的高素质教师队伍,为创建"实验性、创新型、国际化"的实验学校提供重要保证。

(三) 五大关注之三：关注环境创设

环境,即教育的条件和氛围。作为教育,十分注重情景;作为学校,非常重视氛围。

对十五年一贯制的建青而言,环境创设既有十五年一贯的优势和特点,也有相对固定的难度和提升的空间。

良好的学校内部环境是学校师生学习和生活的乐园,于建青而言,十五年一贯制跨越不同学段,涵盖 3～18 岁的学生,如何营建一种有利于不同学龄儿童健康成长、教师愉快工作且富有自身特色的学习和生活环境,是建青在学校内部环境建设上所面临的挑战。建青从严密的制度建设和具体的操作措施上致力于营造"和谐、卫生、安全"的学校内部环境。

1. "校园文化氛围"的营造

校园文化是学校精神风貌的集中反映,是学校办学特色和发展个性的体现,它对启迪学生的智慧、开阔学生的视野、优化个性人格等都具有重大而深远的影响。同时,校园文化建设在培养师生严谨的科学精神方面,也有其不可替代的作用。

(1) 物质文化。优越的物质条件是文化建设的坚实基础,而物质本身,也具有丰富的文化内涵,雄伟的建筑、优美的环境、高精的硬件设施,都会给人以美的教育、美的享受。爱美是人类的天性，优美的自然环境具有陶冶学生心灵、熏陶学生行为、启迪学生美好想象的作用。建青新校区教学楼崭新而雄伟，各种专用教室应有尽有、配备齐全，各色各样的绿草和鲜花盛开在春天的校园里，不由得使人感到心旷神怡、豁然开朗。此外，建青实验学校在走廊上悬挂各类名人名言等，力求让校园的每一个角落、每一堵墙壁都有教育功能，富有教育意义，形成浓厚的校园文化氛围。

建青以校园环境建设为途径，营造温馨、和谐、优美的校园物质文化。环境文化是一种外在的直观文化元素，它既是教学活动的场所和设施，又是陶冶师生情操的无言之师。建青自 2005 年搬迁至新校址后，不仅注重整体布局的精致和优雅，而且在不同的学习或活动场所，按照其教育功能设计了可以使不同年龄阶段的学生与教师都能得益的文化设施。建青按照"净化、绿化、美化、教育化"的要求，建设富有人文精神的校园环境，力求融合校园、家园、花园、乐园为一体，集社会美、艺术美、自然美、科学美于一身，努力营造"一草一木都能说话，一砖一瓦皆可育人，让每一面墙都充满文化、让每一面墙壁都育人"的"整洁、安静、美丽、高雅"的和充满人文精神的校园物质文化，能不断让师生感受到和谐校园的魅力。

与校园氛围相辅相成的教室，更具有积极向上的文化气息。有学生遨游知识海洋、探索科学奥秘的图书角，就连那白白的墙壁，也是学生张扬个性、体现自我价值的用武之地。建青实际上已经形成了一种"走廊文化""墙壁文化"。由于建青坚持以"新课程理念"为指导，发挥师生的创造力，所以全校各班的班级文化，都各具特色，既有共性又有个性。这些浓厚的班级文化氛围，无时无刻不在启迪学生的智慧、开阔学生的视野、张扬学生的个性。

学校不断逐步完善校园整体环境，营造独特人文环境，助力学校内涵发展，提升学校品质、品牌和品位，使学校真正成为师生喜欢的美丽家园。结合建校 80 周年校庆开展校史的梳理、学校精神的凝练，用建校 80 多年以来各个时代有一定影响力的老照片布置学校的楼道，将学校的发展史呈现在橱窗里，宣传建青优良传统，传承建青文化。

良好的校园文化环境不仅具有情感陶冶的作用，而且具有心理行为的制约作用。建青开发利用教学楼走廊及教室墙壁，开展"心灵家园"系列活动。以"世界公民意识培养课程"分年段目标为主题，做到精心设计、主题鲜明、内容丰富、特色明显，将学部的走廊编织成绚烂多姿的世界，体现浓厚的学校文化底蕴。同时，教室墙壁根据班级特色，展示班级风貌、精神、环境，创建优美、和谐、富有特色的班级文化,实现班级对学生和谐主动发展的价值,为校庆添加浓墨重彩的一笔。

同时,建青利用学校修缮机会,结合学校整体课程的设置建设了学校专用学习空间,学校生灵之境学习空间、艺术空间、科创空间等逐步形成,同时对办公楼、教学楼、实验楼和体育馆的过道走廊角落设计了人文景点、图书角、学生习作画廊、宣传橱窗等,为师生学习生活营造清新、高雅、舒适的环境氛围,形成具有建青特色的走廊文化。设计更新教室、办公室和校园道路双语指路标牌,设计校园绿化植物的说明标示,给学生创造处处皆学问的校园学习氛围。

(2)制度文化。良好的校园制度文化,有利于培养和锻炼师生严谨求学的治学精神与实事求是的工作态度,它对于校风、班风的形成起着重要的作用。建青学校能根据学校的发展和形势的变化,不断修订完善各项管理制度,形成了《学校工作制度汇编》等;坚持干部民主评议制度,开展党员读书活动;建立了《行政干部每日教育现象巡查制度》,扩展到行政干部、部分教师和学生代表的每日巡查,立足对教育原生态现象的"观察、记录、分析、总结",力求体现这种管理研究的常态,探索管理机制的"创新"。

学校在规章制度上还鼓励学生进行自主管理,要求学生自身能够参与到学校、家庭、社会的具体管理事务当中,从中学习知识,提升自身素质。如,学校一直以来由教师主持的升旗仪式,改为由孩子来参与并主持。坚持每周一举行升国旗仪式,重大节日或纪念日时刻也要举行隆重的升国旗仪式。五星红旗是中华人民共和国的象征,它是无数革命先烈用鲜血染红的、用生命换来的。学生通过参与升旗的准备过程和正式仪式中,可以受到国旗神圣般的指引,加深理解今日幸福生活来之不易,牢记自己肩上的责任和为国家为社会时刻准备着的历史使命,以优异的学业成绩、卓越的工作业绩和高尚的道德情操,为集体、为学校、为祖国贡献自己的力量,为国旗增光添彩。这样,学生个个成了小管家,体验到了多样化的角色变换,并充分发挥了自己的才能,培养了自我教育、自我发展、自我管理的能力。

(3)精神文化。精神文化,是立校的精神支柱,也是学校文化的核心,更是学校精神、师生价值观的直接体现。当前的课程改革主张改变学生是"听众""观众"的角色,把学生定位于班级的主人,是课堂的主体;教师不再是主宰者,而是指导者,是学生的"益友"、合作伙伴。教师摆脱以前那种师道尊严清高的架子,走到学生中去,经常和学生一起跳绳、做游戏,一起讨论问题,过问他们的生活小事,关心他们的学习情况等。以真挚的情感和至诚的爱,消除了师生间的隔阂,杜绝以前"权威与无知者"的畸形关系,拉近了师生之间的距离,便于师生的情感沟通和交流;同时,教师还注意帮助每一位学生在集体中找到一个应有的地位,获得自我尊严和自我需求,帮助他们搞好关系,摆正位置。经常指导学生开展诸如"学雷锋"互助活动、"一帮一"学习小组活动等,让学生互助互学,共同进步。学生生活在爱与被爱之间,时刻能感到集体的温暖,感到在这个集体中学习能催人奋进,为自己是集体中的一员而感到骄傲。同时,班级的集体凝聚力也随之形成。

建青广泛开展活动,寓教于乐,通过举行升旗仪式、入队仪式、文化艺术节、科技节、体育节、演讲比赛、征文比赛、歌咏比赛等系列活动,寓教育于知识、寓教育于竞赛、寓教育于娱乐,陶冶学生情操,锤炼学生品格,使学生在良好风气的熏陶下尽快成长。

2."温馨和谐校园"的建设

"和谐校园"是指一种学校协调、均衡、有序发展的状态。和谐作为一种思想观念,是中华民族传统文化的重要内容。为了应对校内各种矛盾冲突和突发危机,进而创造和谐的育人环境,保障学校稳定。建青实验学校确立了预警机制的建设原则,树立稳定工作"向前延伸、向外延伸、向后延伸"的工作思路,增强预判能力,努力做到及时发现矛盾纠纷,矛盾排查调处形成工作制度,强化督查督办,明确责任,狠抓落实。

开展"温馨和谐校园"建设,是建青多年来坚持实施的一项系统的校园环境和文化再造工程,这一方面是落实学校德育工作的内在要求,另一方面也是打造师生喜欢的学校这一办学理念的应有之义。建青通过一系列"温馨教室、和谐校园"的主题活动,为创设学校的精神文化、构建师生的学习共同体、建造建青的精神家园而努力。具体来看,建青主要从以下三个方面来实施这项计划:

第一,以班集体建设为基础,创建特色班级文化。实践证明,没有一个良好的班集体,那么"温馨教室、和谐校园"的建设就必然成为"无源之水、无本之木"了。因此,班集体的建设工作理应成为建青校园文化和环境建设的起点。在此过程中,建青主要围绕班级学生干部核心的形成、班级正确舆论的建立、班级环境文化的构思而展开。作为一所十五年一贯制学校,各学部在这项文化营造的工程中均展现出别具一格的风貌。例如,幼儿部教师精心打造的教室环境布置充满情境化色彩和趣味性,每一个细节均体现着"想做、敢做、能做、乐做"的教育理念;小学部则把班级文化的元素渗透到孩子所能感受到的一切地方,各年级以不同的文化载体和主题进行特色班级文化的打造活动。例如,一年级各班的"窗文化"、二年级的"门文化"、三年级的"书角文化"、四年级的"绿色文化"、五年级的"队角文化"及相关主题的校园活动。中学部的班级文化建设,则更注重内涵发展,着力从"开发班级制度文化""丰富班级活动文化""强化班级荣誉文化""创造班级特色文化"等方面诠释着他们对于"温馨班级"理念的独特理解。

第二,以课程教材改革为载体,创建体现"三维目标"的班级生态。上海市二期课程改革的目标是促进学生在"知识与技能、过程与方法、情感态度与价值观"三个维度的发展。在"温馨教室、和谐校园"创建过程中,也需要在各种细节中渗透这三维目标的要求。建青主要通过课堂教学的精心设计和认真实施、在教学评价中注重激励,使教学活动成为生生互动、师生互动的最佳时期。通过对课堂教学软环境的建设和改良,在师生、生生之间建立相互平等、尊重、关爱的学习共同体,才能充分调动学生与教师的感知、记忆、思维、想象等大脑的认知技能,实现教学效果的最大化,这种班级生态正是建青希冀建设的。

第三,以师生认同的学校价值观铸造为保证,培养温馨和谐,开拓创新的建青校风。在"温馨教室、和谐校园"创建过程中,校园精神文化建设是校园文化建设的最为核心的内容,也是校园文化建设的最高层次。校园精神文化也就是通常所谓的"学校精神",对建青而言,这就是"勇于探索、敢于创新、争创一流,敢为人先"。建青自组建以来就以课题研究引领,在教育改革中充分体现了这种精神,这也使"温馨教室、和谐校园"的建设走上科学指导的轨道。好的校风具有深刻的感染力,使不符合环境气氛要求的心理和行为时刻感受到一种无形的压力,使每一位校园内的人共同感受并日趋巩固和扩展,形成集体成员最协调的心理相融状态。据调查,我校学生心理健康水平偏低的学生比例很低,这也从侧面表明创建"温馨教室、和谐校园"对培养学生良好的心理素质具有一定的积极成效。

3."沉浸式学习空间"的重构

建青对沉浸式学习空间的建设,具有大格局的意识。"将学校建在图书馆中"的理念,充分体现了学习空间打造所坚持的知识学习与环境营造相结合,有利于师生建立起全方位学习的观念,将图书馆的利用由"图书借阅"变成"学习空间"。沉浸式学习空间的建设,因为有了"将学校建在图书馆中"的主导,使这样的学习无处不在,无时不在。

建青对校园空间重构,还有着美育的寻觅,并注重沉浸式学习场景的打造。

美育空间的再创造,将空间设计、技术装备和艺术教育理念有机融合,诠释了艺术教育的真谛,不断培养学生"审美感知、艺术表现、创意实践、文化理解"的艺术核心素养,提升学生感受美、欣赏美、表现美和创造美的能力,充分彰显"美"的空间的育人功能。美育空间再创造的源起与艺术课程开设紧密相关。建青从"十五年一贯制"的学制特色出发,依据幼、小、初、高不同学段学生的年龄特点,相互关联、适度递进地构建了学校 ARTIST 艺术课程。基于艺术课程标准及学校艺术课程理念,学校美育空间的再创造需要注重学生的学习经历,要他们将所学的技能及获得的审美能力与生活结合;要能为学生提供各类展示自我的平台,鼓励他们表达与释放内心的真情实感;在美育教育中融合多元文化与技术,渗透多领域元素;强调视觉、听觉、动觉的联动,关注"欣赏、表现、创造、融合"四类艺术实践活动。而传统的艺术学习空间已经无法承载这样的要求,因此,学校美育空间的再创造是必要的。学校美育空间的再创造以更自由的空间承载了"创意融合技术、设计传承文化"的建设原则,承载了"艺工融合、实践创新"的艺术课程理念,承载了适合各年龄段的孩子和多种学习方式的需求,也承载了丰富的跨学科、主题式学习的课程体验,让课程更具生命力。学校突破实体空间场地、资源和时间的限制,利用虚拟现实技术建设了 VR 创编实验室,巧妙地运用虚实融合,打开了美育的视野。这种沉浸式学习场景为 ARTIST 艺术课程的实施提供了创作和创新的平台,让学生在虚拟的三维空间中,自由地构思、表达、展示和评价自己的设计作品,从而培养学生的创造力、想象力、审美能力和沟通能力。

在这样一所特殊学制的校园里,空间再创造需要特别关注"跨龄"这一要素,比如,贯通幼、小、中各学段的艺术课程的学习空间,从添置课程所需要的硬件就必须考虑因孩子身高、年龄等带来的差异性;空间设计还需要结合学习任务突出分层次的体现,要有关联也要有突破。如,"印迹有痕"版画空间中,有适合幼儿大班项目"对印的画"的游戏区域,让幼儿在游戏中感受实物的印迹,孩子们利用不同材料和工具将各种印记印在画纸上;有适合小学三年级项目"刻刻印印学版画"的印制区域和专业制作装备,学生将实物肌理与印痕建立联系,对肌理印痕有各自的思考和理解后,设计制作版画作品;有适合中学八年级项目"我是小创客——印章文创设计"的篆刻设计区,能运用数码印染的装备和技术将自己的篆刻作品印在文化衫上,并将孩子们的作品呈现在借助通廊设计成的可移动式小型作品展览墙上。美育新空间承载了项目化学习的主题式学习空间,提供了情景化探究的真实性学习空间,有强大的课程实践转化力和课程育人支持力,随着课程的表现形式的多样化和实施路径的改变,需要不断地升级空间,它将在课程的实施中不断生长,让有限的学校美育空间生长出无限的课程价值，让孩子们在追求艺术的美育新空间中"各美其美、美人之美、美美与共"。

近年来，建青还不断践行"将校园建在实验中"的理念，基于虚拟实验室建设，开发沉浸式学习场景课程，注重三个原则：第一，体现实体空间的拓展性。虚拟创新实验室拓展了学校的实体空间、增加了学习可利用的资源，突破实体空间的场地、资源、时间的限制。第二，体现虚拟课程的延展性。虚拟创新实验室的沉浸式课程，可在我校不同学段发挥其适合的作用，让学生有不同的体验与成果。第三，体现探究实验的尝试性。利用虚拟空间，给予学生创作和创新的机会，对未知实验进行设计和探究，在尝试的过程中学习与成长。基于数字智能技术，开发智创式学习场景课程，注重三个原则：第一，体现高阶思维的训练，以"编程"作为底层技术支持，培养学生的问题解决力、决策力、选择力，训练学生的高阶思维。第二，体现创新能力的培养，基于真实的情境，建立基于学科的模型，开展实验的研究，提出解决方案，解决实际问题。第三，体现科学素养的提升，形成幼、小、初、高贯通的智创类课程序列，形成学段衔接的持续培养模式。

（四）五大关注之四：关注特色办学

特色办学，是学校的共同追求，也是形成办学优势的来源。特色办学有利于学校成为特色学校。

如果说，十五年一贯制是建青最突出的鲜明特色，那么在办学过程中涌现的项目化具体特色，则是建青最有亮度的品牌特色。

建青在长达 40 年的教育实验改革中，手球、创造力培养、科技教育、艺术教育等，是具有建青教育改革基因和实验烙印的突出亮点。

1. 手球从幼儿园到高中连贯接力

建青的手球闻名沪上，走过的历程比冠名建青还早，而一贯制办学为建青手球提供了资源和动力。

1973 年，上海市建青实验学校引入手球运动，积以时日，渐成学校的体育传统项目；历经磨砺，学校的体育活动特色愈加浓郁。

（1）手球始于偶然，发展必然

手球运动员招募邂逅机遇。1973 年 5 月，上海市体委筹建上海市手球队，并在全市招募球员,建青 1974 届校篮球队员有幸在风雨操场篮球馆参加考核,陈国宏一人入选,并参加了一个月的手球特训。之后,奚鸣禄老师邀请其体院的同学李建浩来当教练(原老上海手球队员),组建了建青的手球队,陈国宏为第一任队长,队员分别是王照祥、钱立民、王民祥、郑学、尉志平,还有 1975 届的高怡风、杨忠宝、金照勤、罗延庆等人,后来 1976 届、1977 届的学生也陆续加入。

以比赛吸引壮大手球队伍。1974 年,建青手球队代表长宁区区队参加了上海市第五届运动会,作为唯一的学生队,靠技术与其他成年队赛场博弈,并获得第六名和精神鼓励奖。后来学校不断招募新球员,手球运动从此在建青扎下根。

当时在建青,手球队女队成绩更突出,获得了市运会第三名,其中安建红因以1.75 米的身高和出色的守门球技被上海市女子手球队吸收为队员。1975 年,建青在市中学生手球基层比赛中获得女子组第一名、男子组第二名。在这段时期,建青手球队的最大贡献者是奚鸣禄老师,袁志盘、郁鑑芳、汤增福老师也做了很多努力,后来袁志盘老师做了更多的传承工作,是他们共同把手球队延续了下来。

树有根,情有缘。学校领导始终认为体育是学校教育工作的重要组成部分,是培养全面发展的建设者和接班人所不可缺的。一个现代化的学校需要有高质量的体育活动与之匹配,而高水平的体育传统项目,又能凝聚人、激励人,提高体育在学校教育中的地位,促进学校全民健身活动的开展。因此,学校把体育与教育工作的相互促进、共同发展作为办学思想的重要内容,把开展手球运动作为学校工作的重要内容列入计划,并且制定提高手球水平、争创一流球队的目标和措施,专门就发展手球体育项目做规划,为教练员配备、运动员招生、经费使用、场地使用、训练时间等方面提供保证。

建青与手球结缘,体教结合,丰富体育活动,锻炼身心体魄,弘扬拼搏精神,磨炼坚强意志,培育团队意识,积淀体育文化,实现运动育人。

建青手球,引来了各方的热情关注和大力支持。从 1984 年开始,长宁区体育局和教育局开展了体教结合工作。每年区体育局会下拨一笔专项经费,用于球队的训练和比赛。长宁区少体校(2007 年后为长宁区军体校)与学校建立了合作办训的模式,并指派郭志强教练担任建青手球队总教练。区体育局、教育局、军体校领导,每年寒暑假都会到校慰问教练员和运动员;每次外出参加全国比赛或集训,也会专程前往看望教练员和运动员。在每年的小升初和初升高招生时,学校会确定一部分招生名额专门给手球队。特别是初升高,对一些优秀的队员会给予录取的优惠政策,保证手球队可持续发展。

每年一届手球联赛嘉年华。学校每年举办一次"建青杯"校手球联赛,从小学一年级开始到高三,每个班级都组队参加。此项比赛已成为学校的传统体育盛事,从 20 世纪 80 年代一直持续至今。每当赛季来临,运动场馆的呐喊声、助威声不绝于耳,成为学校的一道亮丽的风景线,手球运动日益深入人心。"做好人,读好书,打好球",成为建青手球文化代代传承的核心表达。

走出国门施展手球重交流。在 20 世纪 90 年代,建青男子手球队基本上一直处于上海市前两名和全国前三名的水平。1997 年,学校被评为上海市中学体育工作先进单位。同年,方晖、宜明老师撰写的论文《对进一步发展体育传统学校的思考》获上海市青年教师教育教学二等奖。1998 年,建青男子手球队代表中国国家少年队赴日本广岛参加中、日、韩三国青少年手球邀请赛。

(2)"幸运之球"成为文化

手球,是建青办学特色和体育特色的"幸运之球"。

作为建青的一张特色名片,从 1973 年开始,学校就开始开展手球运动,迄今已有 50 年历史。当时,学校慧眼识势,独辟蹊径,大胆引进了有点冷门但适合学生的运动项目——手球,开启了以体育人的办学特色的建树旅程。

手球,由运动项目、健身爱好上升为手球文化,引领学生领悟"拼搏、进取"的体育精神内涵,形成"做好人,读好书,打好球,德智体美劳全面发展"的手球文化,并在各学段的课程体系中得到了有效落实:

——幼儿部,"小手玩球,乐在其中";

——小学部,"与球为友,持之以恒";

——初中部,"魅力手球,精益求精";

——高中部,"手球之魂,代代传承"。

(3)手球项目融入三学段课程

在手球队取得比赛优异成绩的同时,手球项目也纳入了课程教学体系,已成为学校体育教学的特色,学校编写了教材《手球》,涉及的所有技术、技能和简单的战术都以图解和文字来说明,通俗易懂,更易掌握,即使在无指导老师的情况下,学生也能通过教材自行练习,在短时间内了解手球、会看手球、会打手球。

各年级每学期都安排一定课时的手球课。小学低年级以培养兴趣、练习球性为主,高年级逐步加入基本技战术;初中部在六、七年级每周的学校城市少年宫活动中,专门开设了手球拓展课。技战术学习更为系统化,融入了一定的实战练习。高一、高二年级依托高中专项化教学,每周两节专项课,其中一节 80 分钟、一节 40

分钟,针对高一很多学生来自外校、不了解手球运动的情况,教学从基本技术逐步过渡到两人之间、三人之间到整体的战术练习,到了高二以战术和实战为主。通过丰富的教学方法和手段,提高学生学习手球的兴趣,激发学生热爱体育运动,培养学生集体观念,内化顽强拼搏的精神,陶冶情操,丰富课余生活,推动校园文化建设。周胜锋老师的手球课在上海市教学评优活动中荣获一等奖。

2020 年,建青校园手球填补了最后一个空白点。幼儿部将手球运动融入课程,让建青最小的娃娃们接触到这项特色运动项目。中班和大班的小朋友每周安排一节手球课,由中学部的男教师执教,以手球游戏教学为主。通过设计促进幼儿左右大脑平衡发展为基础,以幼儿的兴趣为出发点,通过引导式教学方法,设计贴近生活的应用情境和故事化的角色设计,来激发幼儿在游戏中学会观察、分析、预判和决策的能力,并享受手球带来的乐趣。同时,激发手球的教育元素:给幼儿正确使用身体学习基本身体动作协调的机会,从而发展幼儿身体意识及空间意识;通过增加视觉和听觉技能的学习机会,提高儿童注意力的能力;让幼儿学会随着音乐来移动身体,并逐渐形成"基本的时间感,流行游戏",以帮助幼儿养成积极的自我概念;注意能力的发展和规则意识的建立,强调儿童团队之间的合作及健康行为的发展。通过这项手球游戏课程从而真正做到"小手玩球,乐在其中"。

(4)头尾相衔的"一条龙"办训体系

随着长宁区体育项目布点建设工作的开展,在区教育局、体育局的指导和帮助下,建青先后与长宁实验小学、北新泾第二小学、威宁路小学组成区手球项目设点布局学校,逐渐形成了以建青高中为龙头、建青初中为龙身、建青小学部与这三所小学组成龙尾的"一条龙"办训体系。建青每年都会派教练员每周到这些学校指导手球队训练,各学校除了委派专门的教师负责校手球队训练和推广工作,还另外聘请高水平教练帮助训练。区教育局每年给建青初中部一定数量的招生名额,招收这三所小学优秀的手球苗子。北新泾第二小学、长宁实验小学、威宁路小学输送的手球选手,多次在比赛中取得好成绩。

手球,成为建青教书育人的良好载体。有的教师说:"手球运动在校园的开展,是非常有效的荣誉教育,又是生动的团队教育,还是难得的成功教育、挫折教育,有利于增进学生的身体素质,健全学生的完全人格。"

50 年来,建青手球一次次的传递,打出了一片新天地,收获颇丰,累累硕果。建青手球队共获得 12 次全国冠军、14 次全国第二名、12 次全国第三名。在上海市各级各类比赛中,取得了近百个冠军。

50年来,建青手球一次次的击球,命中了育人理想门,人才济济,苗苗茁壮。建青手球队培养了数十位一级运动员、200多位二级运动员。向上海市专业队输送了十多位运动员,向高校高水平运动队输送了几百位运动员。有十多位队员成为国家级手球裁判员。更多的手球队员如今都活跃在各行各业,为祖国的建设贡献着自己的力量。

手球在建青,既是体育运动项目,也是办学特色传统。手球,让立德树人充满动力,让教书育人充满威力,让以体怡人充满活力。手球,让学校有形,让教师有能,让学生有艺。建青手球,健康之球,智慧之球,律动之球,快乐之球。让建青与手球结缘,让手球与育人同场,让育人与办学同行!

2. 创造力培养从小到大

创造力,是人生存和发展的重要能力,也是展现人的才华和潜能的核心要地。在实现人的全面发展中,创造力更多地表现为知识的理解力、运用的驾驭力和创新的发展力。

在推进素质教育中,要培养学生创新精神和实践能力,创造力的培养是题中之义。

首先,推动了教师教育观念的进一步发展。广大教师认识到创造力的培养与教育在今天学校教育中的重要性,树立起"人人都有创造力"的思想,要把蕴藏在儿童、青少年学生心灵深处的创造力开发与挖掘出来。创造当然要强调知识的积累,但不能像传统教育那样使之变为简单的知识叠加,只是死知识的堆积,而是根据不同年龄阶段学生的认知水平构建合理的知识结构,掌握知识之间的相互关系;创造当然需要多种能力,但不像传统教学那样反复强调基本能力的训练,而是根据不同年龄阶段学生的生理、心理特点,更重视创造性思维的激发与创造能力的训练;教学当然要强调计划性、统一性,但建青不能因此无视学生的个别差异而严重挫伤学生的学习积极性、创造性,也就是说,创造教育要根据学生的不同情况和特点,把他们培养成不同层次的人才,在各个不同岗位上发挥创造作用。传统观念把教师视为向学生奉送真理的知识权威,而创造教育则要求教师教会学生去发现真理,追求真理。

其次,推动了学校教育改革的不断深入。建青在调查研究的基础上,从五个方面把儿童、青少年学生创造力的培养与日常的教育教学改革紧密结合起来。

一是把创造力培养的工作渗透到各门学科的教学中去。建青要求各学科教师在钻研教材和备课中发掘其内在的有利于培养学生创造能力的因素；要求教研组加强研究，分工负责、逐课钻研、组织讨论、补充必要的教材、进行课堂个案实例分析，提高教师的分析水平和课堂教学的实效。

二是开设创造力培养的专题课，进行创造性思维、创造性想象的训练，并传授创造技法，进行创造技法实践。

三是开设以创造情境为背景的研究课，激发学生的创造能力。教师根据自己多年的教学经验与学生实际，设计出各种类型的研究课，让学生在语言表达、人际交往、思考问题、解决困难、活动玩耍中表现他们的创造能力，录下当时情景，课后组织讨论，进行评价，小结归纳，为后续的研究课打下基础。后续研究课在此基础上发展，如此循环，使研究课质量不断提高。

四是通过创造力的有关测试，有的放矢地培养学生的心理素质。托兰斯创造性思维测试是目前影响较大、应用较广泛的创造力测试。它分成言语创造思维测试、图画创造思维测试及声音和词的创造思维测试各项内容。建青通过这一测试进行分析，特别抓住测试中的典型个案进行重点培养研究。建青还将中国古代的七巧板拼图和火柴棍组形，作为培养学生创造性思维的途径。

五是在课外活动中根据活动的特点充分发挥学生的创造力。灵活多样的课外活动是学生发挥、表现创造能力的重要形式。在文娱体育活动、科技制作活动、学生社团活动中，都可以发现学生有着无限的创造潜能。

建青把创造力培养与日常教育改革紧密结合起来进行探索的一些尝试如下：

幼儿园把创造力培养与激发幼儿主动尝试精神紧密结合起来，研究现有的学前教育方式，构建一种有利于幼儿主动发展的新的教育方式，为他们未来形成较强的实践能力、创造能力打下扎实的基础。建青专门设立了科普室、制作室，创设与教学活动相适应的环境。底楼突出小班的特点，以生活内容为主，用时钟将一天的生活贯穿始终，用四季变化的主题来布置墙面，鼓励幼儿通过观察、尝试发现大自然的种种奥秘，激发幼儿求知欲与好奇心；二楼走廊从图画到镜框都是中班孩子自己动手完成的，用香瓜子壳、彩色绳子、通心粉、旧挂历、报纸和废布料，通过小小脑的思考，小小手的劳作创造出各式各样的图画；三楼是大班孩子的活动天地，形态各异的"机器人"，都是用废旧物品制作的。建青让孩子们生活在一个时时能动脑、处处有创造的氛围中。

建青在幼儿园开设研究课，如小班的"喂小动物"这一课时，教师让幼儿了解什么动物爱吃什么，让幼儿自由地撕纸，体验撕不同纸张产生的不同感受，丰富幼儿的感知能力。中班的"都来画画"一课中,总目标是通过多次尝试用各种材料、工具作画,培养幼儿敢想、敢说、敢画的心向,除了常用的绘画工具以外,还放置了绳子、棉签、海绵等,让幼儿异想天开地作画,使情绪调节到最佳状态。大班上"马路"这课时,教师让幼儿一起构建他们自己心目中的城市交通,使想象的翅膀飞向新的高度。

在一次全区性的公开教学课上,教学内容是"奇妙的菜汁"。上课时用的材料来自幼儿自己带来的"甘蓝"等各种日常生活中孩子熟悉的能接触到的物品,挖掘其中蕴含的科学因素,促使幼儿关注自然、关注生活,促进幼儿认知水平的主动发展。

小学部在各门学科中积极开设创造性教育的研究课。如美术课的"到美丽的天空去",语文课的"第二次龟兔赛跑",常识课的"仿生学",电脑课的"走迷宫",作文课的"二十年后重游建青",都把创造想象、创造思维带进课堂中。

幼、小、中不同阶段不定期开设"创设情境引发创造力"的研究课。幼儿园的"小雨点"、小学部的"火柴棒",都在一定情境中让孩子充分发挥自身的主动精神,毫无约束地使思想自由驰骋。

3. 科技教育成果迭出

近年来,建青在市、区领导及各级主管部门大力支持下,通过科技类课程的开设、科技类学生社团活动的开展、科技类竞赛的积极参与、科技类作品设计的征集等多方面工作,在科技教育上取得了较为显著的成绩,并形成了良好的科技探究氛围。

学校的科技活动历史悠久,从 20 世纪 60 年代开始就一直在践行着实验创新,重视科技教育,坚持开展科普讲座、科技实践活动、科技类社团活动、兴趣小组活动。各种科技小组、科技社团学生参与率在 50% 以上,全校性科技节活动学生参与率达 100%。

学校开发建设了 JQ-IDEA 特质课程。对接整体育人目标,以"创新力、规划力"培养为核心目标,培养具有"科学精神、文化自信"等价值观念,"乐群、责任、专注"等必备品格,"创新力、批判力、表达力、审美力、实践力"等关键能力的建青学生。建青基于"一贯制"学制特点,培养学生核心素养特别关注了学段衔接的作用,从幼小衔接的"好奇心",到小初衔接的"想象力",再到初高衔接的"实践力",探索创新科学素养的路径和学生成长的贯通培养模式。

JQ-IDEA 思创特质课程以"创智·创意·创造"为主要板块,"创智"板块以算法和编程为底层技术支持,"创意"板块以设计和创编为底层技术支持,"创造"板块以调查和实验为底层技术支持。课程的建设重在高阶思维的培养、重在实践能力的培养、重在实际问题的解决,鼓励学生在探究中寻找答案。目前有课程28门,其中创智板块6门、创意板块9门、创造板块13门,多门课程已实现跨学段衔接、跨学科探索。

- **幼儿阶段的好奇之旅:激发好奇心,体验探索乐趣**

科学的启蒙应当从娃娃抓起。幼儿阶段通过游戏和简单的自然观察活动,如探索日常生活中的科学现象,激发他们对世界的好奇心,培养孩子们的观察力及对未知的探索兴趣。学校幼儿部结合 JQ-TRY 课程设计科学活动方案,形成了《尝试、快乐、体验》《数学玩玩乐》《科学小游戏》《"科学小镇"特色活动方案案例集》等园本教材。以"玩创"科学为特色,"玩"寓意让幼儿充分体验、探究、玩起来;"创"寓意让幼儿灵活运用科学思维,发挥个人潜能。包含有"添智""添悦""添趣"三大类活动,幼儿在科学探索空间萌发"好奇心",激发探究兴趣、丰富探究经历,让幼儿尝试探索、快乐成长,形成良好的科学素养。

- **小学阶段的想象之旅:放飞想象力,认识奥妙世界**

小学阶段注重培养学生的想象力。JQ-MAP 课程体系下的车模、船模、航模、机器人、科幻画、摄影、DRAMAR、电脑作品、环保、自创家居等课程,激发学生的想象力和设计思维,在课程学习过程中引导学生崇尚科学精神、掌握科学知识、了解科学原理、认识奥妙世界,初步埋下学生技术实践和创新创意的种子。小学部航模项目作为长宁区科技特色示范点,连续贯通地为中学部培养了具有初步技能的"小小航模家"。

- **初中阶段的探索之旅:拓宽视野广,探求多元思维**

初中阶段为学生提供平台接触科学研究和技术创新。在培养"想象力"的基础上,拓宽学生的视野,重视体验过程,鼓励学生参与实践操作。将科学竞赛主题与实际问题研究结合起来,采用小组合作模式,引导学生在实践中学习科学方法,尝试多元思维,提升解决复杂问题的能力。在导师的指导下,学生自主设计项目,并实施主题研究,体验科学探究的全过程,多个项目在全国青少年科学创新大赛、上海市青少年创意季活动、上海市少年科学院"小院士"等科技实践竞赛中位居榜首。

- **高中阶段的实践之旅:强化实践力,深化应用知识**

高中阶段侧重学生实践力的培养,依托各方的科学教育软硬件资源,在 JQ-WIN 课程中设计多个领域和学科的科学探究课程供学生自主选择。如青少年科创大赛、人工智能、乐高机器人、飞的梦想飞行探索、DI 创新思维、气象和环保、地球研究所、数媒课程、影音制作、VR 创想、数据应用、生活中的化学、航模、车模、科普英语等。通过课程育人、活动育人，提升学生的创新素养、科学意识、探究能力，培养学生的设计思维和实践能力。建青学生坚持在"做中学"，不断努力，在各级科技类比赛中摘得桂冠，曾获全国青少年科创大赛二等奖、DI 中国区决赛文艺复兴奖（一等奖）和即时挑战第一名、长三角中学生数据应用创新研究活动二等奖等多项好成绩。

学校科创中心是一个综合性跨学科的学习空间，融合了多种科学教育场景和科技元素，以"EXPLORER-培育未来的探索者"为科学教育的目标，即激发学生探索未知（X）的潜能，体验（Experience）研究（Research）的乐趣，掌握文献（Literature）搜索方法和实验（Experiment）的设计方法，观察（Observation）并掌握计算机程序（Program）语言，学会撰写科学论文和报告（Report）写作方法等。引导学生在"做中学"，运用跨学科的知识和技能，培养和发展创新能力和批判性思维。

"跨龄融合"的空间重构原则，让同一空间为不同学段的教育教学发挥不同的功能和价值。学校高中学生利用校园集雨亭及储水单元开展《基于"集雨亭"的海绵校园创建分析》的主题研究获得联合国举办的"可持续发展——青少年参与在行动"的优秀项目；幼儿园教师常带领孩子们在集雨亭观察动植物的生长，培养幼儿对大自然的好奇心。

"虚实结合"的空间重构原则，将数字技术融合于空间建设之中。安全体验空间利用 AR/VR 模拟课程对学生进行灭火及逃生训练，校园气象和空气监测站中利用物联网技术开展区域气象和空气数据的收集和分享，"VR 创编实验室"为学生创编设计虚拟场景来增加学科学习的理解搭设了平台，让学生在虚拟世界中自由探索不同的学习情境，设计和创编完成 VR 作品，孩子们自己设计的《梦回大唐》和《郑和下西洋》的作品展示后，赢得了大家的赞赏。

建青在科学教育中积极引入家长和社会资源，定期举办科技节和校园开放日，引进科研机构和企业的资源，为学生拓宽科学教育的视野，丰富了学生的学习体验和真实经历。

学校连接丰富的社会科技资源，搭建促进学生成长的桥梁，邀请各领域的科技专家进校分享最前沿的知识与经验，鼓励学生走出课堂，走进科技馆、科技企业参观，亲身体验科技的力量，让学生沉浸式感受和理解 AI 技术给日常生活带来的变化和影响。教育伙伴以各自不同的职业背景，用自身的专业知识，为学生揭示科学道理，普及科学知识,为学生带来了丰富多彩的科学游戏和体验项目,点燃学生对未知世界的好奇心、激发学生的想象力,通过生动的讲述和有趣的实验,在学生的心灵中种下了"爱科学、学科学、用科学"的种子,有效促进了科学与教育的深度融合。

近年来,学校师生在各项科技竞赛、论文评比活动中都获得了很多奖项和荣誉,近三年内获得上海市科创大赛一等奖 4 项(推荐全国 1 次)、二等奖 13 项、三等奖 36 项;参与全国、市区各项科技比赛 45 项,获奖总次数 167 次;学校荣获"十四五"期间首批上海市科技教育特色示范学校,"DI 创新思维"被评为上海市科创教育优秀课程,DI&OM 社团被评为上海市学生科技创新社团,教师参与各类科技活动、论文及科技先进工作者评比活动,累计获得各项荣誉 26 项。

4. 艺术教育领域拓宽

作为上海市首批素质教育实验学校,建青始终关注学生的全面发展和综合素质培养,注重五育并举,艺术教育成为了优良传统。20 世纪八九十年代期间,舞蹈、管乐等项目从无到有,特色逐渐彰显。舞蹈队曾连续多年荣获上海市"金孔雀"舞蹈比赛一等奖,并受邀赴日本大阪交流演出;管乐队先后于上海大剧院、美琪大戏院等剧场举行专场音乐会,两支团队作为区老牌学生艺术团,在自身不断成长和收获的过程中,也培养了一批专业突出、综合能力过硬的学生,他们先后考入了北京舞蹈学院、上海戏剧学院等知名艺术院校。

建青的艺术教育颇具特色。学校一直重视艺术课堂教学,建立中小一体化艺术教研组,开设多种选修活动课,让所有学生都能受到良好的艺术教育,陶冶情操,提高素养。学校成立了美术、书法、篆刻、管乐、合唱、舞蹈、朗诵、小提琴等兴趣小组或艺术团,形成了从两岁半到 18 岁的学生艺术培养序列,在学生广泛参与的基础上组建了多个艺术团队,在市级艺术大赛与重大庆典活动中均有不俗表现。

1994 年 12 月,学校成立管乐团,由区教育局命名为长宁区学生艺术团管乐分团,成立第一年就荣获上海市学生乐队比赛管乐合奏二等奖。2006 年,舞蹈团被命名为"上海市优秀非职业舞蹈团"。2017 年 5 月,上海市建青实验学校学生艺术团挂牌成立。学校的舞蹈团和管乐团均为长宁区重点学生艺术团,同时为上海市学生舞蹈联盟、上海市学生交响联盟成员单位。学校发挥"一贯制"的学制优势,为学生搭建展示自我的平台,丰富艺术学习经历,目前学校艺术团已达到了 500 多人的规模。2018 年 5 月,上海市建青实验学校学生艺术团挂牌成立,下设舞蹈、管乐、合唱分团;2018 年 9 月,结合 ARTIST 艺术课程开发的学校艺术中心建成。

　　建青的艺术教育富有时代特征、时尚特色。走进学校的艺术中心,偌大的空间里,不同门类的艺术课程正在如火如荼地展开。悦耳动听的器乐,刚柔相济的舞姿,科技感十足的 midi 音频,缝纫机上不停转动的机针,数码印花机里流出的件件衣衫,闪光灯下不断被记录的光影——这,就是上海市建青实验学校的艺术时尚创意课程,它是在学校总体 ARTIST 艺术课程指导下,围绕关注学习经历,注重情感表达、探索技术创新、着眼个性发展、强调尊重平等和聚焦文化融合的课程理念,以艺术为载体,力求让每一名学生都能享受到艺术带来的美好。它不同于以往单一的艺术门类课程,而是一组课程群,除传统的舞蹈、管乐、声乐、美术外,拓展融入了数字音频、服装设计与制作、数码印花、大艺术课程、数字媒体艺术、舞台综合摄影艺术等内容,学生可以根据个人兴趣特长,选择不同的课程种类进行体验,并且深入学习,也可以打破边界,与其他同伴共同完成主题性的艺术作品创作。

　　舞蹈作为学校的传统特色项目,当其以全新的方式加以呈现,所受益的已经不仅是会跳舞的学生,而是更多热爱舞蹈的学生,他们也能够用别的艺术手段去表现与作品意境相一致的内涵。在这一过程中,学生的跨域体验背后,更是教师的跨界合作。舞蹈专业背景的教师与人工智能专业的教师,勇于挑战,为学校艺术课程的开展打开了一片新的天地。多年来,校园美育硕果累累,学校成为了上海市首批艺术教育联盟校。舞蹈团目前为上海市学生艺术团、上海市学生舞蹈联盟成员单位,管乐团目前为上海市学生交响联盟成员单位,版画项目以市级课题为引领,在市、区具有较大的影响力,为长宁区学生艺术团 A 团,篆刻也发展成为了市级项目。

　　学校始终稳步推进艺术教育,一方面保持特色项目在市、区的优势,另一方面开设了合唱、音乐剧、版画、戏剧、面塑、篆刻等丰富多样的课程,为学生的个性发展提供多元选择。2017 年,学校艺术中心成立,同时面临教育综合改革带来的挑战,基于原有传统,整合现有资源,纵向衔接、横向贯通,设计开发了 ARTIST 艺术课程,以课程建设全面统领学校美育工作。通过几年的努力,课程也不断深化自身发展,被评为了长宁区创新团队。从立德树人和核心素养培育的视角,课程着眼学生审美力、理解力、信息能力、想象力、影响力和跨文化等关键能力的提升,引导学生在发现美、感受美、鉴赏美与创造美的过程中,能够像艺术家般美好地生活。

　　建青发挥办学体制的优势,始终把艺术教育、美育融入学校教育的全过程。多年来,依托幼、小、中“三段一体”的办学体制,形成了“低起点、高目标、一条龙”的艺术工作格局。在幼儿教育中,运用多种艺术形式和教学手段,激发兴趣、开发智力,启蒙艺术表现能力。进入中小学阶段,学校积极开展丰富多彩的课外文艺活动,每学年的"班班有歌声"活动和艺术节活动将艺术教育普及每一位学生。对学有兴趣、学有专长的学生,创造条件让他们参加各类文艺团体。学校还聘请了上海音乐学院、上海市少年宫、上海舞蹈学校、青少年业余学校等单位的教授、专家定期来校上课。

(五)五大关注之五:关注家校合作

学生的培养,是学校与家庭共同运作的结果。学校与家庭,虽是不同的成长环境,但各自的重要性无法替代。如果说,家庭是学生成长的始发地,那么学校是学生成长的初心地。

在十五年一贯制办学中,家校合作,不仅时间跨度长,而且空间转换窄,还面临成长阶段不同的内容和需求,学校与家长的联系空前密集和频繁,家校合作的情形将直接影响学校教育的成效。

因此,家校合作,不仅是一般学校的必备,而且是一贯制学校的必须。

关注家校合作,关乎家校一体化、全过程育人,也关乎一贯制立体产效、持续性产能。因此,建青始终将家校合作作为与办学并行的分内工作,进行了一贯的设计和不懈的努力。

1. 设立家长教育委员会

建青成立之初,就在幼、小、中各段都建立了家长教育委员会,下设各年级、各班级的家委会系统网络。"家委会"发挥了参与学校管理、支持素质教育、改善家庭教育等方面的作用。

学生家长是支持学校工作的重要力量,也是学校形象的重要评价者和宣传者。对于任何学校来说,家长都是最直接、最敏感,也是最有影响力的外部公众。有关对学校的评价,一般总是来源于学生家长的直接感受。无疑,家长对学校的尊重和支持,有助于提高学校在社会公众心目中的地位和威信,有助于学校教育教学质量的提高。建青深谙此道,十分重视与家长的密切联系,构建家校合力育人机制。

"家委会"是增进学校与学生、家长之间沟通的桥梁与纽带,是家长参与学校管理的平台,有效体现家长对学校教育教学工作的知情权、评议权、参与权和监督权,为完善学校、家庭、社会三位一体的教育体系,营造良好的教育环境,深入推进素质教育,促进中小学生的全面发展做贡献。

2. 建立家校联系制度

家庭是孩子成长的摇篮,父母是孩子的第一任老师,要做好德育工作,提高学校教育效果,必须提高家长素质和家庭教育水平,在学生的行为习惯养成方面保持教育的一致性和持续性。幼儿阶段的孩子需要更多的护理和关爱,因此更加需要密切与家长的联系,为此,建青实验学校建立了家园联系制度,对幼儿家长的沟通、交流、幼儿的护理等各方面做出了详细的规定,并且每年通过开展内容丰富多样的活动密切家校互动、增进家园联系,如重阳节、三八妇女节、家长进课堂等。对于其他学段的学生,建青的家访工作亦相当细致与周全。建青的家访工作制度中明确规定,"家访是班主任的日常工作之一,纳入班主任工作考核项目。任课教师根据学生的学习状况、身心健康等方面对重点学生进行家访"、"班主任暑假家访率不得低于全班学生数的50％,寒假家访率不得低于1/3,新接班和新生家访率为100％,任课教师须随访3～5名学生,并由家长填写反馈表"、"家访必须向家长全面、客观地反映学生的情况,真诚地沟通,切忌把家访等同于告状"等相关家访工作的要求,为学校教师加强与家长的联系、及时了解学生的学习和生活状况、改善家校教育工作的一致性提供了切实保障。

3. 设立家长开放日

除了建立完善的家校联系制度、加强教师的家访工作外,每学期的家长开放日活动亦是建青实验学校增强家校间的沟通与交流,密切学校与家长关系的重要举措。家长开放日活动,不仅是展示学生生活、展示教师才能的机会,也是更新家长教育观念的机会。家长开放日活动中,家长走进课堂,亲身感受体验学校教学,通过参与丰富多彩的教育活动让家长体验学校的文化氛围,使家长亲身感知学校教育的目标与要求、教学的理念与方法,近距离地观察学生在校的学习与生活方式,了解孩子的发展水平与状态。同时,也把尊重学生、相信学生、充分给予学生机会等宝贵的经验和新的教育观念传递给了家长。

通过家校之间的良性互动,教师与家长之间建立起教育合作的伙伴关系,形成了目标一致的教育合力,促使家长积极配合学校,支持学校开展各项教育教学活动,共同促进学生发展。这种家校合作建立起的教育场,不仅是提高教育效能、促进学生全面发展的有效方式,也是一种促进家长教育与管理行为发展的渠道,有利于家长更新教育观念、改进教育行为、提升家庭教育水平。

建青以《家校共育构建小学职业意识启蒙课程的行动研究》区级重点课题,作为学部家校共育工作的重点项目,承办了长宁区家校共育工作巡礼之建青专场。展示活动在学校指导下,教育伙伴全程参与:流程的设计、文案的撰写、微信公众号的诞生、视频的制作、环境的布置、现场的主持、论坛的交流、嘉宾的接待……活动展现了教育伙伴团队对家校共育工作的理念和思考,体现了"四位一体"共生共长。

在新模式的家校共育实践中,教育伙伴真正成为校园安全工作的志愿者、实践活动的合作者、拓展课程的引进开发授课者和学校文化建设的推动者。如校服管理工作中,教育伙伴直接面对厂商,提建议、把质量;校园安全管理中,出谋划策,成为爱心看护工作的志愿者;校内外活动,引进社会资源,拓宽教育途径;自主设计家校共育 LOGO,树立品牌观念等。家长志愿者参与学校活动与管理,不是对学校的单一付出,而是家庭和学校之间的双赢,拓展了教育的宽度和深度,让学校和家庭教育都更加富有温度。

第三部分

培育篇·破题

教育，是一种培育。

办学，是一种破题。

培育，是耕耘之犁，也是浇灌之滴。

破题，是兴事之策，也是攻关之锐。

在长达 40 年的一贯制办学实验改革中，建青横向铺开、纵向深化、全向演绎，先后以龙头课题《九年一贯制素质教育办学模式研究》《"九年一贯制"素质教育课题延伸研究》《城市中小幼学生创造力培养序的研究》《一贯制学校探究性学习中教师指导行为研究》《一贯制学校提高学生传媒素养、发展语言能力的课程建设研究》《十五年一贯制学校学生优势智能实验室课程建设的实践研究》《数字化转型视阈下十五年一贯制学校学生自我规划力培养的实践研究》，展开具有针对性、实质性和前瞻性的研究和实践，不断将办学体制变革演绎成办人民满意的教育的生动局面。

七大实验项目和教育数字化转型与实践，将实验改革提升到一个个新的境界，将培育标明，将破题指明。

培育为破题发力，破题为培育明路。在一贯制办学的教育教学改革中，勤于破题，是"建青人"的水平，也是"建青人"的风范。

一、入题建设：一贯制办学的关键视阈

教育改革，是头脑清醒的改革，也是厘清思路的破解。

建青，不仅对教育改革的方向做到牢牢把握，而且对教育改革的指向做到心中有数。从实验之初，建青在筹建初期，就对实验的方向和指向做了明确的认定，这样的认定为持续改革实验建立了基轨。

七项实验之一

1996 年《九年一贯制素质教育办学模式研究》

作为建青成立后的首个实验项目，1996 年启动的《九年一贯制素质教育办学模式研究》，具有开先河的价值，这是对建青成立 12 年以来进行一贯制办学探索的理论建树和实践总结。

（一）主攻方向

著名教育家吕型伟曾写道：从九年一贯制学校在上海诞生之日起，我一直在关注着她的成长：蹒跚学步、坚韧发展、逐渐壮大……时至今日，九年一贯制已经成为上海基础教育的一种重要的学制形式，九年一贯制学校教育成为有鲜明特色的学校教育。这一事实告诉我们，教育改革特别是学校教育改革一定要适应社会、经济、文化发展水平，适应人民的教育需要。从这一基点出发，教育改革的创新才有根基，才能一步步发展，产生改革的预期效应。九年一贯制学校教育，就是从我国的国情之一——九年义务教育的现实出发，用学校教育的形式满足并实现国家、人民的义务教育目标与追求。因此，九年一贯制学校教育绝对不仅仅是六年加三年，或是五年加四年的简单的加法与凑合，而是一种整体的改革。具备了这一本质特征的教育创新才有生命力。他说，熟悉上海基础教育近几十年发展的人们都知道，"建青实验学校"的得名始于1984年该校开始的九年一贯制这一新的学制形式的探索。

绵延一个世纪的教育改革与探索，比较多的还是课程设置、教材体系、教育形式与教育方法的研究。相对而言，学校教育制度即学制却较少变化，似乎不那么丰富多彩。就我国而言，从1904年清政府颁布《奏定学堂章程》——第一个具有现代意义的学制以来，出现过六三学制、五四学制、九年一贯制等三种类型的基础教育学制。它们或延续至今，或尝试一时，或崛起当代，共同成为当代中国的三种主要基础教育学制。由于这些学制有着不同的理论与实践背景，特别是其中有着不尽相同的发展背景，因而也就使其具有各不相同的发展前景。深入探讨这些不同的背景与前景，重新认识其内涵与结构、体制与机制，不仅对完善学制研究与提高学制研究水平具有极其重要的意义，而且对学校教育各类要素的科学组合、协调发展具有同样重要的意义。

本项目就我国基础教育三种主要学制中的九年一贯制进行专门论述与具体阐释，并以建青十余年的探索与实践为背景，试图较为切实地构建起九年一贯制学校的教育模式，以供教育研究者与同类型学校参考。

（二）成果概要

九年一贯制素质教育办学模式研究，对一贯制的概念、九年一贯制学校的产生与发展做了梳理性的阐述，并着重对九年一贯制学校管理、党的工作、德育工作、教学工作、总务工作、教科研工作做了分门别类的介绍，对提出的学校教育中的衔接问题、评价问题、课程问题、师资问题做了提示。

这个项目产生的成果主要表现在以下五个方面。

1. 揭示九年一贯制学校的内在机理

建青认为，九年一贯制是一种后起的基础教育学制，这一学制如何定位，对实行这一学制的学校的性质如何认识，九年一贯制学校的目标与任务、教育模式与运行机制又是什么，这些问题都是九年一贯制学校在经历了长期实践之后，应当给予回答的。

建青认为,九年一贯制学校的性质,由学制定位、教育对象、教育过程及实施教育年限等决定。确定了九年一贯制学校的性质,才能对其做出界定,也才能够对其特点、原则、特征进行解说与分析。

在界定中,建青主要从九年一贯制学校与义务教育的关系和九年一贯制学校与素质教育的关系两个着眼点进行了概括。

关于九年一贯制学校与义务教育

(1)学制定位。九年一贯制学校属于基础教育,相当于六三制或五四制的小学与初中阶段;从一年级到九年级,其九年学校学程,与我国实行的九年义务教育年限相一致,因而是国家、社会的义务教育年限要求与学校教育完全匹配的一种学制形式。一个学龄儿童进入九年一贯制学校之后,不必经历学程分段上的变更,一以贯之地完成学业,保证九年义务教育的受教育年限。

(2)对象定位。依照《中华人民共和国义务教育法》,"凡年满六周岁的儿童,不分性别、民族、种族,应当入学接受规定年限的义务教育",九年一贯制学校完全按照这一要求招收学龄儿童。建青从1984年以来,一直坚持就近、划片、不做选择(即智商测试)招收学龄儿童,充分体现了《中华人民共和国义务教育法》所要求的平等性原则。

(3)过程定位。九年一贯制学校中的"一贯",突出了这一学校教育过程的学程标志,即一以贯之、连续不断地完成九年学业(九年结业即为初中毕业),其间不做选拔、不划学段,保证九年教育的完整性,这是明显区别于分段制(五四或六三学制)的。九年相对稳定的学校生活,有利于发挥学校教育的长期影响作用,基本奠定一个人的发展基础。

基于以上分析,建青认为,九年一贯制学校是依据国家《义务教育法》有关实施九年义务教育的规定设立的、连续实施小学与初中九年教育的学校。

关于九年一贯制学校与素质教育

九年一贯制学校教育是一种学制形式。任何学制都可以是各类教育要求的载体。但是,九年一贯制学校教育又有与其他学制区别的特殊性,那就是它的义务性、全体性、全面性、平等性,这些特殊性保证其与应试教育分道扬镳,并且它们也与上述素质教育要求基本一致。

因此,九年一贯制学校教育是实施素质教育的重要途径,是在实施九年义务教育过程中所形成的教育模式,也是素质教育的重要模式。就这个意义来说,这类学制教育可以称为"九年一贯制素质教育模式"。

关于九年一贯制教育的特点

根据九年一贯制学校教育与义务教育、素质教育的关系,建青认为,九年一贯制学校的长期教育实践探索,已经确认的特点有以下五个方面:

(1) 义务性

这是由我国《义务教育法》对九年一贯制学校所做出的规定性的体现。义务,是指按照"义"即社会价值要求必须做的。义务教育,就是依照国家的法律规定,对适龄儿童进行规定性教育,是人人必须执行的。九年一贯制学校的义务性是指九年一贯制学校必须履行、不可选择的规定,这表现在招收对象、入学年龄、教育年限上。具体地说,就是对适龄儿童的入学不能取舍、选择(特殊儿童除外),在校受教育时间不能少于九年。这些只能按照规定做而不能违背,具有强制性。

(2) 一贯性

这是由这一学校的学制规定的。九年一贯制学校的学制,不仅规定其学制年限为九年,而且规定学生的九年学程是一以贯之、连续不断的,中间不设置学段,并且不用升留级作为学段标志。

所谓学段,就是将几个相邻的年级作为一个学程,完成这一学程可以作为结业,例如,通常的六三或五四分段学制,学段之间就有一个结业、毕业与升学的程序。九年一贯制学校则取消了这一程序,将两个学程之间毕业与升学的时间用于正常的素质教育,有助于提高学校教育时间的有效性。

(3) 素质性

这是由义务教育阶段的任务所决定的。国家对义务教育阶段的任务规定为,"贯彻国家的教育方针","使儿童、少年在品德、智力、体质等方面全面发展,为提高全民族的素质,培养有理想、有道德、有文化、有纪律的社会主义建设人才奠定基础"。这些任务已经对义务教育阶段的学校教育提出了明确的要求,即培养有利于学生未来持续发展的基础素质,而不是成才教育。这就是说,九年一贯制学校不是培养"成品材"的,而是为其未来成才打基础的,因而学校教育应注重学生基础素质的教育,使其在走出学校的时候,具有进一步发展的可能。

(4) 均衡性

这是九年一贯制学校教育过程的特点规定的。九年均衡施教,既是素质形成的规律所要求的,也是义务教育的特点。这就是说,学生素质的形成具有渐进性与积累性,前者是顺序式发展,后者是螺旋式发展,它们都要求均衡地施教和受教。义务教育是一种人人享有的平等教育，因而也是非选拔、非竞争的教育，这样的学校教育也就具有了非功利性，以均衡的方式或要求组织教育活动就有了可能。

（5）生长性

这是学校教育的属性所规定的。九年一贯制学校的对象是年龄跨度为 7～16 岁的儿童少年，在学校中将跨越儿童期、少年期，进入青年前期，其中还要经历青春期。学生在生理迅猛发展的同时，其心理同样在发生着巨大的变化，内心需要也在经历着水平与层次上的发展。学生自身的这种生长性发生在学校教育之中，要求学校教育也能循着这一生长性推动其生长，这样学校教育就具有了生长性。具体地说，就是学校教育要适应学生生长，推动其发展。

同时，建青明确了九年一贯制学校的教育目标和任务。总的来说，九年一贯制学校作为我国基础教育的一部分，其目标与任务应当遵循我国的学校教育目标与任务。也就是说，国家规定的学校教育总目标与总任务应体现在九年一贯制学校教育目标与任务的指导思想和基本的要求、内容与途径上，以反映其统领与指导作用。当然，九年一贯制学校在教育目标与任务上除了遵循普遍原则以外，还有其特殊性，这就是九年一贯制所带来的教育个性。因此，九年一贯制学校的教育目标与任务，既要反映国家的目标与任务，也要体现学校的特点，这样的设定与分解才是切合实际并具有指导意义的。

关于九年一贯制学校的教育目标

九年一贯制学校是义务教育阶段的学校教育，其教育目标应当遵循国家义务教育的要求。1986 年颁布的《中华人民共和国义务教育法》指出，"义务教育必须贯彻国家的教育方针，努力提高教育质量，使儿童、少年在品德、智力、体质等方面全面发展，为提高全民族的素质，培养有理想、有道德、有文化、有纪律的社会主义建设人才奠定基础。"这一段文字明确告诉了建青，九年一贯制学校的教育目标所应包含的要素与关系。即：

（1）依据。九年一贯制学校教育目标的主要依据是"国家的教育方针"。前已述及，国家的教育方针对各级各类学校教育目标有指导作用，是制定各级各类学校教育目标的大前提。1995 年颁布的《中华人民共和国教育法》所列教育方针即教育目标的内容与上述义务教育目标的内容是一致的。

（2）内容。义务教育目标中对教育内容的规定是"品德、智力、体质等方面"的教育。即九年一贯制学校的教育应是德育、智育、体育等诸育。

（3）规格。义务教育目标对培养对象的规格要求，一是在校期间"全面发展"，二是为最终成为"有理想、有道德、有文化、有纪律的社会主义建设人才"奠定基础。就是说，九年一贯制学校在教育培养上要体现全面性与基础性。

（4）目的。义务教育目标指出了学校教育的目的是"提高全民族的素质"。这就是说，九年一贯制学校的教育要体现素质性。

义务教育目标是就我国一般意义的义务教育（包括六三制、五四制、九年一贯制等）目标说的，是九年一贯制学校教育目标的主要的、核心的方面。依据学校的"九年一贯"特点，还应增加与这一方面相关的内容。

（5）方式。九年一贯制学校主要教育方式是"九年一贯"。即在九年时间里，连续不断地完成义务教育规定的小学与中学教育。

（6）关系。九年一贯制学校教育与义务教育阶段相一致。这一关系反映了九年一贯制学校教育的性质。

综上所述，九年一贯制学校的教育目标可以表述为：九年一贯制学校教育是我国义务教育模式之一，这一学校教育与义务教育阶段相一致，在九年时间里连续不断地对全体儿童、少年全面实施品德、学力、身心等方面的素质教育，为使其成为有理想、有道德、有文化、有纪律的社会主义建设人才奠定基础。

关于九年一贯制学校的教育任务

九年一贯制学校的教育任务是依据义务教育目标、九年一贯制学校教育目标分解得到的。具体来说就是：

（1）贯彻教育方针。这一任务是九年一贯制学校教育的首要任务。一所学校偏离教育目标，就意味着偏离了办学的大方向，偏离了学校的教育宗旨。这样的学校办学越努力，离国家的教育要求越远，即出现南辕北辙的效果。当然，贯彻教育目标也不是一句空话，应当在学校教育中充分体现其方向性、规范性、标准性，时刻在学校教育中用教育目标去把握、规范、衡量。特别重要的一点是，将教育目标分解为学校的各项具体任务，任务越具体越可操作，也就越能保证教育目标的实现。

（2）实施素质教育。这一任务是九年一贯制学校教育的基本任务。实施素质教育，应当体现素质教育的基本要求，即全体性、全面性、素质性、主动性。这就是说，要面向全体学生，在品德、学力、身心等方面使学生得到生动、活泼、主动的发展。要完成这一任务，学校要以学生为本，坚持正确的教育观、人才观、质量观，多途径、多维度、多形式地组织各种类型的素质教育活动，促使学生健康、和谐、全面发展。

（3）提高教育质量。这一任务是九年一贯制学校教育的中心任务。有教育而无质量,不仅是资源(人、财、物、时、空等)的浪费,也是国家未来发展(社会、经济、文化等及其速度、进程、水平)的耗费;讲究教育质量,不仅是提高资源利用效率,使教育的凝结——学生具有较高的素质,也是使国家的未来具有持续性、发展性、可控性。提高教育质量,既需要有高水平的教育管理、高素质的教师队伍,也需要注重学校教育科学研究,使学校的教育教学活动建立在科学基础之上。有科学方法、科学依据做基础的教育质量,才具有可靠的、持续的、发展的属性。

(4)讲求管理效益。这一任务是九年一贯制学校教育的保障任务。讲求学校管理效益,具体表现在依法治校、规范办学、改善管理效能。对学校来说,依法治校、规范办学似乎是不言而喻的,但实际上相当多的理解是浅层次的。依法治校,不仅是依照法律办学,执行法律的有关规定,例如学籍、招生、考试等;而且是尊重学校的主体——教师与学生,给予师生以办学的参与权、组织教与学的自主权、选择教育与学习活动的决定权等。改善管理效能,是指组织精要的管理机构,简化管理环节,提高管理效率,从总体上说,这是在降低教育或管理成本,管理效益的改善与提高也就在情理之中。

2. 揭示九年一贯制学校的教育模式

学校教育作为模式(或通过模式)来研究,在我国始于20世纪80年代中期。这之前的学校教育研究,是借助于典型、范例、案例进行的,常常冠之以某某典型。这一类研究其实就是个案研究,是通过"个"来单独地说明或印证一种理论,还不是这里所说的模式。进入模式研究水平,是要在许多"个"的积累的基础上,进行"类"的归纳与概括,达到较高的抽象水平(当然,也不排除对"个"予以概括达到模式水平)。进入20世纪90年代以来,我国学校教育研究、改革空前活跃,产出了一大批成果。其中就有相当多数用"模式"命名,或冠之以某某教育,这是教育研究达到较高阶段的标志。但是确也存在滥用"模式"的现象。因此,我们需要对学校教育模式的构成做一具体分析。

一般来说,学校教育模式的要素包括以下六个方面:

(1)指导思想。这是办学者应用于办学的、来自自身或所凭借的教育、心理学等思想或理论。一种思想或理论是一个完整的体系,用于学校教育,常常体现在学校教育目标(教育目的、教育要求、培养目标等)、学校教育原则、教育策略等上,一般不能将思想或理论直接照搬于学校教育活动。学校教育模式中的指导思想,是办学者的思想或理论与学校教育实践结合的产物,其中不仅包含着学校教育目标,也包含着办学者对一所特定学校办学的总体思考。因此,指导思想的表述,一般要有办学背景、依据、基础的说明,办学目的、目标、总体思路的阐释,还要有对教育对象的认识及达成标准的陈说。

(2)教育原则。在一个理论系统中,原则位于规律之下,是人们对规律的主观认识(规律是客观存在的,不以人们的意志为转移)。不同的人对同一规律的认识可能不同,因而原则的表述也可能不一样。学校的办学者同样如此。在教育模式的构成中,教育原则是其中重要的方面,它将办学者的思想或理论比较全面地概括化地展示出来,形成一个完整的系统;每一原则制约或规范某一领域或方面,例如,有关教育对象、教育活动、教育过程、教育要求、教育环境、教育技术等都可以有相应的原则设定;每一原则对某一领域或方面具有指导、统领意义。因此,教育原则的制定要考虑其针对性,一般性的、通用性的、泛化的原则对某一特定领域或方面,缺乏指导、统领、规范意义。

(3)教育环节。这是将学校教育过程进行分解,将整个教育过程切分为若干相关联的节点,节点关联起来形成一个完整的教育流程。将教育过程切分为教育环节,目的在于将教育过程具体化、可操作化,更为切实地体现办学思想或理论,这也将避免思想或理论的空泛、办学思想与教育过程的脱节。学校教育过程,可以具体分为教育(德育)过程、教学过程、管理过程等,每一过程还可以根据这一过程的特点,切分出若干环节。由此,整个学校教育活动,形成(至少三个)相对独立、互为关联的环节系统,它们一方面封闭运行,一方面彼此沟通,办学思想或理论在这一环节系统中得到形象化的生动体现。可以这样说,有了教育过程的环节系统,才有可能实现办学的教育效益。

(4)教育策略。策略介于原则与方法之间,既是原则的具体化,又是方法的概括化。策略使原则具有可操作性;策略是一个方法组合的概括,每一策略,都包含若干种方法。将策略等同于方法,不符合其在理论系统的位置。当然,学校教育的不同过程,运用的策略可能不尽相同。例如,教育(德育)过程、教学过程所运用的策略相通之处会多一些,而管理过程则可能少一些。为学校教育不同过程所制定的策略,形成不同过程的策略组合,整个学校教育过程构建成一个策略系统。应当说,这个策略系统是办学思想的更为切实、具体的表现。

(5)教育内容。学校教育中,教育内容主要反映学校教育要求。这一要求既要体现国家、社会的人才培养目标,又要体现办学者的思想或理论,教育内容是这一要求分类化(学科)、形象化、有序化、层次化的呈现。一般地说,学校的教育内容分为显性与隐性两类。前者就是课程，不同的课程反映了不同的教育思想，例如，学科中心课程与认知中心课程就代表了两种教育思想；后者是学校教育环境，物理的、人文的、人际关系的环境，对置身其中的人产生潜移默化的影响，因而不同的教育思想在环境的设计上也常常不同。

微观地说，教育内容本身也可以构成一种模式，即课程模式，它也包括指导思想和课程结构、评价方式等。

（6）教育评价。作为学校教育模式必不可少的组成部分，教育评价也体现着办学思想或理论。具体地说，用何种标准评价教育结果，在评价系统中评价指标给予何种权重，评价对象处于何种地位等，都无一不是教育思想或理论的切实反映；不同的思想或理论会表现出不同的评价标准、评价原则、评价方式。即便是评价结果的表达，例如分数制和等级制，所代表的思想也不一样。完整的教育评价，应当包括指导思想、评价原则、评价内容、评价方式、权重分配、结果表达等结构；而评价类型，也可以有过程性、诊断性、终结性等评价。无论何种评价，由于是"思想的直接现实"、直接结果，评价的科学性、客观性就显得特别重要。它既是现在的过去所达到的发展水平，又是现在的未来所要发展的起点，科学、客观的评价将是一个把握过去、现在、未来的良好的中介。

学校教育模式的有机构成之中，除学校教育的基本要素外，还有要素间的结构关系，即各要素依照什么方式、关系配置起来，构成什么样的结构。在上述各要素的分析中，基本上已经将结构关系做了说明。

具体地说，学校教育指导思想概括地反映办学者在学校教育中所要运用的教育思想或理论，它是有形的，统领其他各要素；教育原则是指导思想的体现，各要素所要遵循的教育要求；教育环节是教育途径、程序、方式的概括，发挥载体或中介的作用；教育内容是需要内化的素质，须通过教育环节、教育策略完成，其结果也要教育评价来认定；教育策略帮助教育内容内化，提高内化同化效应及教育素质水平，是组织指导教育活动较高理论修养与行为水平的凝结；教育评价是运用办学标准对整个教育活动进行评价，也包括对学生素质发展水平的测评，是办学思想有效性的评估。

3. 揭示九年一贯制学校的素质教育模式

九年一贯制学校实施素质教育，在不断地研究、探索中形成适合自身特点的教育模式，这是一个实践过程、认识过程、构建过程。由于素质教育是我国进入现代化发展时期之后提出并推行的,现在说已经完成构建还为时过早。但这不等于说素质教育模式的探索一无所成,事实上学校教育领域的素质教育的实践研究已蔚为大观,有的已经总结出各具特色的模式,尽管还需要实践的深入检验。九年一贯制学校的素质教育就是如此,历经 15 年的实践探索,足以让人们从中概括、提炼出一种教育模式,以探寻九年一贯制学校的教育规律。

(1)传统教育与素质教育

前已述及,素质教育是国家、社会在进入现代化发展时期对教育提出的要求,也是我国教育对国家、社会发展要求的主动顺应。作为一种教育观念,它要解决的是如何认识、教育、评价学生的问题;作为一种教育实践,它要真正实现学生素质的培养,特别是创新精神与创新能力的培养。那么,传统教育与素质教育有何区别呢? 有研究认为:

传统教育的教育倾向是"主知主义"。即把知识的传授与掌握作为整个教育的枢纽,以此贯穿、要求学校教育的各个方面;素质教育把人放在主体的、核心的位置,把引导人的素质和谐、全面发展作为学校的全部任务。

传统教育的基本内容是"间接经验"。这种间接经验的体现是课本,把课本作为唯一的学校教育的内容,以此来组织、安排学校的所有活动;素质教育的教育内容既有间接经验,也有直接经验,既有显性课程,也有隐性课程,既注重智力活动,也注重非智力活动。

传统教育的主要形式是"课堂教学"。以牺牲学生多样化、个性化发展为前提的传统教育,将课堂教学作为最基本的教学形式;素质教育则将学生的"充分自由"发展作为教学宗旨,注重学生参与知识发生过程,多途径地获得素质的发展。

传统教育的基本功能是"塑造"。传统教育是按照社会需要来塑造学生的,将学生塑造成为社会化的个体;素质教育尊重学生个性及个性发展,在考虑社会需要的同时,充分考虑个体需要,给予学校教育以社会化与个性化的双重功能。

(2)素质教育模式

指导思想

我国现阶段已经进入现代化发展时期。这一时期对人力资源的基本要求是与现代化发展要求相适应的较高的素质水平,即融入、适应社会生活,处理、获取各类信息,持续、不断发展,以其切实或创造性劳动实现国家的现代化发展目标。

我国实行的义务教育是全民性、义务性、普及性、基础性教育。依据义务教育要求设立的九年一贯制学校,在招收对象、入学年限、教育要求、教育方式等上应充分体现上述原则：就近入学、不加选择、连续不断地实施素质教育。

——学生是发展的主体与本体，学校的任务是创造各种条件引导、促进学生的发展；学校的一切活动、设施、设备都应有利于学生的"充分自由"的发展；应充分利用义务教育阶段的九年时间资源，组织多种形式、多种途径、生动活泼、健康向上的教育教学活动，促使学生主动学习、持续发展，形成和谐的品德、学力、身心等素质。

——学校教育所涉及的课程教材、组织形式、教育过程、教育方式、教育策略、教育评价等应依据义务教育、素质教育、九年一贯等特点通盘考虑、整体设计，构建序列化、系列化、科学化的教育、教学、管理、评估体系。

教育原则

——全体性。作为素质教育的一种模式，面向全体学生是其基本要求。这里所说的全体学生，包括不同发展水平、不同需要的学生，其中要引起关注的是有特殊需要的学生。这部分学生虽然只占学校总学生数的 $5\% \sim 10\%$，但由于其需要的特殊性，其发展有极大的倾向性，因而具有很大的影响力。注意做好这部分学生的教育工作，满足其不同的发展需求，对其他学生也有很大的引领、启迪作用。

——全面性。这是就学校教育所涉及的素质内容说的。九年一贯制学校所实行的是基本的素质教育，这些素质包括品德、学力、身心等，它们保证学生在未来的学校学习与社会生活中具备持续发展的基础。注重学校教育的全面性，正是着眼于学生的未来发展、社会的素质要求。忽视或偏废其中的某一方面素质，就是损害学生的未来发展，影响全社会的素质水平。由于学生发展的起点水平不同，全面素质的发展要求也可能因人而异，从不同的发展起点施行教育，使其达到素质全面发展的基本要求，这同样符合全面性原则。

——主动性。素质教育要求学校教育要使学生生动、活泼、主动地发展，要达到这一点，首先必须从教育观念上摆正教师与学生的位置，处理好教育与发展的关系。应当认识到，没有学生的主动发展，就不可能有真正的素质发展；仅有教师的主动性，只会走到传统教育或应试教育的老路上去。在教育活动中贯彻主动性原则，就是要把学校的学习要求与学生的学习需要结合起来，根据需要水平组织教育活动，在促进需要水平发展的同时，逐步推动其主动性水平发展，使学生真正成为学习的主人。

——发展性。从学生身心的总体趋向来看，发展是其基本趋势，但这不等于说会自然地、自发地发展。即便这样的现象会发生，其发展速度、广度、水平也难以符合社会所提出的要求。学校教育的任务是依照社会要求"多出人才、出好人才"。

发展性原则,是指学校教育根据学生身心发展的规律,将发展的总体任务分解开来,依照身心发展的阶段性特点循序渐进地组织教育活动。九年一贯制为这种发展的连续性、渐进性创造了条件,有助于学校统筹安排九年光阴,使学生有可能在完成九年学业之后,在素质上有一个较大的发展。

——策略性。讲究教育策略,也是九年一贯制学校教育的一个标志。尽管教育策略是所有教育的共同要求,但九年一贯制学校教育更有其必要性。九年光阴不短,它可能造就一个人,也可能损害一个人的发展。九年所带来的发展机遇与极大的可变性,要求学校教育十分讲究教育策略的选择、设计、组合,以便使学生获得预期的、较高水平的发展。

——周期性。学校教育是一种周期性活动。短周期如学周,长周期如学期、学年等,周而复始、循环往复。强调九年一贯制学校的周期性要求,关键在于"一贯",即连续不断容易忽视其阶段性、周期性特征。只有一个总目标、总要求,而无阶段性目标及与阶段性目标一致的阶段周期,最终将难以达到总目标。周期性总是与阶段性相关联,有了一个个阶段,相近阶段的连缀就构成为一个个周期,阶段目标在周期中复现、推进、发展,总目标才有预测、查验、调整、达成的可能。概括起来说,就是一贯学制、周期安排。

——开放性。九年一贯制学校教育要体现其开放性特征。由于"九年一贯"这样一个特点,学生在一个基本上没有太大变化的环境中度过漫长的学校生活,固定环境带来的负面影响是客观存在的。教育内容、教育过程、教育方式、教育环境等的开放性,将从根本上改变固定、封闭环境所产生的负效应,例如家庭教育、社区教育、校外教育与学校教育共同构建教育网络和与此相关的科学、健全的社会实践教育等都是行之有效的方式。

——活动性。学校的一切教育都必须转化为学生的活动。只有教师的活动,没有学生的活动,或者只有教师支配下的学生被动活动,不符合活动性原则;只有师生共同活动,并且学生作为活动主体积极、主动地探求、发现、验证以获得真理性认识,才是符合教育规律的活动。活动的设计、安排、组织要满足学生的心理需要,适合其心理水平,在考虑教育要求的同时,尽可能让学生参与活动设计。

教育策略

——准备策略。这一策略包括对学生的身心发展水平、准备状态(心向、需要、主体状态等)的了解,以及教师个体的成熟水平、主体状态、教育计划(设计、组织、指导、反馈、检查等)、教育设施设备状况。

——设计策略。这一策略是在教育要求与学生需要之间寻求一个结合点,并将其具体化——形成一个设计方案。设计是各种教育要素有目标、有步骤、有计划的组合与安排。

——配置策略。这一策略是将教育资源依据设计要求重新组织、配置,要考虑有特别需要的学生的资源配置,避免绝对平均的配置方式;在教育活动开始运作之后,配置可以根据需要予以调整。

——组织策略。这一策略是将教育设计付诸实施。不仅仅是物质资料的组织,还需要有心态、心向的调整,即教育活动的参与者人人关注活动本身,当教育设计内化为活动参与者的一部分,活动成功与否已经不重要了。

——控制策略。这一策略是对教育活动的进程、节奏、范围、程度等进行调控。控制的水平、机制、技术、能力等反映出教师的素养、成熟度;无论怎样控制,都不能改变学生的主体与本体地位。

——激励策略。这一策略是在整个教育活动中要十分关注教育活动在学生身上产生的心理效应。用多种形式的肯定、表彰,及时给予有不同心理需要的学生以激励;激励应当贴近学生实际,恰如其分。

——反馈策略。这一策略是获取、处理教育活动信息,及时把握活动的发展状况。反馈是及时对活动的直接结果的了解,也还应对活动的间接效应如身心反应进行多方面了解,以便于对活动进行调整。

——评价策略。这一策略是对活动参与者在态度、过程、结果等方面予以评判。评价既是教育活动预期、质量、结果的体现,本身也是一种激励手段。积极的评价将极大地推动学生向着教育预期发展。

管理策略

——协调策略。这一策略是基于学校教育的长周期、多变量与管理的大跨度而设计的。学校的各部门、层级、年级、学科都有各自的特点,在素质教育的大前提下有机地组合起来,要达到步调一致、协同运作。协调既是其特征,也是不可缺少的策略。

——能级策略。这一策略是就学校管理组织与机构说的。依据每一管理层级的权、责、能给予相应的指导,不越过层级进行管理,这是促使每一层级发挥各自管理效应的关键措施。

——规范策略。这一策略不仅仅是制定管理规范,还在于以规范为准则去规范、衡量各层级管理效能。这是保证管理节律性、规范性、有效性的重要措施。通常所说的"划清边界"、管理到位就是这一策略的体现。

——应急策略。这一策略用于学校教育活动的紧急状态。学校教育过程中存在某些不可测因素,例如灾害、危难、损伤等,建立对待危机的应急系统,有助于临危不乱、减少损失。

教育评价

——指导思想。以素质教育为核心,将学生素质的发展作为评价对象。采取多种形式组织评价活动,不断提高学生在评价中的参与度,将评价作为学生自主发展的重要举措。教育评价要做到有利于学生素质发展、教育教学质量提高、学校办学水平提高。

——评价项目。综合评价学生四项素质:

① 品德。评价思想道德、行为习惯等方面的素质,反映学生在思想品德学科学习、校内(校、团、班、队)活动、社会实践(家庭、社区、社会)活动等方面的状况。

② 学力。评价基础学力素质,反映学生在必修课程(语文、数学、外语、音乐、体育、美术)学习中,知识、态度、能力等发展状况。

③ 身心。评价身体与心理素质,反映学生在生理心理保健知识、能力、素质方面的发展状况。

④ 兴趣。评价兴趣、爱好、特长素质,反映学生在活动课、选修课及课外与校外活动中态度、习惯、兴趣的发展状况。

——评价方式。采取测、评结合的方式:

① 测试。评价项目中的"知识、能力"部分,开卷与闭卷相结合。

② 评定。评价项目中的"态度、习惯"部分,自评、互评、师评相结合。

③ 评价表达。采取等第评定与分数评定相结合。

④ 等第评定。用于低学段学生;分为三级等第:优良、合格、不合格。

4. 揭示九年一贯制学校的组织结构

建青认为,九年一贯制学校的运行机制,就是指将学校教育模式付诸实施的组织机构、功能作用、制度规章及运作方式等。学校运行机制,就是机制在运行中的动态结构、关系及实现机制功能的运行方式,这里涉及诸如导向、规范、监督、激励、评价等问题。由于不同学校构成要素不尽相同,因而形成的运行机制也不尽相同,运行机制总是针对教育管理活动的实际逐步确定的,上述问题是一般九年一贯制学校所共同需要解决的。

关于九年一贯制学校的组织结构

九年一贯制学校的组织结构可以分为学校管理组织、学校咨询组织与学校教育组织三个方面。

（1）学校管理组织。这一组织机构包括校务管理、职能管理与事务管理。

① 校务管理。设置校务办公室或校长办公室。

② 职能管理。设置教导处（或分设教务处、学生处）、科研处、总务处。

③ 事务管理。设置庶务处或分别并入校务办公室、教导处、总务处。

（2）学校咨询组织。这一组织机构包括教职工代表会议、行政会议、家长会议。

① 教职工代表会议。设置教代会办公室或与工会套设。

② 行政会议。由学校校长、学校管理组织的领导组成，不设专门办事机构。

③ 家长会议。由学生家长代表组成，不设专门办事机构。

学校咨询组织中，也有设立专家委员会的，由校外专家、学者等组成。

（3）学校教育组织。这一组织机构包括党、团、队组织。

① 党组织。设立党的委员会（总支、支部）及办事机构。

② 团组织。设立团的委员会及办事机构。

③ 队的组织。设立少先队大队部。

关于学校组织机构的职能与功能

学校各组织机构具有不同的职能与功能。

（1）校务办公室。协助学校校长处理学校日常政务及各类涉及学校的事务，做好人事档案管理。

（2）教导处。实施教务、学务、设备管理，组织学校教育教学活动，开展教学研究、德育研究，负责对年级组与教研组的管理。

（3）科研处。接受学校校务咨询，组织学校教育科学研究活动，审定学校研究课题，推广教育科学研究成果。

（4）总务处。负责学校财务、财产、后勤事务管理，兼及学校经营活动的管理。

（5）教代会。代表学校教师职工对学校发展的重大事项进行咨询、审查、参谋，广开言路、集纳雅言，改进、完善学校决策。

（6）行政会。沟通各职能部门信息，协调各方面工作，商议学校日常政务，协助学校校长做出决策。

（7）家长会。家长代表教育委员会，由学生家长推选产生，对学校教育提出意见与建议,参与学校教育管理活动。由班级或年级召开的家长会,属于联系、沟通、协调性质,与这里的家长代表教育委员会的职能不同。

(8) 党总支或党支部。负责学校共产党员的组织、教育及教职工的思想教育工作,对学校的办学方针、重大决策予以政治保证。

(9) 团委会或团总支。负责学校教师与学生基层共青团组织的指导、管理,开展各类教育活动,接受学校党组织的领导。

(10) 少先队、学生会。属于学生自己的组织,负责学校少先队基层组织的指导、管理,设计、开展各种教育活动。

5. 揭示九年一贯制学校的管理体制

九年一贯制学校是将小学与初中合在一起,作为一个整体办学的学校。根据党的教育方针,学校制定统一的教育目标,学校必须根据中、小"二段一体"的办学模式建立与之相适应的一体化管理体制和工作运行机制。

九年一贯制学校针对学校中、小"二段一体"基础教育办学模式的试验要求,也就是要将就近划片入学的新生,不搞择优筛选,通过九年一贯的不间断连续教育,使他们成为"重视习惯、基础扎实、能力较强、爱好显著、品德优良"的符合时代要求的合格学生。实行"统一领导,分部负责,全程管理,分权赋职"的管理活动原则。主要有以下三个特征:

(1) 坚持管理体制的统一性

① 九年一贯制学校的管理体制一体化是学校办学模式决定的。"中、小"二段不是两个不同办学单位的联合,也不是相互间的衔接与协作,而是构建成一个办学主体——九年一贯制学校,而小学、中学只是作为一个学校的两个部门,理所当然要形成一体化的办学模式。

② 九年一贯制学校将小学五年、初中四年合在一起作为一个整体考虑,教育目标的确立、教学内容的安排、教育方法与途径的选择、教育管理与评价的开展等教育活动,都应广泛地、合理地安排。

③ 学校管理体制的统一性主要表现为实行统一领导,全程管理。

统一领导:实行校长负责制。考虑到学校管理层面多、头绪繁,为了避免管理网络各节点出现阻滞,采取校长统一领导的方式统管学校工作就显得十分必要。这里的"统一领导"指校长享有"四权":一是法人代表权。校长是学校法人代表,在对外工作、活动中,行使其依法赋予的法人代表权。二是决策权。校长对学校各项工作领导与指导时,可以通过协商、咨询的方式听取各方面意见,并做决断。在必要时,也可以直接对工作做出决断以利于工作推动与开展。三是任用罢免权。校长在党组织考核、遴选干部的基础上,有权对下属干部做出任用或罢免的决定,保证学校各项政令的畅通。四是奖惩权。校长通过科学、公正与民主的评估途径与评估方法,对学校工作人员、学校各项工作做出客观的评估,并由此做出奖励或惩罚的决断。

全程管理:学校校长管理的重点是各室、处、部的负责者,一般不涉及各室、处、部的工作与事务;而对各层面负责者的管理,一般也只确定工作原则,而不涉及工作内容与方法。全程管理要求这些负责者从制订工作计划直到检查、考核、评估,每个环节都必须紧紧围绕"九年一贯制"这一办学思想来安排管理工作,从内容、形式、要求等方面体现出素质教育的思想,力戒口头上"一贯制",行动上另搞一套的"两张皮"弊端的出现。建青学校的管理,既要求每一个管理者具有"一贯制"素质教育的全程视野,又要求每一个管理者在做管理工作时,能具体地体现出"一贯制"素质教育思想,从而保证了"一贯制"扎扎实实地推行。

(2)保持分部的相对独立性

① 保持分部相对独立性的必要性。由于青少年成长客观形成的生理心理发展的阶段性,长期以来在师资培养、使用中所存在的中、小学相对独立性,中、小学各有个性的教育方式、管理方式及思维习惯,教育行政部门及社会各方与中、小学分层联系的领导或合作方式,所有这些都要求建青在内部体制确立中要承认中、小两部的相对独立性。同时,作为一个纵向拥有九年连续教育的整体,为强化管理的效益,提高管理的质量,应发挥各部自身的优势和特点,激励各自办学的积极性与创造性,实现"1+1>2"的教育功能。

② 学校管理体制的统一性主要表现为分部负责,分权赋职。

分部负责:采取"两部"主任负责制。一方面是为了同校外目前的教育行政系统相衔接,以利于校内校外沟通、对口开展工作;另一方面是为了调动各层级办学积极性,以负责的态度做好各学段的工作。

分权赋职:"一体化"管理的另一个原则就是分权赋职。这就是说,在"一贯制"素质教育思想指导下,学校要求各部门、各层面根据各自工作的性质与特点,独立地开展工作与活动。因此,学校赋予其相应的职与权,使各部门、层面负责者能在其位、谋其事、用其权、成其绩。这里的职权,即独立处分权。学校通过分权赋职,既保持了"一贯制"素质教育的统一性,又具有实施上的相对独立性。

（3）重视纵横层级的协调性

① 一体化的管理体制是一个全方位、多层次的管理结构,既包括纵向层级即中、小两段,又包括横向层级如校务办公室、教育科学研究室、教务处、总务处。九年一贯制学校从纵向来看,要面对九个年级,虽然每个年级的教育内容不同,但是在教育科研、教育教学等方面应该形成整体有序的领导管理主干,以发挥一贯制学制的整体效益,这样做有利于纵向序列的实施,有利于中、小学教育形成一个整体。为此,必须优化中、小两段衔接,抓好中、小两段衔接点是实行"两段一体"办学新格局的关键。

② 纵向层级与横向层级是一个相互联系、相辅相成的网络结构,它们之间既有各自的职责分工,又有彼此的相互协作,因而在统一领导下协调就显得十分必要。九年一贯制学校由于特有的大时空,学校各种教育内容及其手段必须形成合力才能发挥整体效应,既要注意九年教育中的纵向有序,又要注意德育、智育、体育、美育诸多方面的横向协调。由于学校纵向管理一般以教育分类分工较普遍,而学生在九年中的成长发展又多受制于各种综合因素的影响,因此,有序的纵向管理可以让学生的发展符合客观规律,有利于个性发展和特色形成。同时,"五育"间的互相渗透、互相促进又要求建青注重横向的领导,使育人的目标、内容、方法、方式、途径与评价管理等成为网络,发挥出整体效应。

(三) 重要启示

九年一贯制素质教育办学模式研究,作为建青实验 12 年以来的重大项目研究,取得的成果是显著的,得到的启示是深刻的,至少表现在如下两个方面。

1. 一贯制学校的一贯与统整是奠基之业

一贯制学制,客观上对办学提出了新课题,这是在一贯制学制的内涵和范畴里,对学校办学体制的一种更新。从建青的实践来看,"一贯",是学校的办学生命所系,也是学校的改革活力所在。

坚持"一贯"的意识和思维,强调办学的贯穿和育人的贯通,这是九年一贯制学校的命根。"一贯",不仅仅是学制的改变和一体化,而且是办学思想、办学目标的连续和统一。从"一贯"的属性和本质上去理解学校的特性,有助于真正实现办学的贯通,提升学校的办学质量。

一贯制为学校的整体产出提供了机遇。但真正能获得产出，还需要结构的统整和架构。九年一贯制学校的建成，需要端正办学思想，建立相符合、相适应、相匹配的办学体制、机制及其管理机制。要从科学与有序、效益与效率、公平与均衡、平衡与制约等方面进行全方位、全局性的统整。因此，一贯制办学的顶层设计是极为重要的，也是使学制从制度走向效益的关键，更是使实验变为成效的前提。

2. 一贯制学校的贯通与衔接是兴校之题

如果说，贯通是由一贯制学校根本制度决定所拥有的特点和优势，那么，衔接则是一贯制办学与生俱来的使命和命题。

可以说，贯通是天然的，衔接是由然的。一贯制学校的重要作用，就在于衔接，学段的衔接、教育的衔接、课程的衔接、活动的衔接、育人的衔接、家校的衔接。

衔接，是一贯制办学的生机所在、活力所在，也是一贯制办学的权利所在、威力所在。

建青在首个项目"九年一贯制素质教育办学模式研究"中，把学校教育中的衔接问题作为九年一贯制学校的基本问题，并列为首要问题，可见这个问题的重要性、急迫性和针对性。

不言而喻，一贯制学校的最大特点和优势，就是表现在学制贯通上和学段衔接上的，体现的是整体育人与和谐育人的功能。

七项实验之二

1997 年《"九年一贯制"素质教育课题延伸研究》

建青自 1984 年 9 月起，进行幼、小、中"三段一体"办学模式的研究，进行教育综合改革的试点探索。实验课题研究发展到 1996 年，学校对"九年一贯制"进行了全方位的研究，先后承担了市、区级课题近 20 项，构建成具有一贯制学校个性特色的管理体制、课程体系、评价系统，此项课题已成为国内基础教育中有影响的课题研究范例之一。1996 年 5 月，上海市教委在建青召开现场会，总结、推广"一贯制"学校办学经验，并给予充分肯定。

鉴于上海市要争创"一流城市"，必须要有相适应的一流基础教育，建青依据《上海市普通高中教育事业"九五"发展规划》，有责任、有义务为面上的普及高中进行实验探究。1997 年,学校在"九年一贯制"素质教育模式试点实验取得成果的基础上,提出了初、高中联体办学的设想,即由原来"九年一贯制"延伸至"十五年一贯制"办学模式(即幼儿园三年、小学五年、初中四年、高中三年)的课题研究,向长宁区教育局递交书面申请,上海市教委于 1997 年 5 月 30 日复函长宁区教育局,同意建青实验学校"九年一贯制"素质教育课题延伸研究,随即展开。

(一)主攻方向

根据市教委《关于同意建青实验学校"九年一贯制"素质教育课题延伸研究批复》的要求,"延伸研究"系免试升入高中学校的一个原实验班学生接受跟踪实验,积极探索升学预备教育和就业预备教育的办学模式,全面提高学生的整体素质,培养合格的普通高中毕业生,从而论证初、高中联体办学的利弊得失与可行性。

研究内容主要为:

1. 平稳过渡,有计划地进行适应性的教育调整。被课题定为"延伸研究"实验对象的是学校 1997 届免试升入高中的一个初中毕业班。全班学生 45 人(男 23 人、女 22 人),其中 38 名来自本校幼儿园、小学、初中,其中 7 名学生因半途家庭搬迁而转入学校。学校在初三毕业班的最后一个学期,对这个班级有计划地做了适应性的教育调整。在面上初三毕业生复习迎考的时候,这个实验班的教育计划已经与面上毕业班脱钩,分离出来不参加上海市升学考,独立组班成为"延伸实验班",调整了实验班的课程计划、授课时数和教学进程。在确保基础课程的同时,利用两个学程之间升学迎考的时间,加强社会实践,更重视和加强学生实验能力的培养,进行正常的素质教育,这样做也有助于提高学校教育时间的有效性。据统计,其间学生参加社会调查、考察访问的活动有十八次之多。

延伸班的学生由于取消了初中学段后的升学考试,他们临考前一个比较长的阶段的紧张与焦虑没有了,外部的压力也减轻了,他们完全可以以一种"平常心态"平稳过渡步入高中学段的学习生活。

2. 以"延伸研究"实验班为试点,重点探索高中学段课程设置的改革,构建多元化、多层次的课程结构。课程设置着眼于打好较扎实的共同基础,包括基础知识和基本能力。对高中学生来说,升学或就业使他们的学习和生活发生较大的变化,因此,更要重视和加强实践能力的培养和提高,特别是必须要把学生创新意识的培养摆到突出位置,在培养和发展学生的智力因素的同时,要重视培养和发展学生的动机、兴趣、情感、意志与性格等非智力因素，培养学生独立观察问题、思考、质疑、评判的研究问题和解决问题的素质与能力，以及自学能力、动手实验操作能力、在合作中竞争和在竞争中合作的能力、社会交际能力，使学生学会学习、学会工作、学会做人、学会生活。

课程设置的取向主要着眼点为：① "延伸研究"实验课程计划中既有共同要求的基本的、基础性的必修课程（由普通文科、普通理科、公共科三类组成），又有适应不同差异、不同要求的多元化、多层次的常规教育课、选修课、活动课和社会实践课，其中又分为指定性与自主性两类，学生可视自己的条件在自主性一类中选择修习。② 强化与高科技相关的基础学科的教学。③ 强化外语、计算机教学。④ 开设艺术教学课程。高中三学年均设置艺术课程，在幼、小和初中前 12 年艺术教育的基础上，引导学生参与多种门类的艺术实践，合理设计适应一贯制模式的艺术教育的纵向课程结构和适应学生个性发展的横向网络，每名学生学会（吹、弹、奏）某一种乐器。

3. 以"中学生学习心理调控品质和能力培养方法初探"课题为抓手，开展教育教学中的初高中阶段学生学习适应性的衔接研究。对于延伸班的学生来说，从初中顺利地升入（延伸）到高中，学习将是他们学生生活的主要内容，而事实上大部分学生还处于不会学习的状态。学会学习，是学生在未来社会中竞争发展的必备条件。因此，把学会学习作为素质教育的重要目标，已成为教育界的共识。具备较好的学习心理调控品质和能力是学会学习的关键。帮助延伸学生培养学习心理调控品质、能力和方法，让延伸班学生较顺利地完成高中学校的学习任务，这是一项研究衔接问题的最直接、最有效的课题。

（二）成果概要

1. 揭示"'九年一贯制'延伸办学"的合理性、可行性

"'九年一贯制'延伸办学"有其合理性、可行性。历经三年的理论与实践研究表明，"延伸办学"是已经完成"九年一贯制"教育的学生的必然需要与发展。建青在上海率先实施"九年一贯制"教育，是顺应了 20 世纪 80 年代以来城市基础教育的发展需求，而组织"'九年一贯制'延伸办学"研究也是"九年一贯制"在城市基础教育被普遍接受之后的必然：市民需要获得高一层次、优质的基础教育；已经完成"九年一贯制"教育的学生也必然要求延续这种教育模式，使其在基本同一的教育

条件下完成高一层次的教育。研究表明,保持这种同一的教育条件,有利于学生的发展,诸如生理、心理及学业的发展。建青的"延伸"就是这种同一的延伸,使得根据"九年一贯制"需要而调整、改革了的学校管理、教育教学、课程教材、教育方式等,在新的更高层次的"延伸"中得到更鲜明、更突出的体现,即"九年一贯制"的优势、价值在延伸阶段得到了真正意义上的体现。反之,如果"九年一贯制"的学生进入其他形式的高中阶段教育,势必改变已有素质水平,产生新的适应性问题。

同时,延伸"九年一贯制"教育也是切实可行的。三年来学校在课程、教材、教育方式、教学流程、评价等方面的实验、探索表明,这一"延伸"教育不仅合理、顺应了需求,而且完全可行。这种可行性表现在:学生与教师对延伸的高度适应,由此克服了一般高一新生的不适应期反应,使其能很快进入新的学习周期;多种改革为师生所接受、欢迎,使"延伸"的优势得到体现;教育产品——毕业水平高于非"延伸"教育学生。

2. 揭示"'九年一贯制'延伸办学"的价值

"延伸"教育研究丰富了高中阶段办学形式的探索。本课题研究表明,"延伸"教育适合接受过"九年一贯制"或者其他联体教育的学生的需求。高中阶段办学形式应该是多元的,这种多元性在于适应对基础教育的不同需求与经济文化发展的不平衡性。事实上,多元或高中阶段教育提高了基础教育的社会适应性水平,而单一式高中阶段办学方式在满足了供求要求的同时,却降低了对不平衡的经济、文化、教育发展的适切性。因此,在目前保持初、高中脱钩办学的单一高中学校教育方式的状态下,适当引入多元高中教育,例如"延伸"教育,是必要的。这也是1998年上海市教育委员会批复长宁教育局试办"延伸"教育的初衷。

从另一方面说,整个基础教育主要是一个养成教育,而不是发展教育(当然"养成"本身含有"发展"的成分)。而养成教育是要有时间作保证的。初、高中一体化办学的突出优点就是保证了同一教育影响的长周期效应,这与养成教育的特点与特征是吻合的。

"延伸"教育具有潜在的发展性意义。由于基础教育的统一规定性,在受教育年限、受教育质量评估等上都体现为统一的、规定的要求。这在总体教育调控上是必要的。但是,如果说"九年一贯制"保证了公民的基本教育权利的话,那么"延伸"教育由于避免了教育的重复性,本身蕴藏着巨大的时间资源。这就是说,"延伸"教育为缩短教育年限、提高教育水平提供了时间前提,而时间无论对于一个人或者一个社会都是不可再生的、不可回溯的资源。"延伸"教育的三年研究表明,缩短教育年限是可能的,提高高中阶段教育水准更是有时间保证。

"延伸"教育的健康发展,要有配套的保障机制。这一机制表现在学校制度、管理、课程设置、评价及师资队伍。其中,师资是关键。"延伸"教育需要有熟谙"延伸"学生心理、"延伸"课程要求及"延伸"教学方式的一大批教师。这就需要引入新的教育观念、摆正师生角色位置、创造新的互动关系,以适应经历了"九年一贯制"教育的学生在步入高中之后的新的教育需求。这一素质的教师培养当然不是现有师范教育所能完成的,而应通过"延伸"教育的实践研究,逐步提高其自身素质水平。

3. 揭示中学生学习心理调控品质和能力培养的方法

研究中,学校对延伸班学生学习心理调控能力进行了初态调查。

（1）延伸班学生学习心理调控能力初态情况。设定学生学习心理调控能力由学习中认知的、情绪的、意志的、方法的四种调控能力组成。

表 1　延伸班学生学习心理调控态情况 $N=45$(男生 21 人,女生 24 人)

类别	内容	男(人)	女(人)	%
认知调控	1. 最担心的事是学习成绩	15	19	76
	2. 自己要得到别人的称赞	9	7	36
	3. 总以别人长处比自己短处	12	10	49
	4. 不把学习责任与社会进步相联系	13	9	49
情绪调控	1. 经常抱怨不合心意的人和事	11	9	44
	2. 害怕新的学习生活带来的苦恼	11	9	44
	3. 有灰心失望的时候	21	14	78
	4. 不能控制生活中出现的痛苦	10	16	58
意志调控	1. 上课会胡思乱想	18	8	58
	2. 面对课本会浪费时间	19	9	62

类别	内容	男(人)	女(人)	%
意志调控	3. 假期中自己没有特别计划	20	14	76
	4. 制订的计划也是随心所欲的	12	8	44
方法调控	1. 没有当天的学习计划	19	14	73
	2. 不会复述重点	17	11	62
	3. 不会整理笔记、概括重点	17	10	60
	4. 不能与同学讨论学习方法	9	11	44

表1显示,这个班延伸高中时的认知调控、学习情绪调控、学习意志调控、学习方法策略调控能力都比较薄弱,各类项目人数都占40%以上,这说明学生的学习心理素质较差,虽然他们上了延伸高中,但由于缺乏升学考试中存在的竞争及试卷忽视能力的培养,所以对他们进行学习心理调控能力培养非常有必要。

(2)延伸班学生与对照班学生进校时的学习成绩对照。

选择一个入学条件相同、任课老师基本相同的对照班与延伸班学生做入学成绩对照,见表2。

表2　延伸班学生与对照班学生各科平均成绩对照

班级	N(人)	语文(分)	数学(分)	外语(分)
延伸班	45	70.65	84.39	73.8
对照班	45	68.34	81.24	70.7

表2说明,延伸班学生与对照班学生,高一入学时各科成绩无显著差异。

从教育心理学的观点来看,教育过程是一个复杂的师生互动过程;从教学论观点来看,教育效果取决于教学要求与学生学习可能性的协调状态。因此,中学生学习心理调控能力只能在教师与学生、学生与学生、教师与教师(班主任与任课老师)高质量的互动过程中逐步形成。鉴于这个认识,学校拟定培养中学生学习心理调控能力的主要途径是:通过他控→互控→自控,不断循环,螺旋上升达到目的。

学校采取的实验措施为：

（1）他控的操作

① 信念与动机的激发。高一学生身心正处在从孩子到成人的过渡期，在市场经济的作用下，学生面临着社会、家长、同伴等多元价值观念的影响，他们还缺乏与社会条件相适应的观察力、感受力、思考力和行为取向。表 1 调查表明，该班有 44％的学生不能把自己的学习责任与社会进步联系起来，入学后一些学生就寄希望由教师"抱着走""喂着吃"。他们不会学习，不适应高中学习的要求。为了帮助学生增强学会学习的动机，变被动学习为主动学习，一方面布置学生查阅资料，进行社会调查；另一方面请热心的家长参与教育，要求学生思考以下问题：上海改革开放以来，为什么会有今天的物质文明和精神文明发展？ 以徐虎、公举东、曾乐、包起帆为代表的千百万上海人民不惜用青春、生命，不懈追求的目标是什么？ 国门已打开，我们一方面看到我国与发达国家的差距，多了紧迫感；另一方面，我们的各行各业面临着来自本国和世界前所未有的挑战与竞争，希望与机会并存。对此，你想到什么？ 在你的家乡，你的亲戚朋友的单位经济效益好不好？ 为什么？ 有没有人下岗？ 下岗的原因是什么？ 下岗人员在干什么？ 一个人如何才能在未来社会中求生存发展？

② 传授学习心理调节与控制的知识。用足用好心理辅导课程和班会，有针对性地向学生传授学习心理调节与控制所需的知识。如何科学安排各科复习时间？ 高中学生应该怎样调节不良情绪？ 如何提高自己的各方面能力？ 以多种形式的活动使教师与学生、学生与学生进行多向信息交流。

③ 在参与中增强学生心理调控能力。学生通过各种渠道学得的学习心理调控知识技能，只有经过参与取得成功，才能进而内化为自己的知识和能力。针对学生学习上的不良行为习惯，我们设计了不同主题的实践内容，有科学安排时间实践、克服自卑的实践，还做了如下要求：A. 尽可能多地列出自己的优点长处和曾经做过的最成功的事；B. 接受同学对自己的赞赏；C. 对照应该有的合理认识找出自己头脑中不合理的想法；D. 分析遭受挫折的主客观原因；E. 列出自己应该马上着手做的事情；F. 保持有效的做法；G. 尽量去做应该做但尚未做的事情。

④ 进行学习心理调控能力行为训练。为了帮助学生克服自控能力差、学习被动、学习生活无序、无目的追求的不良倾向，我们设计了"成长记录表"和"学习环节调节控制表"，在学生自我评价的基础上，每周进行学生相互评议和教师有针对性的分析，尽量肯定进步，进行正面强化诱导，提出努力方向。对学生学习心理调控能力行为训练的做法是：一要有针对性，要有明确的训练目的；二要设计学生可接

受的训练操作步骤,并要课内外结合;三要集体训练与个别指导相结合,对有障碍的学生要多督促鼓励,并持耐心和期待态度,尽量使学生以毅力获得成功的体验。

⑤ 教师有计划、有目的、有步骤的共同协作劳动。作为班主任,要将学生的行为变化及时告诉任课老师,以利于掌握情况,倾注关心,从而形成教育合力,促进学生健康成长。

⑥ 个别辅导。由于学生客观存在的个别差异,不仅要依靠集体动力和榜样力量等手段去引导其学会学习,还应及时对有明显问题的学生协同社会、家长的力量进行个别辅导,促进他们的转化。

(2) 互控的操作

① 达成集体共识,发挥班集体的动力作用。心理学家勒翁(K. Lewin)认为,人们结成的群体不是静止不变的,而是处在不断的相互作用过程之中。心理学研究成果进一步证明,通过达成集体共识来改变个人行为比单一解决个人行为更有效。大家发现见解并以行动参与,才能形成集体动力去推动和改变个人。教师要十分重视在各个教育环节中引导小组及集体多种形式的讨论,重视学生中成功经验的介绍,以此激活气氛,引起个人或学生间心灵和思想的碰撞,在热烈的讨论或激烈的争辩中达成共识。

② 树立模仿学习的榜样。榜样的力量是无穷的,善于发现和推广学生中学习心灵调控能力自我培养的典型非常重要。

③ 引导同学间的竞争与合作。引导团支部在班级中开展"比人格、比豁达、比毅力、比方法、比进步"及"不让一个同学掉队"的活动。为了帮助学生金鹏,团支部委员主动做他的同桌,准备随时督促和有求必应;各门课的学习能手都送上自己的学习笔记,便于小金复习。小金终于形成健康积极的情绪,最终高考达到了自己理想的目标。

(3) 自控的操作

① 正确评价自己和他人。倡导学生遇事正确评价自己和他人,学生从自己的成功与失败中,从他人对自己的评价中看到自己的长处、能力和优势,同时也要看到自己的不足,避免过高或过低地估计自己。

② 确立正确认知观念。引导学生以正确认识,调节和控制自己的意识、情绪、行为。自己设立正确观念参照点,这些观念参照可以是中外名人的格言,可以来自学生的生活事例,也可以是模范人物的事迹。

③ 自我反省能力的训练。延伸班学生从高一第二学期起每星期对自己做人、学习、生活等方面的成长进行评价并记录。这一举措有力地推动了学生克服认知

与行为脱节的弱点,使学生在自我教育中塑造良好个性,健康成长,学习心理调控能力得到了很好的培养。

实验的结果表明,延伸班学生的学习心理调控品质和努力程度有了显著提高。

表3 学生学习心理调控品质和能力前后对照检验

	认知调控欠缺		情绪调控欠缺		意志调控欠缺		方法调控欠缺	
	男	女	男	女	男	女	男	女
实验前人次	49	45	53	48	73	39	62	46
实验后人次	29	27	45	41	67	35	49	34
显著性检验	$P < 0.05$ 有显著差异							

表3说明,经过培养和训练,学生意识上的调控能力、情绪调控能力有显著提高,意志调控和学习方法策略调控能力有了进步。学生能排除来自外部和内部的各种干扰,能以积极的情绪、坚强的毅力,灵活运用学习方法,学习成绩大幅度提高,全班45名学生参加高考,除1人出国外,高考录取率达99%。

(三) 重要启示

"九年一贯制"素质教育课题延伸研究,更多地表现为建青在延伸班所采取的对策,具有一贯制育人的特点和学习能力提升的优势。

1. 整体、连贯、长远育人是大格局

"九年一贯制"素质教育课题延伸研究,不仅将九年学制延长到十五年学制,而且充分体现了整体育人、连贯育人、长远育人的育人观。这是一贯制办学的优势,也是一体化育人的胜势。

由于受到学制的制约,从幼儿园、小学、初中到高中,一般以一个学制为考核的学校,往往是以从事某学段的教育为主要考虑的,这也不能算是不当。但客观上就会人为地产生学段育人的分割状态,只管一头,难以顾及上头或下头。这样的学校教育虽有专门化的特点,但难有贯通育人、衔接育人的作为。在这种情形下,建青的一贯制办学,由9年延伸至15年,就是对整体育人、连贯育人、长远育人的一大贡献。

一贯制办学,虽有学制做保障,但这并不等于自然会形成连贯育人的优势。因此,建青的延伸,其实是育人格局的转变和提升。

整体育人,就是把培养学生当作一个整体来考虑,不把学制当作主要考量的唯一聚焦,侧重从人的成长系统、人对社会的适应、社会对人的需求这个大局上实现整体构思和谋划。整体育人,体现的是全面发展的育人观。

连贯育人,就是把培养学生当作一个系统来坚持,没有学制的界限或模糊学制可能带来的弊端,用联系、联合、联动的思路强化连续效应。

长远育人,就是把培养学生当作一个过程来构建,没有短视,也没有轻视,更没有借口,要奠基学生的未来,强劲学校教育的长远影响和效应。

显然,"九年一贯制"素质教育课题延伸研究,是有育人格局的智慧探索。

2. 学习能力与心理品质培养至关重要

学习,是学生的主业,为学生、教师和家长各方所重视,这是毋庸置疑的,这是因为学生的学习,不仅关系现在的学业成绩,而且关系未来的事业成就。

学习好,是学生所希望、教师所尽力、家长所期盼的。如何做到学有所成,这不是一件容易的事。

因此,建青将中学生学习心理调控品质和能力培养作为一贯制办学、素质教育延伸的课题来加以研究和实践,是很有眼光和见地的。

学习,不仅仅需要能力和方法来展开,而且需要心理和调适来支撑。学习好,心理好是前提。因此,学习心理调控品质和能力培养,触及了学习的重要方面,事关效率,也事关品质。对一贯制学校来说,学生学习一贯,形成一贯的习惯和方法,将受益终身。

建青的这项研究,从"他控""互控""自控"三个方面,提出了配套的调适机制和途径,对学生学习心理调适能力的提高提供了具体的方法,从理论到实践进行了立体建设,取得的成效显著,且对其他学校同类学生也有借鉴作用。

二、探题建树：一贯制办学的专题突破

一贯制办学，是教育改革的阵地战、攻关战。面对教育的基本课题，在不同发展阶段选择重大主题进行破解，是教育改革渐入佳境的必然。

建青，围绕办学中的基本任务，从学生创造力培养序、探究性学习中教师指导行为、提高学生传媒素养发展语言能力的课程建设、学生优势智能实验室课程建设、学生自我发展规划力培养等方面做了专题突破。

七项实验之三

1997 年《城市中小幼学生创造力培养序的研究》

创造，是人类的智慧和才华；创造力，是人类运用知识和技术进行发明和发现的能力。创造教育，是学校教育中的重要内容。

1997 年，建青提出了"城市中小学生幼儿创造力培养序的研究"的项目，被列为市级课题。这是一项既超前又有现实意义的课题。

（一）主攻方向

本项目研究有着深刻的背景。中国的现代化建设是一项伟大的创新工程，这就需要大量创造型人才，这不是一种文学性的语言修饰，而是非常现实而紧迫的课题。建青处在一个知识"爆炸"、知识经济初见端倪的时代，这个时代又是一个信息化的时代。面对这样的现实，任何一个不进行创新、不进行创造能力培养和开发的民族或国家，就要落伍、就要挨打。从这个意义上说，在全球综合国力竞争中，青少年创新精神和创造能力培养的问题就凸显出来了。

1998 年以来，江泽民总书记就此发表了一系列重要讲话，强调创新的重要性。他指出，"创新是一个民族的灵魂，是一个国家兴旺发达的不竭动力"、"人类进入信息时代，世界科学技术的发展日新月异，知识经济已初见端倪。知识经济的基本特征，就是知识不断创新"、"全党和全社会都要高度重视知识创新、人才开发对经济的发展和社会进步的重大作用，使科教兴国真正成为全民族的广泛共识和实际行动"。

建青在一贯制办学中发现，创造力培养成为教育贯通和衔接中的突出问题，也是从幼儿园到高中教育中普遍遇到的现实问题。建青认为，一贯制办学和一体化育人，不能不关注这个问题。于是，学校将学生创造力培养放到了一个突出位置。

学生创造力培养，不仅是理论探讨的问题，也是实际运作的问题。作为一所一贯制的学校，教育的对象从幼儿园的孩子到高中的青年，这在上海乃至全国都是不多的。一贯制办学的优势和学生年龄的跨度，使建青有条件、有系统全面地进行对学生创造能力培养的研究，与其他在单一学校进行的研究相比就有其独特的优势。

值得一提的是，创造能力，是一大课题，建青将创造能力从发展定为培养，这就更有学校的特性，是想通过培养的路径实现发展的目标。考虑到创造力培养是一个过程，建青独具慧眼，聚焦学生创造力培养序的研究，这就更有意义和价值了。序，既是体例，也是体系，更代表衔接。序，讲究系统，讲究全面，讲究节奏，一句话，讲究科学。对建青一贯制办学来说，学生创造力培养序的研究，更符合学制改革的需要和分类培养的需求。

建青这个项目，从学生的生理、心理特点及认知发展水平出发，把教育对象分为幼儿、小学、初中和高中四个不同年龄阶段进行研究，努力从中找出创造性思维训练、创造能力培养、创造个性发展各自的特点，致力于总结提炼带有规律性的认识、带有引导性的指导和带有可行性的方法，以构建创造力培养的序。

创造力培养序的研究包括两个方面：一是指创造过程的序列，即创造的准备期、酝酿期、灵感期和完善期；二是指创造的发展序列，即如何使个体的创造能力和创造层次不断提高。建青认识开展幼儿、小学生、中学生创造教育的一般规律，以及不同年龄阶段的创造教育的特征。为了使创造教育产生更大的成效，建青在儿童、青少年创造力培养序列的研究上下功夫，结合儿童、青少年心理发展的特点与规律，使创造力培养与教育具体化、系列化，即要根据儿童、青少年心理发展的特点与规律，从低到高，由浅入深，由简单到复杂，找出一条创造力培养之路，使创造教育更加科学化，更有针对性。

（二）成果概要

"城市中小幼学生创造力培养序的研究"，在调查分析现状，建立中、小、幼学生创造力培养序的框架，和科学认识儿童、青少年成长中的创造"下降期"三个方面颇有建树，形成了批量型的研究成果。

1. 揭示幼、小、中学生创造力现状调查与分析的价值

摸清家底是成就的基础。建青创造力培养序的研究，首先把了解本校幼、小、中学生创造力的现状，作为研究的基础与出发点。

问卷调查旨在了解学生对本校开展创造性教学、活动及学生对自身开发创造力现状的认识、评估情况，从而有针对性地、按照不同年级（年龄）阶段学生的特点，有序地做好创新意识和创新能力的培养教育工作，提高学生的综合素质。

问卷调查的基本假设是，不同年级（年龄）阶段的学生由于其生理、心理发展的客观规律的作用，由于其认知与思维发展的实际水平的影响，使得儿童、青少年创造力的培养存在一定序列；又由于学校或家庭在教育引导学生或子女时采用不同方法、手段，使得这种序列变得更加复杂。

建青经过调查，发现了一些具有普遍性的现象：

一是知识接受需要创造性的教与学，但目前这种状况不容乐观。

学生创造意识的提高，是其利用知识的组合并对思维空间占有的结果。因知识接受的循序渐进性而使创造意识的发展由浅入深、由低级的状态进入高级的状态。当然这种发展不完全是线性状态的。

建青知道，思维是人类运用知识的一种运动。无数的科学实验证明，知识是思维运动依存的基本条件和手段。梦想、遐想亦是一种思维形式，但是这种思维形式只能按照个体所掌握的知识限度为其活动范围。建青无法让幼儿园、小学的孩子去完成严密的逻辑推理。总之，提高创造意识并最终产生创造结果，需要一个人从人类异彩纷呈的知识库中去发现、寻找不同知识之间的共性和联系点；需要把感性的或混沌的知识状态组合成有序的知识（理论）体系。总之，创造性的教与创造性的学是实现知识创新的前提。然而，目前应试教育还严重影响着学校，给学生创造力的发展设置了相当大的障碍。

二是创造性思维的实现是长期积累的结果，但目前学生发展自身创造性思维

的动力需要进一步提高。

学生创造性思维的提高,是有阶段性的,并非一蹴而就的。即便是由灵感而实现的创造也以其过去的思维发展为前提,这种阶段性本身就体现了相应的序列,它既是个体发展规律,也是创造活动本身规律的体现。有时创造性思维还会出现滞后或失败的现象,这是上述阶段性中曲折性的体现。建青不应因此而使创造性思维发展停顿下来。

创造性思维作为知识组合运动是分阶段向创造命题靠拢的;一旦思维运动产生,其过程必然是正值的运动。爱迪生在一项发明创造屡遭失败之后,对泄了气的助手说:"我们没有失败。现在我们知道了有一千种办法是行不通的,因此就离那种行得通的办法近了一千步。"总之,积极进取、勤于思考、勇于创造,是走向成功的保证。然而,儿童、青少年创造力发展中由于受各种客观教育条件(学校的、家庭的)的影响,他们往往只看到创造者、发明者头上耀眼的光环,而不知道光环背后的汗水和艰苦努力。创造性动机薄弱与创造意志和毅力的缺乏,阻碍了他们创造性思维的更好发展。

三是学生创造力的发展在某些阶段存在受"压抑"的现象,这在高中学生中较为突出。

学生创造能力的提高,由于校园文化氛围、个人成长环境的深刻影响而受到干扰。一方面,它不随一个人的年龄增长而同步、同比增长;另一方面,它也不因一个人的知识增长而自然增长。各种复杂的因素都会对创造力的发展产生影响,比如,高中生在高考压力下把主要精力用于应试,这就在一定程度上影响了其创造性思维的释放。

同时,建青还进行了调查结果分析,得出了一些结论。

一是创造动机凸显知识和人格的作用,以积极的社会交往和追求合乎兴趣的生活来实现创造,但是就创造对人生的重要意义而言,青少年学生的认识显得较为不足。

二是在教与学的过程中,学生对自身学习能力、智力水平的评价良好,但是沉重的学业负担和传统的教学方式在相当程度上仍然限制着他们创造能力的进一步开发。

三是学生对开展创造教育或有关活动有较强的兴趣、愿望,学校在这方面也做出了相当的努力和尝试,但学生对包括创造活动在内的校园生活的感受依然平平。

四是在家庭生活中,青少年学生有动手创造的欲望和经历,父母虽然也支持,但不够放手和主动,父母过多的保护束缚了孩子创造能力的发挥。

五是学生对自身创造意识、能力、潜力的评价,总体上反应一般,在某种程度上还有信心不足的表现,这是学校在实施创造教育过程中应该充分给予关注的。

问卷调查设计时所提出的三个假设,得到了调查结果的支持。关于知识接受需要创造性的教与学,目前存在的问题是沉重的学业负担在相当程度上制约着青少年学生创造性思维、创造能力的进一步发挥。创造力的培养提高与知识增加、丰富并不同步增长。关于目前创造动力与意志的不足,这在学生中都较为普遍,并且主要表现为对自身创造意识、能力、潜力的评价不高。创造力的培养与提高要靠不断的积累,要靠信心,要靠对创造意义的认识。关于学生创造力发展,确切地说,创造性思维释放在某些阶段存在受"压抑"的现象,有时似乎成了某些年级(年龄)的特征。在这一现象的背后有许多复杂的因素,建青在综合分析的同时对具体问题做了具体的分析。

上述假设涉及的指标与不同年级(年龄)所做的相关分析的结果,是建青研究创造力培养序的重要依据。

根据前人研究的成果,建青认为创造力培养序的总体趋势是:在人的生理、心理正常发展及知识吸收循序渐进的基础上,培养个体形成自觉的创造意识和创造精神,训练个体提高创造思维和知识创新的能力,从而由低到高、由浅入深、由表及里地不断增强和提高个体的创造能力与创造层次。

在创造力培养的一般规律指导下,针对个体处在不同年龄阶段的特点及生活环境诸因素的影响,寻找出不同的创造性思维训练、创造能力培养、创造个性发展的具体规律,形成完整并且丰富的创造力培养序列。根据调查结果,建青提出儿童、青少年学生创造力培养序中要注意的若干原则:

(1)目前,本校学生的学业负担情况是高中生重于初中生,初中生重于小学生。由于低年级学生相对较轻的升学压力和有着充沛的精力,使他们有条件投入各种创造活动;而对高年级学生来说,在适当开展创造活动的同时,更重要的是培养其创造性学习的精神和能力。

(2)目前,本校学生对开展创造教育的响应程度(主要指创造欲望)是小学生强于初中生,初中生强于高中生。低年级学生有强烈的好奇心,但需要通过群体活动特别是教师的引导来激发;高年级学生的好奇心同样存在,但他们更注重个人的思考,其创造性思维的理性成分大大提高。

(3)目前,本校学生的实际创造行为,初中生明显地要比高中生和小学生普遍。这是受到可支配时间与年龄、知识两个条件的制约而出现的特殊情况,要有针对性地加以解决。

（4）目前，本校学生对于创造意义的认识是随年级的提高而提高的，但是对于成功标志的认识，"创造"的地位则是较低的（在高年级学生中存在功利主义的选择倾向）。两者是矛盾的发展趋向。在高年级学生中强化创造意义的教育与引导不容忽视。

2. 揭示幼、小、中学生创造力培养序的初步框架

建青根据儿童、青少年学生创造力培养序的一般规律，在学校开展创造教育活动。对于可能影响学生创造力发挥、发展的各种因素给予特别的关注，尽可能地利用这些积极因素，消除消极因素。同时，在儿童、青少年创造力培养序的研究中，建青依据一般规律，特别强调按不同阶段（年龄）有针对性地实施创造教育，使不同阶段（年龄）的创造教育具有相应的重点和特征。

幼、小、中学生创造力培养序是依据儿童、青少年的年龄特征列出的有关创造力培养的序。年龄特征，可分为生理的年龄特征和心理的年龄特征，这两个方面的关系非常密切。但建青主要是根据儿童、青少年心理发展的年龄特征。

心理发展的年龄特征是指在一定社会和教育的条件下，在儿童、青少年发展的各个不同年龄阶段中所形成的一般的、典型的、本质的心理特征，主要包括认识过程的年龄特征与个性的年龄特征。其中还存在着"关键期"或"关键年龄"。关键期是个体早期生命中一个比较短暂的时期，在这一时期内，个体对某种刺激特别敏感，而过了这一时期，同样的刺激对其影响很小或没有影响。

据研究，2.5～3 岁、5.5～6 岁、小学三、四年级与初中二年级是儿童、青少年认知、个性发展的关键期，也与创造力发展有极大的关联。抓住关键期的有利时机，及时进行适当的教育，可以收到事半功倍的效果。因此，科学划分儿童、青少年创造力的培养序，根据不同时期个体心理和创造力发展的特点，有针对性地进行教育，是有利于儿童、青少年创造力培养的。从身心发展水平来看，幼儿处于人生的初期，思维以具体形象思维为特征，行为的有意性程度不高，是创造力培养的启蒙时期。

小学生进入了系统的学习阶段，抽象思维开始形成和发展，行为有意性加强，是创造力培养的基础时期。

初中生进入了青春期，处于人生的转折时期，但还不成熟，所以，应为创造力发展进一步打好基础。

高中生已趋成熟，世界观、人生观逐步形成，在进入社会或进行专业化训练之前，为创造力的显现做好充分的准备。

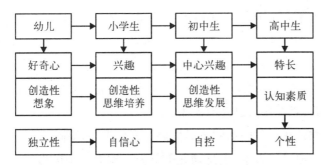

图1　幼、小、中学生创造力培养序的内容

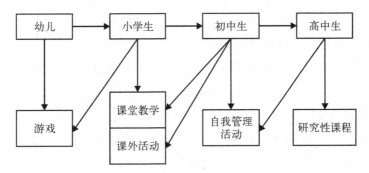

图2　幼、小、中学生创造力培养序的主要途径

创造力培养的序从幼儿到高中历时十多年的学程,根据儿童生理发展的规律及各年龄阶段的心理特点,建青把它综合归纳如下:

(1)爱因斯坦说兴趣是最好的老师,兴趣是创造最重要的成分,是创造的开始。因此没有兴趣,就没有创造。

兴趣的发展有一根链,由低到高,由浅入深,即好奇—兴趣—中心兴趣—特长。

幼儿的好奇心是先天遗传与后天培养的"合金",他们在日常生活与游戏、学习中也充分体现了他们的好奇心。好奇心的特点是无意性强、目的性差,散乱且呈跳跃式。

幼儿进入小学,当了小学生,真正意义上的学习开始了,学习任务、学习责任需要他们对各科的学习都发生兴趣。兴趣是在好奇心的基础上发展起来的,有意性较强,也是有一定的目的性的、比较稳定但又比较广泛的心理倾向。

进入初中后,由于学习的学科门类增多、内容深化,学生不可能各种爱好都均衡发展。在客观影响与主观选择中逐渐对某些学习内容特别感兴趣,成为中心兴趣,其他学习内容成为边缘兴趣。能否在初中时期形成他们的中心兴趣,这是衡量他们心理成熟度的一个方面。中心兴趣是在兴趣基础上发展起来的相对集中、有意性和目的性很强,而又稳定且持久的一种心理倾向。

高中生进入了青年中期,价值观渐趋稳定,对学习有更大的自觉性和选择性。在初中形成中心兴趣的基础上通过进一步的钻研深化而形成自己的特长,在高中生的这个特长领域最有可能成为他们创造发明的前奏。

(2)思维是人智力的核心,当然也是创造的核心。智力和创造力虽然不是同步的,但它们都以思维作为自己的支撑点。

幼儿的思维是从婴儿的动作思维发展而来的形象思维,也就是想象。幼儿通过具体形象的表象进行思维,也是幼儿创造力表现的一个极为重要的方面。孩子从再造性想象开始,不断在想象中扩大创造性成分,是创造力的雏形。

小学阶段抽象的逻辑思维能力逐步发展,知识也不断扩充,为创造性思维能力的培养提供了条件,这种创造性思维能力仅仅是初步的。

初中生是人生发展的过渡时期,生理和心理渐趋成熟,抽象逻辑思维能力进一步提高,为创造性思维的发展提供了良好的条件,成为人生创造力培养的关键期。

创造力的问题是涉及一个人全面素质的问题,特别是良好心理素质的问题。到了高中阶段,学生趋向全面成熟,这就要注重对他们全面的心理素质的培养,为迎接创造力的高峰期打下扎实的基础,做好充分的准备。

(3)人出生后身心发展相当迅速,到三岁时就进入第一个反抗期,独立意识明显地表露出来,这可以说是人生发展的第一个突变期。

人需要独立,需要自主,否则人的心理就不能发展成熟,人格发展也不可能完善。

幼儿时期是人生独立自主的开始,依赖与顺从是创造的大敌,有了独立和自主就有了创造性的可能。幼儿在游戏中最能表现他们的独立性、自主性,因而游戏就成了幼儿最广阔的创造领地。培养幼儿的独立性、自主性是创造力培养的前提条件。

小学时期学生在勤奋学习中获取成功,在成功中树立自信,在自信的气氛中学习,才有继续取得成功的意愿。小学生系统学习知识为创造力提供了最好的营养,小学生在学习成功中树立起自信,为创造力提供了不竭的源泉,也为日后的学习和创造磨制出锐不可当的利器。

初中时期应该说是一个多事之秋,学生进入了第二个反抗期,社会的准则与他们个人的独立意识和成人感产生了尖锐的矛盾。半成熟、半幼稚、半独立、半依赖、半成人、半儿童,客观上要求他们有一定的自控能力,使自己的行为意识进一步社会化。在创造力的发展上也要求他们能更多地自控。深入和扩大的知识学习需要他们自控,学习社会、了解社会需要他们自控,从自控中发展他们的毅力和坚持性,这是创造力发展的灵魂。

高中学生的人生观、世界观正在逐步形成,因而创造性人格的培养是这个阶段的重点。我们需要引导他们塑造一个具有鲜明个性的自我,有充分的自信力去实现自我。爱因斯坦说:"什么是野草?就是一种人们还没有发现其价值的植物。"世界上不存在俗人眼中那种毫无用处的野草,当然也就不可能存在一个无能之辈。要自我肯定,自信自爱,充分认识自己内在的巨大潜能,坚信自己是一个美好而伟大的人,这是开拓光辉未来、实现创造发明的不可动摇的基石。

创造力是一个有待探索的领域。或许它的力量正在于它的神秘,解释得太多可能会损害其精髓。它的力量似乎在于多用情感,而不是用逻辑来思考。

3. 揭示儿童、青少年成长中创造"下降期"

许多研究表明,创造力的发展在人的生命发展时期总体呈上升指向。但是从儿童期到青少年期乃至青年期,个体创造力不是呈直线上升的。在不同的年龄阶段,即 5 岁、9 岁、13 岁、18 岁前后,会出现创造力的暂时下降或损失,有学者称之为"下降期"。创造力的上升是呈波浪形的或螺旋形的趋势。

有关学术文献有如下记载:"大约在 5 岁时出现的创造能力下降正好与童年期的结束、少年期的开始相吻合。在这一时期,儿童必须学会妥协、顺应社会的要求,去承认他自己家庭之外的权威。"这是创造力的第一"下降期"。

"儿童在四年级前后表现出一种与他们伙伴保持一致的趋向,并逐步增加。根据创造性社会心理学的理论,可以预料,这种不断增长的保持一致的压力,会降低儿童在探求新的解题思路方面的冒险愿望。"这种"四年级的下降",成了创造力的第二"下降期"。

青春期的到来,"性的问题出现了。需要得到异性的承认、需要遵从许多更深一层的社会要求。"这是创造力的第三"下降期"。

自我发现既是创造力的结果,又是前提。"不少青年人只有表面的和肤浅的自我……另有些青年沉浸在内倾、自恋的自我反思中,他们的冥思苦想始终围绕着以个体为中心的小圈子。"青年初期的自我危机造成了创造力的损失。这是创造力的第四"下降期"。

学术文献记载的四个创造力的"下降期",分别出现在幼儿园、小学、初中、高中阶段,由于大多数发生在阅历提高的交替之中,容易被人们忽视。在我国儿童、青少年创造力的发展中,是否也存在着同样的"下降期"? 建青教师花费了大量的时间和精力,对中国城市儿童、青少年创造力的发展做了较为深入的跟踪研究,并提出了全新的看法。

科学认识儿童、青少年发展中的创造力"下降期"是一门学问。在许多人看来，创造力教育无非是对孩子强化发散性思维的训练、传授发明创造的技法，或者组织一些兴趣社团、科技展览、科技活动，有责任心的教师还主动地在传统的课堂教学中融进创造性教育的内涵。这确实是儿童、青少年创造力培养教育过程中具有共性的东西。然而，这种共性的东西在不同年龄阶段应该而且必须有不同的表现方式，针对不同阶段的创造力"下降期"尤其是这样。

幼儿园大班的孩子即将进入小学读书，过去建青在教学上往往强调为孩子做知识上的准备，以适应未来的小学学习生活。加上孩子自身开始出现承认家庭之外的权威的心理，使得其创造力的发展远不如3～4岁时期那么迅速。因此，懂得这一道理之后，建青根据幼儿特点，积极鼓励其创造行为，特别重视培养其解决问题的意识，尽量改变"灌输"式的知识传授。以"兔子搬家"的教学为例，教师没有按原来的教材和教法把四张图片全部挂出来，而是抽去其中最重要的，也是需要解决问题的一张：小兔子怎样才能不淋到雨。结果孩子们积极开动脑筋，讲出了许许多多的好办法。体育活动中有一课"玩大沙袋"的内容，教师没有布置具体玩法，而是让幼儿自己开动脑筋。结果孩子们玩得非常投入。原来教学中并没有要求通过玩来体现"协作"，现在因孩子们相互配合而得到充分展示。这些无疑都是孩子们的创造行为。教育者采取积极的措施尽可能地使孩子们避免从幼儿向儿童少年过渡中出现创造力"下降"现象所带来的负面影响。

创造力的"四年级下降期"现象主要源于同伴的作用。因为在这个阶段，他们的心理需求是与同龄人保持一致的。当然，化解这一创造力下降期需要各种方法、各种途径。有人按学习能力强弱分班教学来解决这个问题，并取得一点成绩。但即便是学生能力强的班级，其能力也不是整齐划一的。同伴压力的存在是绝对的。因此，建青比较重视心理活动课的作用，来肯定每个人的创造价值及意义，来缓解学生这个时期来自同伴的压力。比如，在四(1)班的一堂心理活动课，教师通过绘画和语言描述来培养每个学生的想象力，要求孩子们在作画时独立思考，然后把几幅画拼在一起，编成一个小故事。画的主题是"画的添加"，教师让学生利用纸上的一个"圆圈"，绘出各种图像。结果是孩子们为四幅画设计情节，引发出"夹在电梯门中的领带""光头男子读报"等一个个有趣的故事。每个孩子在这一活动中都寻找到了自己的地位和作用，即既有自己的独立性、创造性，又保持了与同伴的一致性。四(4)班的一堂题为"滚雪球"的心理活动课(即让孩子们利用已有的知识，将一句简单的句子，通过大家为它增添有用的词语，使它成为一句更具体、更形象、内容更丰富的句子)，也取得了开发四年级学生创造行为的效果。孩子们在这一年龄段中出现的创造力"下降"现象并不明显。

对刚进入青春期的青少年来说,他们面对性角色认识和异性交往等一系列新的问题。这些问题处理得好能激发其创造力,反之就可能成为严重阻碍而形成又一个创造力下降期。建青对这一年龄群体特别注意,为他们提供表现自己的场所和机会,使他们的创造行为不因"性"而压抑,相反,将其能量更自由地释放出来。建青办的《建青报》,从校园信息到言论发表,从学习体会到艺术创作都让学生积极参与。自然,进入青春期的孩子是积极参与的群体之一。建青还鼓励七年级的学生(即初一年级)自己编印了不定期的作品集《天堂鸟》,从中可以透视他们各种情绪的体验、心灵震荡,感受到他们创造的冲动和创造的激情。那些作品,有表现男女情感交流的《无奈的夕阳》,有发现自己长大的《飘飘秀发悠悠情》,有洋溢同窗友谊的《手》等;作品有散文、有诗歌、有断想……总之,建青的努力是让创造不要远离开始进入青春期的孩子们。

对于即将进入成人行列的青少年来说,从自我发现到自我价值的实现,应该是科学认识创造力"下降"现象的关键。建青从他们思维发展与知识结构的实际出发,比较强调辐合性思维能力的提高。要在课堂内外学习观察、推理、判断等科学方法的过程中培养学生的创造力。对学生来说,将书本知识举一反三,不失为知识创新的重要手段。如,课堂上学了 $Al(OH)_3$ 的两性知识,任课老师就要让学生学会运用这一知识来解决实际问题。通过实验方案的设计来去除氯化铝中的氯化铁杂质。方案有四个,然后比较哪个更合理。这是举一反三的教学方法,调动学生的积极性,来寻找一个最佳方案。当最佳方案找到的时候,学生就会体验到一项创造完成后的愉悦。问题是处在这一年龄阶段的青少年经常会出现自我的消极实现,这样的问题无法仅仅通过课堂知识传授来解决,还应包括思想政治教育,帮助他们把理想与现实、个人与社会、传统与现代等一系列关系处理好。否则,一个人缺乏正确的世界观、人生观,就难以实现真正的创造、有益的创造、伟大的创造。从这个意义上说,建青把思想政治教育纳入了创造教育的系统工程中去。这是科学认识第四创造力"下降期"的基础。

美国学者保罗·托兰斯认为,人的思维发展是有规律的,创造性思维发展是有起伏的。如果说,儿童、青少年成长中存在创造能力下降的四个"下降期",那么西方学者的结论能否在中国的现实中得到支持? 需要建青的研究来回答。

建青发现,除了从初三进入高一这个阶段学生创造力出现下降的态势之外,在其余各个年级都呈上升走向。特别是"四年级下降现象"在学生中并不存在。显然,儿童、青少年成长中理论上存在的四个创造"下降期",在实践中是否必然存在是值得讨论的。因为对规律的认识，从根本上说，必须来自实践。

这里需要强调的是，建青的创造力测试显示，在初中生中其创造力未呈下降趋势；而建青的社会学问卷显示，在高中生中其创造力呈现受压抑的现象。对此，建青认为这种"压抑"应该是一种表象，是升学压力、应试影响造成的。这里是否有青年前期某些心理因素的作用（即第四"下降期"），有待建青做深入的研究。

建青寻找影响儿童、青少年创造力发展若干因素的序列。在应试教育的背景下，"可怕的背书"训练出现了，学校与生活脱节的现象发生了，孩子们获得的知识很快老化了。这一切与培养人的创新意识、提高人的创新能力背道而驰。有人说：教师的任务是消除学生的"自发和独创行为"。这是一种误解。在素质教育的条件下，建青的任务就是鼓励教师探究如何把儿童、青少年的创造力培养好、开发好。

建青在理论上对创造"下降期"的认识，使建青在实践中能自觉地针对不同的创造力"下降期"，采用不同的方法，强调不同的重点。不同年级的学生的创造教育将是"创造力培养序"这一长链中一个个不可分割的环节。这里，建青想分析系统创造教育中，影响学生创造力发展的各种因素的重要程度。

西方学者曾经提出过相关的研究结论。他们要求数百名富有创造力的心理学家和化学家，描述出对自己创造力有最大促进作用的因素，结果被汇编成一个序列。十个最重要的促进因素是：将学生看成人；鼓励学生独立；教师言传身教；和学生打成一片；指出人人可以获得优异成绩；热情；平等；奖励创造；幽默风趣；个别辅导。前三项因素的核心是教育者对被教育者的尊重。虽然建青未能对上述指标做专门研究，但对部分学生的个案访问中，了解到学生对前三项因素是完全认同的。

在本课题研究中，建青对从小学到高中各阶段的学生进行了问卷调查。调查也涉及学生对除政治、道德因素之外对创造力有影响的因素的认识。在高中年级其排序如下：① 人际交往能力；② 认识社会能力；③ 竞争能力；④ 学习知识的能力；⑤ 协作能力；⑥ 外语、计算机能力；⑦ 审美能力。这项调查显示，在学生眼里，前三项所体现的社会与个人关系将是影响他们未来创造力的重要因素。值得提出的是，学生把"职业的社会地位及受人尊敬"看成"成功者"的标志，由此"驱动力"来分析他们对创造成功因素的理解，就不难发现为什么他们会注重个人与社会的关系了。

在认识了孩子们对创造成功因素的理解之后，建青要尊重他们的理解，并在系统的创造教育过程中注意贯彻；当然也要引导他们提高对创造意义的认识，把创造的动机建立在更高的起点上。

（三）重要启示

建青"城市幼、小、中学生创造力培养序的研究"，既直面学生心智成长中的一个关键的共性问题，又针对一贯制办学中一个必答的重点问题，进行了理论探寻和实践探路的研究，很具分量。它带来极大的启示。

1. 揭示创造力培养对不同阶段学生的意义

学生成长是一个过程，是有阶段性的，而创造力培养则是各个成长阶段的共同命题。

学生创造力培养，既与时代发展和社会发展、科技发展紧密相连，而且同自身的知识、素养、能力休戚相关。创造力，是学生的心智力、发现力、理解力、执行力、动手力的综合体。

建青在探索中发现，创造力培养要以学生创造性思维作为起点，因为创造性思维，能带动创造性学习、创造性发现、创造性方法、创造性运用。思维的创造，是贯穿学生成长的中枢。同时，建青认为创造力培养要聚焦创造性人格，人格对创造力的培养具有支柱、支撑、支持的特殊作用，因为在创造力培养中，意志、毅力、品质等因素会起重要的作用。

建青强调，创造力培养是不同学段学生的共同作业，且是一个"长作业"。

2. 引领人们进入创造力培养序的世界

建青对创造力培养的研究是有科学基础和辩证判断的，提出创造力培养序，相较一般培养更有针对性和启示性。培养序，是培养的方略，是培养的策略，是培养的节奏，是培养的艺术。

创造力培养序，让学校真正把创造教育做到名副其实，让教师知晓创造教育的路在何方。建青对创造力培养序的两个方面的界定，拓宽了对创造教育的理解领域，创造力形成的内容序和学段学生培养序，使创造教育实现了内容清晰和对象清晰。

建青据此研究出的幼、小、中学生不同学段的创造力培养序，走进了创造教育的规律，走进了学生的成长规律，走进了办学发展的规律。这个序的"谱"，不仅是建青一贯制办学的成果,而且对其他学校的创造教育具有借鉴推广的价值。

七项实验之四

2003 年《一贯制学校探究性学习中教师指导行为研究》

2003 年《一贯制学校探究性学习中教师指导行为研究》,是在前三个课题研究基础上的攻坚课题。它紧贴学生最大的需求——学习和教师最大的关切——指导,深入师生联系的核心地带,重在学习方式和指导方式的转型,具有现实和长远的价值。

(一) 主攻方向

进入 21 世纪后,随着素质教育的不断深化,我国基础教育改革也进入了攻坚阶段,为了全面推进素质教育,全国教育工作会议明确提出了,以德育为核心,以培养学生的创新精神和实践能力为重点的教育改革总方向。上海市的"二期课改"对学生的创新精神和实践能力的培养,提出了更为具体的要求,可以说,以学生发展为本,提倡学生的主动学习和探究,即探究性学习,是二期课改的核心内容。在各学科教学、各种课程中,引导学生的探究性学习正逐渐成为学校发展的主流。

学校是开展探究性学习的主阵地。在探究性学习中,教师的角色要发生根本的改变,由单纯的知识占有者和传授者逐渐转变为学生学习的指导者与参与者,也就是说,教师在学生的各种探究性学习中,应当由台前退向幕后。角色的转变带来行为的改变,教师在整个过程中的教学行为就表现为了"指导性"的行为。因此对各种探究性学习中的教师指导行为的研究,也就显得尤为必要。

有研究者认为,教师专业人员的成熟过程要历经以下三个阶段,在专业化发展的不同阶段,教师的行为表现是不同的。

一是初职型教师——行为表现以自我为中心。刚走上教师岗位的新教师为初职型教师,由于对教学内容不熟,教学经验不足,往往不能安排好教学内容,讲课节奏也掌握不好,容易讲得过快,急于把准备好的讲课内容讲完。这个阶段的教师主要关心的是自己在课堂上的角色和表现,在组织班级教育活动中主要关心自己在学生面前的形象,至于其他就不大顾得上了。所以,初职型教师的行为表现是以自我为中心的。

二是经验型教师——行为表现以学科为中心。当教师慢慢把握了自己在课堂上的角色,就会把注意力转移到学科知识,把大量时间和主要精力用于钻研教学内容,教师会发现教材的一部分内容太抽象,须补充例题或其他材料等。所以,经验型教师的行为表现是以学科为中心的。

三是专家型教师——行为表现以学生为中心。经过较长的教师职业生涯,教师发现并非自己教得越多,学生就学得越好。他们开始考虑如何使学生对所教的内容感兴趣。在这个阶段,教师开始认识到学习光靠教师是不行的,还要靠学生自己的积极性。于是,教师把学生看成积极的学习者,注意调动学生的学习积极性。不仅要求学生掌握知识,也注重学生学会知识和运用知识的能力。更进一步地,教师把学生看成独立的学习者,教师相对减少教授活动,增加学生学习活动。教师注重启发、点拨,学生的独立性不断增加,教师的教学水平和教学效果也越来越好。所以,专家型教师的行为表现是以学生为中心的。

有研究者提出,教师行为的转变包含理念上的,只有在理念上有了转变,那么他们的行为才会有一些本质的变化。教师应当是组织者、引导者、促进者、研究者、开发者、创造者。

同时,适应探究性学习的教师行为的转变有多种途径,对教师进行培训是其中的一种,而如何使教师培训与学校发展规划相一致,提高培训实效性,则是亟须探讨的问题。对一所学校来说,针对学校的实际,较为实用的方式应当是校本培训。

建青作为一所一贯制学校,在教学领域的众多研究内容中,依托一贯制学校的优势,对学生探究性学习中教师的指导行为进行探索,具有现实意义和研究的可行性,符合学校发展的实际。

此项目研究不同学段探究性学习指导的共性和差异性和探究性学习中教师指导行为的校本培训问题。

建青充分利用一贯制学校的有利条件,通过对学生研究性学习中教师指导行为的研究,探索教师指导行为的构成、类型、途径及教师指导行为的养成,为学生的个性发展创造条件。

研究的重点在于:

1. 探究性学习背景下,教师行为的构成因素;

2. 在不同学段学生探究性学习中,教师指导行为的共性与差异性的比较研究;

3. 不同课程类型中,学生探究性学习的指导行为的共性与差异性的比较研究,如学科类的探究性学习、综合实践活动类的探究性学习；

4. 不同教师群体对学生探究性学习指导行为的共性与差异性的比较研究；

5. 探究性学习情境中教师行为的转化机制；

6. 探寻探究性学习中教师指导行为的形成途径。

此项目的创新之处在于：

1. 立足于十五年一贯制模式，有着 3～18 岁整个基础教育学段的研究跨度；

2. 基于不同探究学习方式、不同课程的探究学习中教师行为改善的实践研究；

3. 创设了促进学生探究学习的"学习中介所"，具有特色的教研模式及行政干部每日教育现象巡查记录等促进教师行为改善的养成机制。

（二）成果概要

一贯制学校探究性学习中教师指导行为研究，主要在理论探索和实践路径上有重大的建树，对探究学习的秉性认定和教师指导的指向思路及对各学段的相应学习和指导的策略主张，具有启示和运用价值。

《探究学习与教师行为改善的研究》课题成果得到的教师行为养成机制是：找准教师需求脉搏，增强教师行为改善的自主性；培育校本科研文化，凸显教师行为改善的参与性；构建校本研修特色，实现教师行为改善的全员性；促进"三个转变"，推动教师行为改善的持续性；求索发展性评价方法，提升教师行为改善的科学性。

1. 揭示探究学习的主要属性

什么是探究性学习？建青认为，探究性学习是在教师指导下，学生通过全班集体学习、小组讨论和个别学习等多种形式和多种手段，积极探索问题，寻找问题答案并进而采取适当行动的教学活动。它一般包括这样一些基本环节：确认问题—提出解决问题的方案—采取行动—解决问题—概括总结—迁移应用等。

一是探究学习的目标定位。

可以从以下四个方面进行考察：

（1）培养学生的创新意识和创新能力，发展健全学生的人格

培养学生的创新意识和创新能力，健全学生的人格，可以说是探究学习的一个总目标。探究学习，要求学生在学习过程中，不拘泥于书本，不迷信于权威，不墨守成规；要求教师尽量减少对学生的限制，并适时、适度地给学生以必要的指导和帮

助,鼓励学生发挥自己的主观能动性,独立思考、大胆探索,能够积极提出自己的新观点、新思路和新方法。

(2)培养学生的问题意识和收集整合信息、分析问题、解决问题的能力

问题意识即一种怀疑精神和批判、探索意识。问题意识是创新的起点和发端,爱因斯坦说,发现问题比解决一个问题具有更重要的价值和意义。探究学习从一开始,就把目标指向学生问题意识的培养。发现问题、收集信息,整合信息、解决问题是探究学习的主要方式。探究学习的开展,通常是由教师事先创设一个问题情境,或者探究学习更强调由学生根据自己的兴趣爱好,主动提出问题,围绕这个问题开展学习探究。在探究学习过程中,其中一个最重要的环节,就是关于信息资料的收集和处理能力。因此,探究学习需要培养学生发现问题、提出问题和解决问题的能力,也需要培养学生信息资料的收集和处理能力。它要求学生学会利用一切可以利用的有效手段,通过多种途径去获取信息,在一个开放环境中,自主主动整合加工信息,形成自己的结论。

(3)培养学生的合作精神和人际沟通与交往能力

探究学习的过程,其实正是一个人际沟通、交往与合作的过程。为了完成学习任务,一般都离不开小组合作和外界条件的支持。为了达到共同的学习目标,小组内成员之间必须学会相互理解、彼此尊重和信任,学会互相帮助和支持,在小组内建立一种融洽、友爱、亲密的伙伴关系。同时,在学习的过程中,探究学习还必须要与社会发生联系,学生通过社会调查、访谈、外出收集资料、向专家和家长请教等,这不仅可以培养学生之间的合作精神,还十分有利于培养学生走出学校围墙、走向社会,学会与人交流和沟通的能力。总之,探究学习对学生合作精神与人际沟通能力的培养,不仅提出了更高的要求,也提供了更多实践锻炼的空间和机会。

(4)培养科学精神、科学态度,关注人类自身发展的责任心和使命感

创新精神只有与科学精神和科学态度统一起来,才能真正形成对社会、对个人都有发展价值的成果。

在探究学习中,学生通过组建课题研究小组,按照一定的方案,由小组成员分工合作,有序地开展探究,最终达到探究目的。开展探究学习的一个重要目的就是要让学生了解科学研究的方法,学会发现问题、研究问题和解决问题。在微观的探究学习中,建青一般主张学生通过一种类似于科研工作者进行科学研究的组织形式,主动探究,共同努力,得出结论,使学生在探究的过程中获得积极的情感体验,逐步形成一种在日常学习生活中喜爱质疑、乐于探究、努力求知的心理价值取向,

养成尊重他人劳动成果、实事求是、不怕困难、勇于探索的科学精神和科学态度。

另外,学生在联系自身和社会生活的实际、开展探究活动的学习过程中,也为学生关心社会、关注人类自身的命运与发展创造了有利条件,可以培养学生关注社会生活实际,关注人类自身发展的意识,增强学生对人类未来发展的使命感和责任感。

二是探究学习的基本类型。根据不同的分类标准,探究学习可以分成不同的类型。

(1)按照问题探究小范围分,可以分为基于问题的探究学习和基于专题的探究学习。基于问题的探究学习主要是指在学科课程教学中的探究学习。这类探究学习以问题为中心展开教学过程,使学生在问题的情境中主动探究、体验、发现,在探究过程中主动获取知识、应用知识,发展创新。问题探究学习开始于问题的提出,重在问题的解决过程的探究。基于专题的探究学习,主要是在综合类课程中,教师根据学生的学习水平和学习能力,设计出一组具有挑战性的专题研究项目,或者由学生根据自己的实际情况,确定专题研究项目,然后由学生自己设计解决问题的方案,以类似于科学研究的方式,进行探究,寻求答案,独立完成探究任务。

(2)按照探究学习的任务特征和探究手段来分,可以把探究学习分为实验型探究学习、体验型探究学习、逻辑推理型探究学习和网络应用型探究学习。实验型探究学习主要是指在探究学习过程中,学习者在教师的指导下,主要采用实验操作的方式进行的探索性、创造性的学习活动。学习者针对提出的问题进行实验设计,对提出的假设进行实验验证,或者用实验来探究、尝试解决某些问题。体验型探究学习,主要指在探究学习过程中,创设以情感体验为中心的活动情境,学生通过在探索活动中的体验和感悟,获取"默会知识",陶冶情操。逻辑推理型探究学习,主要是着眼于学生内部的心理活动,以逻辑推理为中心开展探索活动。在探究过程中,通过创设重演人类科学研究过程的学习情境,使学习者按照知识的本质特征和内在联系,进行思维的仿真式的重组知识或者再现知识的形成过程,来分析问题、解决问题。网络应用型探究学习,主要是指在学习过程中创设一种类似于科学研究的情境和途径,学生在教师的帮助和指导下,尝试用科学研究的方法,用网络或其他有效工具来阅读或查阅资料的一种探究学习。这种探究学习有利于学生使用广泛的网络信息,发现并获得知识,通过具体的实践活动,主动体验、探索发现,发展对信息的收集、整合能力及分析、判断能力等。

（3）按照知识形成的过程来分，可以分为再现型探究学习和再创型探究学习。再现型探究学习，主要是指通过"再现"和"重演"在人类认识史上产生过重大影响的认识活动，或者将科学家对某种知识的发现过程经过适当的筛选、重组后再现在学生面前，让学生踏着前人的足迹部分地发现他们学习的内容，经历知识的形成和发展过程，掌握人类认识方法和活动方式，独立地完成发现知识过程的活动。如科学概念、法则及某些定理等内容的学习。再创型探究学习，主要是指学生在探究学习过程中，按照知识的本质特征和内在联系，独立地进行思维加工，对知识进行综合、重组，建构新的知识结构，或者学生在探究学习过程中，敢于打破常规，标新立异，独创性地发现新思想、新观点、新方法、新思路等的学习过程。

（4）按照探究学习的水平层次分，可以分为引导型探究学习、合作型探究学习和完全自主型探究学习。引导型探究学习主要指在整个学习过程中，学生都是在教师的指导下开展的探究学习。教师在学习的各个环节，都预先为学生设计好学习情境，并帮助学生按照教师预设的学习目标进行探究学习活动。在这种探究学习中，学生虽然也能够积极主动地参与探究学习活动，但学习的自主性和创造性相对来说要差些。因此，从学生自主的程度上来说，这种引导型探究学习是一种水平比较低的探究学习。合作型探究学习主要是指师生共同合作开展探究性教学活动的学习方式。这里的合作，可以是师生合作，也可以是生生合作等形式。教师在这种学习方式中，是探究学习活动的组织者、帮助者、参与者，教师和学生之间是朋友式的合作关系。完全自主型的探究学习，是最高层次的探究学习。在这种类型的探究学习中，特别强调学生自主性和创造性的发挥，在整个学习过程中，学生自己寻找问题，发现问题，提出问题，自主选择材料，自主收集信息、整理信息，自主选择探究的方式方法，学生独立或者学生之间协作完成问题的解决过程。最后，师生共同对探究的问题、方式方法和学习的结果等进行综合评价。教师在整个学习过程中，只是起到了一个学习过程调控者的角色。教师可以对学生在探究过程中出现的问题、碰到的困难等提出自己建设性的意见和建议，并不强迫学生一定接受，允许学生在探究过程中出现失误，鼓励学生战胜困难，获得真实的探究体验。

三是探究学习的要素、范式与原则。探究学习的顺利开展，离不开一定的条件支持，因此，为了更好地指导探究学习的实施，建青有必要对探究学习的实施的要素、范式与实施的指导原则，做一些必要的"扫描"。

（1）探究学习的构成要素

探究学习的构成要素，建青可以从内部要素与外部要素两个层面进行考查。

① 探究学习的内部要素

首先,探究学习需要强烈的求知欲、好奇心与兴趣爱好。探究学习不同于一般的接受学习,它是一种自觉主动地发现问题、解决问题的过程。

其次,探究学习需要较高水平的学习技能。这里所说的学习技能主要包括批判性思维能力、创造性思维能力、元认知能力及实用性能力。

最后,探究学习需要坚强的意志。探究学习需要学生具有更多的控制力。

② 探究学习的外部要素

探究学习的顺利开展,除了需要具备一些内部要素外,还需要一些必要的外部要素作为支撑。探究学习的外部要素主要有以下四点:

其一,探究学习需要教师的指导和帮助。在探究学习中,教师应当成为学生探究学习的参与者、组织者、促进者和指导者。在探究学习的开展过程中,无论是课题的选择、方案的设计、活动的开展,还是问题的解答、学习的评价等,都需要教师的参与。但是这种参与不是要求教师单纯地充当知识的传授者、学习的主宰者,而是需要教师和学生一起探究,与学生一起反思与改进学习过程,为探究学习的顺利开展"保驾护航"。

其二,探究学习的内容要具有可探究性。一般来说,学习内容如果能够引发学生思考,产生疑问,就具备了可探究性。但是,在学科教学和日常生活中,许多内容并不具备这个特点,例如已经知道的事实性知识、为了训练学生掌握某运算规则的习题等。另外,有一些内容也必须要经过一定的加工和改造,才具有可探究性。例如,把一些公式、定理以"规—例式"呈现改造为"例—规式"呈现。这一方面要求教师在开展探究学习过程中注意学习内容的筛选和呈现方式,另一方面也要注意探究学习中一个"度"的把握的问题。

其三,探究学习需要小组合作的组织形式。小组合作是探究学习的基本组织形式和主要活动方式。探究学习能否实现预定目标,在很大程度上取决于小组合作的成效如何。在探究学习中,合作小组基本上是由兴趣相同的学生自愿组成的,在组内经过民主讨论形成明确的分工与合作关系。在整个学习过程中,每一名小组成员都具有高度的自主性。与接受学习相比,探究学习的小组合作避免了班级课堂教学中小组合作的弊端,在很大程度上打破了传统课堂教学中小组合作的时间和空间限制,学生彼此之间的交流在更加广阔的时空中进行,这种人际交往与交流具有多维性和交互性。在小组合作中学习任务的分担与学习成果的共享,使得学生能够体验到一种被他人接受、信任和认同的情感,这也是探究学习的一个重要目标定位。另外,学生在小组合作过程中,通过与同伴共同努力来确定学习目标、制订探究方案、收集所需要的资料、进行资料的分析处理、寻求问题的答案和解决办法。这个合作过程,既是类似于科学研究的体验过程,更是学生之间能力、情感、心理不断调整互补、互动统整的过程。在这个过程中,为学生彼此之间的合作意识和能力、团队精神的形成奠定了基础,同时,也为探究学习的目标实现奠定了基础。

其四,探究学习需要一定的课程资源做保障。由于探究学习所探索的许多问题已经远远超过了书本、课堂和学校范围,因此,探究学习需要更多的课程资源的支持才能顺利开展。探究学习的出现与大力开展,是我国基础教育课程改革深入的具体体现。而随着基础教育课程改革的深入,课程资源的重要性也日益显露出来。由于我国传统的课程是统一计划的课程,很少触及课程资源的开发和利用问题。与传统教学相适应,教材一直是我国学校的主要课程资源,以至于人们常常误认为教材就是唯一的课程资源,一提到开发和利用课程资源,就想到了要订购教材,或者要编制教材,甚至引进国外教材。而探究学习的大力开展,打破了这种课程资源观,使建青认识到课程资源其实是很丰富的。"按照课程资源空间分布的不同,大致可以把课程资源分为校内课程资源和校外课程资源。凡是在学校范围之内的课程资源,就是校内课程资源,超出学校范围的课程资源就是校外课程资源。"探究学习很大程度上是要走出学校,充分利用各种资源,为自己的问题解决创造条件。因此,为了探究学习的顺利开展,各级行政部门也有责任加强管理,在政策上建立健全校内外课程资源的开发和利用机制,为探究学习的顺利开展提供保障。

四是探究学习的基本范式。探究学习的基本范式必须全面体现探究学习的"自主、探究、合作、开放"等特点,体现探究学习的先进理念,要能够充分发挥学生的主观能动性,激发学生主体意识的觉醒,焕发学生青春活力,积极主动投入到探究学习活动中去,在整合已知、探究未知、解决问题的过程中实现"自我发展"。在这个基本范式里,要能够发挥教师适当的指导作用,通过教师的适时指导,唤醒学生的主体意识,培植学生的自主精神,发展学生的探究能力。

探究学习重在体验探究的过程,因此,在这个意义上,可以说探究学习是作为过程而存在的、作为过程而发展的。过程由有机联系的阶段组成,两个以上有着内在联系的阶段合乎规律的时序集合便构成过程。因此,建青必须进一步探究作为过程的探究学习的阶段构成。

根据探究学习的特点,建青可以将探究学习的基本过程分为三个阶段,即启动,进入问题情境阶段;实施,进入实践体验阶段;反馈,进入表达交流阶段。

（1）启动：问题情境阶段

启动阶段在于让学生进入问题情境，造成学生认知矛盾和冲突，使学生焕发探究学习的兴趣、愿望和需求。激发学生动员和发挥自身的全部智慧和才能，主动投入到探究学习活动中去。它具体包括问题背景知识的准备、探究问题的恰当选择、探究小组的组成、探究方案的商讨制订等。在这个阶段，有时代气息、贴合学生生活实际、开口较小又能够引起学生强烈兴趣的探究问题的选择是十分关键的。例如，"旅游资源的开发"这样的选题就比较空泛而又不切合学生的生活实际，如果将选题改为"上海旅游资源的开发与旅游路线的设计"，探究题目的口子就比较小了，既能够切合学生的实际，也比较容易实施。

（2）实施：实践体验阶段

实施操作阶段是探究学习的重要阶段。在这个阶段中，主要是以系统地实施探究方案为中心任务；以学生整合知识、收集信息、研讨求索、问题解决为目的；以学生自主参与、自主思考、自主设计、自主实践为特征。在这个阶段，教师要引导学生在以下几个方面下功夫：通过多种渠道和方式，从多个方面获取对解决问题有价值的信息资料；整合收集的各种资料，把握各种信息资料之间的关联性，从中发现有价值的信息和线索；综合信息资料进行综合判断，得出自己的结论；在小组内部交流，进一步完善得出的结论。在这个阶段，教师要对学生进行操作方法和学习态度的指导，使学生初步了解和掌握收集资料的方法；学会判断甄别信息资料的价值，淘汰不需要的信息资料；学习从信息资料中归纳解决问题的思路和观点；反思所得到的结论的可靠性和科学性，学会在小组内与他人进行合作与分享劳动成果。

（3）反馈：表达交流阶段

反馈是对探究学习活动的一个阶段的总结、评价与反思。在这个阶段，学生可以通过交流，分享探究成果，进行思维的碰撞，互相学习，共同提高，增强自信心和效能感，达到提高认识、健全人格、发展个性、陶冶情操的学习目的。这一阶段的基本环节有：表达成果，形成书面报告或口头报告及各种心得体会、探究日记等材料；交流成果，用报告、探讨、辩论、展示等各种形式进行；组织各种评价，注重运用发展性评价指标，注意形成多元评价的形式，关注学生探究学习的态度、过程、体验与方法等；引导反思，使学生对探究学习获得深一层次的理解与体会，以便于进一步改进今后的探究学习。

这里需要注意的是，作为探究学习的基本范式，它集中体现了探究学习的本质特征，为教师和学生实施探究学习提供了一个方法论的操作指导方向与可供借鉴参照的模型。但在具体实施探究学习时,必须能够根据不同的探究学习对象的特点和具体情况,将探究学习的基本范式加以创造性地改变,形成探究性、设计性和体验性的探究学习系列变式,以适应具体探究学习开展的需要。

五是探究学习的相关原则。

(1)探究学习与接受学习应相辅相成、有机融合

探究学习不是唯一的学习方式,接受学习也不是唯一的学习方式。单纯就两种学习方式来说,可以说没有优劣之分。探究学习必须与接受学习相辅相成,互相促进,以进一步丰富我国学生的学习方式。

为了满足学生精神和心灵的渴望,学生必须接受式地学习大量的人类文化遗产中的精华,以丰富他们的心智与灵魂。此外,对于大多数学习内容,学生不可能自主发现式地进行建构。但这并不意味着这将成为唯一的学习方式,而且也不意味着间接知识的接受学习就只能采取被动的、消极的听讲方式开展。实际上,儿童围绕一定情境或问题开展的主动收集资料的过程(提出问题后查阅书刊及其他信息源,以便了解有关的已有知识),虽然是接受学习,但却是主动的、积极的探究学习过程的一部分。因此,也应该提倡以主动积极的探究方式来学习大量的间接知识,把间接知识的学习纳入多样化的探究过程之中。

学生在学校的学习过程中,应综合运用多种学习方式。每种学习方式各有长处和短处,运用得好都会发挥其他学习方式不能代替的特殊功效,运用不好也都会产生这样或那样的问题:授受学习运用得好,如,教师擅长讲授,可以生动地向学生传达大量的有用信息;运用不好的话,授课会很沉闷,让人昏昏欲睡。探究学习能启发和锻炼学生的思维,但运用不好,也可能使课堂讨论变得杂乱无章,离题万里。

总体说来,接受学习和探究学习均是中小学生的重要学习方式,应该彼此取长补短,有机融合,互相促进,不可偏废。

(2)探究学习应面向全体学生,并充分发展学生的个性

前面已经说过,当前开展探究学习还存在一定的误区,其中误区之一就是把探究学习理解为培养"小科学家",认为探究学习是面向少数"尖子"学生的,探究学习只能在沿海等发达地区实行,等等。其实这种观点的背后都隐藏着一种"精英主义"的教育价值观。这种价值观阻碍了探究学习的深入开展。探究学习根植于学生的本性,要尊重每一名学生个性的独特性和具体性。因此,探究学习也必然是面向全体学生的,而不是少数"尖子"学生。并非只有好学生才有能力开展探究,应该

给每一名学生参与探究的机会。尤其是那些在班级或小组中较少发言的学生,应给予他们特别的关照和积极的鼓励,使他们有机会、有信心参与到探究中来。同时,在小组合作开展探究活动时,教师要注意观察学生的行为,防止一部分优秀的探究者控制和把持局面,要注意引导学生,注意让每一个人都对探究活动有所贡献。当然,对于某些有特殊学习困难的学生和那些有特殊才能的学生,还要考虑利用其他时机(如课外兴趣活动)给予他们一些专门适合他们水平和需要的探究任务,让每一名学生都有分享和承担探究的权利和义务,让每一名学生的个性都能得到充分发展。

另外,探究学习具有很强的区域性特点,不同的地区可以结合自己地区的实际开展探究学习,每一所学校也可以因地制宜地开展适合自己学校特点的探究学习。

（3）探究学习要以学生的发展为本,走向儿童自身的世界

探究学习要充分体现以学生发展为本的教育思想。探究学习应当关注儿童的生活世界,要注意了解儿童关注和感兴趣的问题是什么,走向儿童自身的实际生活,关注儿童自己感兴趣的探究对象。例如,建青在具体开展探究学习时,首先,应对儿童所感兴趣的问题进行调查统计和分析,以此作为选择探究主题和安排主题顺序的基础之一;其次,每学期都应留出一些"自由探究时间",供学生探究他们自主提出的问题;最后,日常的教学设计应该根据儿童的即时兴趣做出适当的、及时的调整。

中国教师没有充分的教学决策权,这是抑制教师充分倾听学生的一个重要原因。学生来到学校以后所开展的探究应该源于学生自发的探究,也就是说,首先应该是关注对学生自己提出的问题的探究,并允许学生对问题先自主进行一些非指导性探究,而不应该对学生说:"把你们的那些问题放在一边,在学校里你们应该探究这些问题。"也不应该总是对学生说:"建青今天要研究的是……你们刚才提到的问题以后再说。"因此,教师应该有权随时调整教学计划,可以随时插入临时性的单元或课题。一学期多数探究主题将是预先确定或设计的,但应该允许少数例外。教师还可以每学期末集中安排一些课时,与学生一起,通过观察、实验或查资料,共同来探讨一些"学生的十万个为什么"。

（4）探究学习应注重过程和体验,而不必过于注重操作技能

教师在指导学生开展探究学习时,应当注重指导学生积累探究的经验并体验探究过程,及时记录下自己的点滴体验,而不必过于追求科学探究的水平,不能像博士生导师指导研究生时所强调和所关注的内容看齐。在科学探究的操作方法及操作技能上不必要求过高,这也不是教师指导学生开展探究活动的重点。

当然也不能仅满足于学生自发探究的水平,而应当着眼于他们"基本科学素养"的提高。这个提高是在一个自然的"体验"过程中逐渐感悟的,具体说来,教师指导下的科学探究应该把重点放在以下四个方面:通过探究让学生体验到求知欲满足的快乐;通过探究获得关于身边世界的体验与理解;通过探究培养科学思维能力,锻炼问题解决能力、合作与交流能力,培养科学精神与态度,初步习得科学方法;通过探究逐步获得对科学探究本身及科学本质的感悟。这里,尤其要注意引导学生通过直接参与探究过程,并通过自己的反省与思考,从亲身体验中获得对探究内容的深刻认识,以及深刻理解探究一系列与科学本质有关的问题。

学生所尝试的探究与科学家的探索、与每个成人对自身所处社会的探究,本质上没有什么区别。教师在指导学生探究时,应关注的重点正是让学生体验那些作为探究之本质的共同方面,那些具有广泛迁移价值的、在学生生活中和走向社会后也能有所启示和运用的共同方面,如科学探究的基本过程、基本的科学思维方法;而不必过分强调某些具体的操作方法和操作技能,如滴定管的使用等。

(5)探究学习中要辩证地处理学生自主与教师指导的关系

探究学习强调学生的自主性,但并不忽视教师的指导。应该特别强调教师适时的、必要的、谨慎的、有效的指导,以追求真正从探究中有所收获,包括增进对世界的认识和学生探究素质的不断提升,从而使学生的探究实践得到不断提高和完善。

问题是,教师如何指导学生的探究,即探究的进度能否由教师预先确定或设计;是否应该先给学生一段时间让他们自主地开展非指导性的探究;探究过程中学生自主活动的重点是什么;教师重点指导探究的哪些方面;如何引导,何时介入,介入多少;哪些指导是必要的,怎样指导才算充分了;何时需要提供背景资料或有关信息,何时传授相应的准备性知识,何时推荐学生阅读教科书,或向图书馆、互联网、成人求助? 要知道,在实际教学中,教师常常介入得过早,在学生还没有充分地自主探究多长时间时,就很可能阻碍了他们本可以自主发现的机会;有时则介入过晚以致让学生过久地处于无助状态甚至陷入危险之中。教师的指导常常根本不必要、不应该,以致剥夺了学生尝试错误和从教训中学习的机会;有时指导又不够充分,以致学生感到手足无措。

总之,在探究学习中,教师也要不断探究,努力把准探究学习中教师指导的"度"。教师要重视学生自己对各种现象的理解(学生的个人认知),首先倾听他们现在的想法,洞察他们这些想法的由来,并鼓励学生之间相互交流和质疑,了解彼此的想法,以此为根据,引导学生彼此丰富和调整自己的理解。有一种十分重要的教育理念,叫"倾听着的教育",强调不仅要让"学生倾听教师",更强调首先要"教师倾听学生"。建青在探究学习中,强调教师要注意"倾听学生",在"倾听"中随时调整自己的"指导"行为。通过倾听学生,通过关注学生的即时表现、学生的观点和发言,通过关注学生的兴奋与疑惑,教师对自己何时参与、如何参与做出决策。

(6)探究学习要处理好个人知识和原始概念之间的关系,引导学生积极反思

儿童从家庭和社区进入学校,他们并不是一张白纸;儿童并不是带着一个空白的头脑来到教室的。他们是带着对这个世界六年的丰富经验和个人观点来到教师面前的。一位小学教师说道:"可不能小看这些小人儿,他们懂得可多了,个个都精着呢!"尤其是现在,儿童所处的环境中充满了丰富的刺激,他们对许多问题(关于自然的、关于社会的、关于自我的)都已经有过自己的探究,形成了自己初步的看法,尽管这些看法中有错漏粗疏之处:有些还不够全面,有些不够深刻,有些则是错误的。如,学生可能认为"地球是一个平面""会飞的动物一定是鸟,因而蝙蝠是鸟而鸡则不属于鸟类"等。这些原始观念是儿童认识这个世界的开端,是学生建构起他们对这个世界的新认识的起点。

只有通过进一步的亲身探究(在教师引导下),让他们亲自发现自己的已有经验与新发现的现象或事实之间的不一致甚至矛盾冲突之处,他们才会心服口服地审视、反思并修正自己的经验和认识,提出或接受(重建)"更为科学"的新解释、新假设、新概念。这是学习者自主建构的过程,是"顺应"与"同化"两个方面统一的过程。在这一过程中,学生自主建构起来的这些新知识(新解释、新假设、新概念),才是真正属于儿童的认知结构的、真正有意义的和有效力的"活知识"。这种建构不可能由其他人代替。

如果仅仅通过教师讲解、学生听讲获得的新知识,如,儿童被告知地球围绕着太阳转、地球是个球体、不同重量的物体同时落地、衣服保暖并不是因为衣服能产生热量等,儿童可能知道教师在说什么,也似乎能够理解其字面的含义,并在考试时能正确回答。但每个学习者都是在以自己原有的经验系统为基础对新的信息进行编码,建构自己的理解,因此,对于上述听到的知识,儿童常常是半信半疑,很可能想不通,在他们后续的思维中仍旧按照自己原来对这个世界的理解行事,或在不同的情境下用不同的理论,有时用书上的或听到的理论,有时又用自己的理论来解释。教师的解释或书上的理论与儿童经验之间的不一致或矛盾之处并未得到合理的解决。

总之,要正确处理学生的个人知识和原始概念之间的关系,强行更正是难以奏效的,唯一的途径是给他们亲历探究和开展反思的机会。

(7) 探究学习的过程应注重学生之间的合作与交流

探究过程中需要学生开展合作、解释和各种协调一致的尝试,这些合作与交流的实践和经验,可以帮助他们学习按照一定规则开展讨论(而不是争吵)的艺术,学会准确地与他人交流:向别人解释自己的想法,倾听别人的想法,善待批评以审视自己的观点,获得更正确的认识,学会相互接纳、赞赏、分享、互助,等等。这种客观开放精神的形成并非易事,要靠长久的教育才能得到。而上述这一切,是建青几十年追求的科学与民主这一国民精神的基石。这种思维与存在方式应当在孩童时代抓起,否则就只能产生出一批批盲从、人云亦云,或独断、不宽容的观点,从而在理智上缺乏独立性、自主性、批判性。

教师要重视"学生之间的相互倾听"。在整个探究过程中,由于经验背景的差异,探究者对问题的理解常常各异,在探究者的共同体中,这种差异本身便构成了一种宝贵的学习资源:探究者在相互倾听中,明白了别人对问题也可以有其他不同的解释,有利于他们摆脱以自我为中心的思维倾向(儿童心理学家皮亚杰重视合作,十分强调这一点);在合作、相互表达与倾听中,探究者各自的想法、思路被明晰化、外显化,探究者可以更好地对自己的理解和思维过程进行审视与监控;在讨论中,探究者之间相互质疑,其观点的对立及相互指出对方的逻辑矛盾,可以更好地引发探究者的认知冲突和自我反思,深化各自的认识;探究者之间交流、争议、意见综合等有助于激起彼此的灵感,促进彼此建构出新的假设和引发更深层的理解;探究中的合作、分享与交流,可以使不同探究者贡献各自的经验和发挥各自的优势,从而使探究者完成各单个探究者难以完成的复杂任务。研讨、交流,彼此表达与相互倾听,具有上述一系列价值。在这一点上,建青成人也是深有体会的。因此,探究学习强调不仅要从书本中学习、从大自然中学习,还要善于从他人那里学习。

2. 揭示探究学习的学段、学科要点

建青在实践研究中发现不同学段在探究性学习中的不同要求。

通过课题研究,得到不同学段学生探究学习中教师行为存在共性与差异性。共性:都需要引导学生主动发现问题、依据资料分析问题、寻求问题解决并获得新的知识和技能。差异性:学前教育阶段强调激发幼儿敢于尝试、快乐体验的探究情感;小学教育阶段强调培养学生的问题意识及探究精神;中学教育阶段注

重培养学生在课题研究中自主选题、分析问题及运用一定研究方法解决问题的能力。

幼儿阶段

幼儿的探究性学习以"尝试"为主。

小班幼儿的尝试,关键在于参与,在参与中有新经验、有新领悟,当然这种领悟是肤浅的,有时是"近于无"的,要通过时日,随着岁月的增添而逐渐有所感触,有所表现。

中班幼儿的尝试要求能够参与一个过程,这个过程有时有困难需要克服,有时有阶段性需要不断坚持。这个过程要求中班幼儿脑内的表象与内部语言有一定的稳定性,这样的过程才能真正参与一个过程。

大班幼儿的尝试不仅能参与一个过程,而且能从多角度、多侧面思考问题。因此,我们可以要求他们能够把自己完成的过程告诉同伴,与同伴分享,同时还能从别人的操作中受到启发,丰富自己的尝试活动。

小学阶段

小学低年级学生的科学探究活动主要是系统的观察、对常见物体的摆弄、测量为基础,对物体及其属性的检验和定性描述(物体的性质、这些性质随时间的变化、当物质相互作用时所发生的变化),从事分组和分类的活动,思考这些物体之间的共同之处和不同之处,以及对世界运作的方式进行观察和跟踪记录。如,教师可以让学生在日历上画出每天晚上月亮的形状,从而揭示一定时期内月亮形状变化的规律,或通过工作日志发现一年里本地区天气变化的规律。

随着年龄的增长,学生可以设计和完成简单的实验来探究科学问题了。到了四年级,许多学生已经可以接受科学实验的概念了。学生要学会采用简单的设备和工具(如尺子、温度计、钟表、天平、弹簧秤、放大镜等)收集数据,并学会以口头方式、图示方式或书面方式报告和交流研究过程与研究结果。

小学阶段的重点是培养观察能力、描述能力、根据观察结果进行解释说明的能力,应该鼓励年幼的儿童谈论和画出他们的所见、所闻和所想。年龄大的学生应该学会记日志、使用仪器并记录他们的观察结果和测量结果。对小学生来说,应该强调科学探究的经验和对假设的思考,不要过分强调科学术语的使用、科学结论和信息的记忆。

小学阶段的经历和活动为中学阶段科学概念和规律循序渐进的深入学习奠定了坚实的基础。

初中阶段

对初中学生的要求有所提高，如，学生除了应该学会系统的观察外，还应该能够进行精确测定（定量描述），并会确定和控制变量。学生还应该学会运用计算机查询、检索、收集、存储、组织、总结、显示、解释数据，并在此基础上预测和构建模型，还应该学会通过批判性和逻辑性思维建立证据与解释之间的关系。同时，学生还应该学习把数学运用在科学探究的各个方面，并认识到不同性质的问题需要进行不同的科学探究。

高中阶段

对于高中生，则要求他们阐明问题、方法、对照组、变量的选择与控制（如识别不产生影响的变量、影响较小的变量、对结果有负面影响的变量）、实验的误差，要求他们对指导科学探究的概念和理论框架进行思考和说明。高中学生应该具有以下数据分析的能力：确定数据的范围、数据的平均值和众数值、根据数据作图和寻找异常数据。

高中学生的探究活动最终应该构造出一种解释方案或一个模型（模型可以是物理模型、概念模型或数学模型），还要承认并分析其他解释方案和模型，而且能够通过对证据的权衡和对逻辑的检查，决定哪种解释和模型是最佳的（而不是通过考查这些解释与自己已有经验的一致性来评价这些解释）。由于高中生了解了更多的科学概念和过程，因此就要求他们的解释更加精确。也就是说，他们的科学解释应该更加频繁地运用丰富的科学基础知识（如科学术语）、逻辑证据、更深入的分析、更经受得起批评，并且更加清楚地展示逻辑、证据和现有知识之间的关系。对高中生所提出的解释要以公开讨论的方式开展"同行评议"，讨论应该以科学知识和科学准则为依据，并运用逻辑和调查研究中所获得的数据。

同时，不同学科中探究性学习的特点是有异同的。

语文学科中探究性学习的特点

探究性的学习方式，吸收引进了新的理念、新的方法，并与传统的精华有机结合，是教育应对挑战、面向未来的必需之举。

语文探究性学习应有着如下特点：

——目标多元性

语文学科中的探究学习目标主要有以下三条：

（1）体验目标

学生通过参与贴近生活的探究、重在实践行动的语文学习，能够体验到成功的喜悦，培养起自信心和成就感。即使是失败的体验，也可能成为学生终生受益无穷的财富。

（2）能力目标

① 发现和解决问题的能力；

② 收集、甄别、利用信息的能力；

③ 分工与合作的能力。

（3）人格目标

语文探究学习的人格教育目标是培养独立而健全的人格，具体包括道德、情感、意志、自主意识等方面。

——内容开放性

教育的过程从整体上来看，是文化的传递与发展。这一过程的实现，就是以各科的教学为具体的过程，让学生在学习的过程中，潜移默化，形成共同的社会价值观，各科之间是相互支持的。学生的学习要把诸多学科结合方能深入掌握，真正理解，方能在整体上感受到建青文化的深层部分。

——方法综合性

（1）发现问题、提出问题的方法。

（2）探究问题的方法。包括观察法、调查法、采访法、文献研究法、综合分析法、情境模拟法、思辨探究法等。

（3）写作研究报告（包括小论文或调查报告等）的方法。

（4）表现研究结果的方法。主要有口头汇报法、展览法、多媒体的表现手法等。

（5）评价研究结果的方法。

——能力迁移性

知识是人类创造的，也是为人类服务的。千百年来，人类社会积累了无穷无尽的知识，每个人都不可能也没有必要掌握全部的知识。因此，教育应该教给学生获取知识的方法、技能。

语文探究学习注重培养学生的能力迁移性。培养学生大胆质疑、审问深思的品质，通过指导学生感悟、体验、思考、表达的形式切实提升学生的能力和层次，为"自能学习"、自主探究打下基础。

——发展自主性

探究性语文学习是一个充满着自主性、创造性、特殊性、变异性、偶然性、丰富性和复杂性的过程，它促进学生主动性的发挥，从而使学生的"发展个性""自由发展"成为可能。

在探究性语文学习中,学生自主地选择学习目标,选择学习内容。这对于帮助学生面临 21 世纪信息化时代,学会选择、学会思考、学会广泛而有效地汲取知识,同时又能抵御各种错误信息,形成良好的自学习惯,有着极其重要的意义。

总之,代表着一种新的学习方式的"探究性学习"的倡导与实践,对传统的教学观念产生了有力的冲击,对促进学生的学习观念、学习方式的变革,对激发学生的创造性思维,进而形成一种探究未知世界的积极态度具有重要的作用。

数学学科中探究性学习的特点

——数学学科的探究性学习的特点是贯彻"四重一主"的原则

重能力、重过程、重问题、重个性、重主体性发挥。为了提高学生数学学科探究性学习的效率,要抓好五个结合点,即认知的停靠点、情感的激发点、思维的展开点、心灵的交流点和能力的启动点。

——我校在数学探究性学习方面的探索和实践

中学数学探究性学习分三个层面:第一层面是开放性、探索性问题的研讨。第二层面是数学建模的理论探索和实践研究。第三层面是专题研究与微型科研。目前,建青主要在第一、第二层面做了些探索,主要对数学建模教学的实践进行研究。

外语学科中探究性学习的特点

(1) 在生活实际中运用语言知识,锻炼语言技能

牛津教材的内容紧密联系生活实际,几乎每个章节都有必须用探究学习的方式才能完成的任务(task)。除此以外,还需要教师的敏锐视觉,恰到好处地引导学生开展探究学习。

(2) Project 的实施

在六至七年级的 4 册牛津教材中,每册都有 3 个 projects。在实施 project 的过程中,学生以 4~5 人为一个小组,既有分工,又有合作完成教材所规定的任务。在整个 project 的实施过程中,"好生"与"差生"的概念遭遇质疑。有些学生英语语言能力较强但动手能力很差,有些英语基础较弱但很会动脑筋,还有些动手能力很强。他们必须互相取长补短,学会谦让,学会合作,还得克服各种困难,才能顺利地完成任务。

(3) 牛津英语口试模式中的探究学习

所有题目均要求四人一组共同完成,先在组内准备,后向全班报告。报告形式不拘,演讲、对话、小品、短剧均可,如能借助图片、图表、实物、海报等使报告增色,

可以加分。

这些话题全部与课文内容有密切关系,却在书上找不到现成的答案;它们既是英语学科的考题,又和自然学科与社会学科息息相关;它们在考核学生的语言知识和语言技能的同时,还考核学生调查研究、综合分析、解决问题的能力及绘画、电脑制作等动手能力。此外,学生与他人合作的能力也在此得以体现。

(4)在初三英语总复习阶段开展研究性学习的尝试

在初三英语总复习阶段,需要对初中阶段所学过的语言知识进行梳理,对语言技能做进一步的练习、巩固、提高。这时候如果采用探究学习的方法,让学生成为学习的主人,事情就会完全不同。

全部探究学习由学生 2～3 人一组上讲台主讲。事先,他们在教师的指导下认真查阅资料,撰写教案,反复试讲。课堂上,他们不慌不忙,配合默契。课后,他们表示,对于自己所讲过的内容,一辈子也不会忘!

在这个过程中,自主学习的氛围浓厚,自主学习的精神得以发扬,自主学习的能力得以增强。与传统的"接受式学习"相比,其学习效果当然也是大相径庭的。

(5)在英语课外活动中开展探究学习的尝试

必须树立"大英语教学"的观念,建青以每年一次的"建青实验学校英语节"为中心,开展了英语广播、英语大舞台、英语小报展评、英语能力竞赛、英语节目会演等一系列活动,并借助外籍教师的力量开展了英语角、英语沙龙、英语讲座等,取得了显著的成绩。所有这些活动的开展,为激发学生学习英语的积极性创设了氛围,为培养学生运用英语的能力提供了环境,为展示学生学习英语的成果搭设了舞台,受到广大学生的热烈欢迎。

在相同的时间范围内,学生自主学习所获得的信息量是"接受式"学习的几倍甚至几十倍,在自主学习的过程中学生的思维能力、发现和解决问题的能力更是"接受式"学习无法比拟的。

3. 揭示探究学习中教师指导行为的要点

建青认为,教师指导行为是在教学过程中,教师对学生进行指导所采用的方式、选择的策略及运用的技能和技巧等。

充分利用一贯制学校的有利条件,通过对学生探究性学习与教师指导行为的研究,在理论与实践相结合的层面上,提高教师对探究性学习的时代意义的认识,以及在探究性学习中使自身的指导行为更具科学化与个性化,从而促进教学改革的深入开展和教学质量的不断提高。

教师的行为对学生来说,实质上是教育行为与管理行为的密切结合。教师通过学校日常的教育教学,不断向学生施加影响,引导学生身心健康发展,实施这个教育的过程同时又是一个管理的过程。管理者为了实现预定的目标,按照一定的原则,在掌管的范围内对管理对象开展一系列组织和协调活动。管理构成的要素,一是管理者,即具有一定管理职务和技能,实施管理职能的个人或集体;二是管理对象,即管理活动所施予的客体;三是管理手段,即管理活动赖以进行的条件。

教师对于自己的工作角色有自己的理解。作为探究性学习中的教师,在一个全新的教育教学行动中应该对自己的新角色有良好的理解与自我认知。探究性学习已完全不同于传统学习,因此,教师的角色内涵有了相当大的变化。教师的理解与自我认知是决定新角色行为方向与价值的前提。

角色认定

对于一个角色,为了从最初的理解发展到方向清楚、层次深入的自我认知,需要为角色的扮演打下良好的基础。

(1) 在探究性学习中,教师该扮演一个什么样的角色

在问卷调查中,教师可以用"学习者""指导者"等名词来描述自己应该扮演的新角色。调查反映出教师对新角色的理解是,教师首先应该是一名组织者,然后还应是指导者、参与者、学习者、研究者等。通过座谈与访谈了解到,教师首先应是一名组织者的主要含义是,探究性学习已在学习方式和学习形式上与传统学习大大不同,学生是通过组成小组,以一个组织单位进行的,每一名学生都是其中一分子。把他们组织起来,并加以协调、管理以发挥团队作用和力量的是教师。这个组织的落实最终影响探究性学习的成功与价值。教师应是参与者的主要含义是教师在探究性学习指导中不是"局外人"而是"局内人"。教师也亲身参与实践研究过程,从而才可以给予学生以切实有效的指导。教师是学习者和研究者的主要含义是指,在探究性学习的过程中,教师也在不断地学习,一方面是要指导各种各样的课题研究,就需要不断地学习补充新知识;另一方面是指在探究性学习中,作为研究者的教师也和学生一样,在不断学习。

要良好地指导探究性学习,必须良好地理解教师自己的角色内涵与定位,扮演好自己的探究性学习的角色。

(2) 教师应加快学习,不断地学习新知识,特别是信息技术

调查显示,现在教师为了指导探究性学习,发现自己的知识已显得相对不足。

一方面,因为指导探究性学习需要非常广泛的知识面,超越传统的文、理科的现象经常出现。例如,作为历史教师、语文教师在指导探究性学习中,常会对用到的定量研究的方法和数理统计知识感到无奈,很多人根本不懂。而有些数学等理科教师在指导学生完成研究报告时,对于报告的撰写也不十分清楚,常常写出不规范的报告。另一方面,是教师要指导探究性学习,必须跟上时代的步伐,不断吸取新知识、学习新技术手段,特别是信息技术手段的应用。当代的知识更新速度之快使教师常常显得跟不上,有时会落后于学生。例如现代信息技术,教师普遍落后于学生,尽管近年来学校加紧培训,也仍然显得相当滞后,这极大地影响探究性学习的指导。网上技术的应用,在学习时间、学习方法、资料运用、多向交流互动等方面都显示出优越性,而这些都依赖于网络技术的掌握。

探究性学习教师能力的加强与教育教学理念的更新

现代社会飞速发展,快节奏、高效率也是潮流。适应时代而生的探究性学习对教师现有的能力提出了挑战。现代科学技术的发展产生了许多新的方法和技术。电脑的普及与因特网的发展使信息技术成为教师必须掌握的能力。同时,传统中小学教学不重视的科研能力也被提上日程。指导探究性学习本身就需要科研能力。而且,现代教师成为研究型教师的需要也对每位教师提出了较高的要求。

(1) 现代教育技术的掌握、运用与科研能力的提高

① 以信息技术为主的现代教育技术

现代教育技术指利用现代化的手段进行教育教学工作的方式方法。包括利用录音、录像、声、光、电等,现在主要是指信息技术。

信息技术的应用几乎改变了人们的生产、生活方式。教育方式再停留于传统的课堂上的讲书本、做练习已十分不够。过去的主要依赖教学参考书备课的时代已过去。只要鼠标一点,所要的知识就会层出不穷地来到眼前,不仅是教师,有条件的学校每名学生桌上都有一台电脑,学生和教师享有同样的硬件资源。教师必须掌握先进的信息技术,应用网上资源,利用网上便利和快捷来指导探究性学习。而目前能够良好地应用现代教育手段的教师仍然比例很低,不到30%,可以应用的占30%,而不太会用的仍有很多。因此看来,教师指导探究性学习的方法、能力仍然有待提高。

② 教育科研的能力

教育科研是教育发展的原动力。要通过科研探索解决问题,提高教育教学的层次,推进教育改革,适应时代发展。通过调查,可以发现现在教师队伍的科研意识在不断提高,科研能力在逐渐加强,但是与探究性学习要求相比,仍然有相当大

的差距。问卷反映，全体被调查教师都认为，搞探究性学习，特别是要做好探究性学习的指导工作，与过去的传统教学相比，教师更应该提高教育科研的能力。从教师的现状来分析，具有较高科研意识和较强科研能力的教师只占10％左右。科研能力不够理想的现象主要反映在以下几个方面：一是科研意识、主动性不强，学校安排下来就做，否则就不积极去做；二是科研动力不强，不明白为什么要搞教育科研；三是具有较明显的应付任务思想，如，某项目、评职称等需要科研成果，就应付突击一下；四是良好的科研大环境尚没有形成，没有形成的原因有的是学校不够重视，有的是教学工作压力过大，教师无力搞科研，也有科研流于形式、科研成功价值不高等许多现实的问题。这些都直接影响教师科研意识的提高和科研能力的加强。

(2) 新的教育教学理念的形成与学生心理研究

① 现代教育教学理念的确立与提高

教师的工作特点是面对活生生的学生。教育对人的影响分为有形影响与无形影响。培养什么样的人，直接受到教师的教育教学理念的影响，教师是独立的个体，每位教师在贯彻党的教育方针、执行学校办学思想与办学目标的要求时，都不同程度地注入个人的教育理念。例如，同样是教一门课程，有的教师注重培养学生扎实的基本功，培养学生严谨治学的习惯，有的教师注重培养学生的领悟力，培养学生的创造性，有的教师注重人文精神的培养与熏陶，还有的则更讲究实用性，等等。无论怎样，要适应时代的要求，指导探究性学习，必须确立现代的教育教学理念，必须把握以下四个关键的特性：一是前瞻性，指理念的先进；二是发展性，必须随着时代的变化而不断发展；三是实践性，必须立足培养学生的实践能力；四是创造性，即注重学生创造能力的培养。在现代教育理念方面，现有的教师队伍仍然需要有较大的提高。

② 掌握学生心理特点指导探究性学习

探究性学习对于教师了解学生、掌握学生的心理特点的要求更高。相对于传统教学来讲，探究性学习要求教师更加了解学生。首先，探究性学习是个性化的教育，每名学生的个性各有不同，会表现在探究性学习过程之中，这直接影响教师对探究性学习过程的指导。其次，指导探究性学习要求教师更好地与学生融为一体，教师要深入学生之中，这要求教师在更加了解学生心理的前提下，做到成为学生当中的一员。

对学生心理掌握的基本情况是，大多数教师不能做到，只是做到"基本掌握"，说明就多数教师而言仍然迫切需要提高这方面的意识和能力。搞好探究性学习的指导,教师必须了解掌握学生的心理特点。

③ 现在教师的能力特点与知识结构

现在教师队伍呈现出多元化的倾向,在能力特点和知识结构上都显示出较大的差别,主要差别在年龄阶段上,青年、中年、老年教师都显示出自己的特点。青年教师的知识新、能力强、有理论水平和理论化倾向,在指导探究性学习时明显表现出课题设计较规范,研究过程比较清晰,而深入实际不强的特点。中、老年教师则是在组织学生、整体指导控制,以及发挥学生积极性、个性方面有明显的优势。这些状况与特点在调查中也显示出来。

探究性学习教学与教学设计的教师指导行为

教学设计是探究性学习的基本环节,也是从整体布局上对探究性学习的设计指导。教师对探究性学习指导的行为首先在这里表现出来。一个良好的教学设计是教学活动成功的基础。那么,在教学设计中教师作为指导者更关键、更重要的是把握什么呢? 问卷调查反映出以下的情况:

(1) 探究性学习中教学目标、教学原则的指导应用

对于探究性学习的教学目标是否与传统教学目标一致,以及如何进行实现教学目标的指导,教师的理解差异较大。认为探究性学习教学目标与传统教学目标基本一致的占多数。就教学目标本身而言,探究性学习与传统教学差异不大。而目标的实现方法、途径差异较大。有些教师认为探究性学习与传统教学的教学目标有较大差异,探究性学习更注重培养学生探究性学习的能力和在探究性学习中方法的培养。

在教学原则方面,就一般原则而言,探究性学习与传统教学差异也不大。但教学原则的主要基点是不同的。例如,探究性学习要求培养学生的创新精神和创新能力,从这一点出发,探究性学习就必须确立一个基本的教学原则,即创新原则。而传统教学并不强调这一点。

为了把握好教学目标与教学原则的指导与应用,必须把握以下三个方面:

① 探究性学习中教师的作用问题

在探究性学习中教师的作用到底处于什么状态。是不是看上去学生独自选题、研究、学习,而教师的作用相对减轻了、降低了,事实并非如此。调查也反映大多数教师都认为在探究性学习中,教师的作用不是降低了,而是提高了。它的表现方式发生了变化。一方面,是教师的作用变得相对隐蔽了,教师更多的是"躲"在幕

后指导，而不是站在台上演讲了；另一方面，是教师表面的主导、支配地位看上去减轻了，但事实上教师承担的责任相对更大了，工作量更大了，工作难度也加大了。

② 教师的个性特点与发挥的问题

探究性学习的自由度相对较大。教师势必要把握好教学的原则，以达到教学的目标。在探究性学习的指导中，每位教师都以个人的思想、思维方式、行为方式，以及个人的行为习惯参与其中，必定带有明显的个人特点。一味扼制教师个性而强调共性的原则势必扼杀教师的个人能力与创造性的发挥，在把握基本原则的前提下，鼓励教师发扬个性，大胆创造与实践是有益的举措。对于是否要发挥教师个性，被调查的教师多数认为是肯定的。

③ 学科教学指导与指导策略方面

探究性学习对不同学科而言，其具体的操作方法策略相对差异较大。在探究性学习的指导策略问题上，多数教师没有很好地探索、研究过。现在只处于最初的、朴素的带学生的情况，还没有找出更好的方法与指导的策略，没有上升到指导策略层面。教师只是把握自己任教的学科、任教的年级，实践着自己的探究性学习。为了做出一种教育教学方式的变革，探究性学习必须探索出自己的研究指导策略。而这策略的产生来自各门学科的积累。从不同分类中研究，可分如下类型：

A. 人文学科的指导策略；

B. 理科学科的指导策略；

C. 必修课学习的指导策略；

D. 活动课学习的指导策略；

E. 社会实践学习的指导策略。

（2）探究性学习的教学内容与教学形式的指导

探究性学习的教学内容指，如何从教材中和教材之外选择更为合适的相关内容进行探究性学习，并不是所有的内容都十分适合进行探究性学习的。合适的教学内容直接影响探究性学习的成功与失败，也影响学生学习的积极性与学习的成就感。从内容的选择与排序上都必须由指导教师从宏观上把握，即所谓的指导。

学习形式的指导是指探究性学习主要采用理论资料研究还是实践研究。教师必须根据课题的具体内容、情况给予学生以方向性的指导。

搞好探究性学习的教学内容与教学形式指导，根据调查分析，必须把握以下几点：

① 困难分析与研究

在进行探究性学习时,首先把可能遇到的困难做一个充分的估计。从资料收集、研究手段、人员能力、外语条件等各方面去分析存在的困难。例如,一次学生做的关于市民心理方面的研究,选题立意、研究设计都很好,但实施时需要大量的调查访问工作,又不能集中做问卷,只有一个一个去访问,工作量和难度非常大,难以承受,几乎因此而夭折了。

困难比较大还来源于社会和家长。探究性学习是一个新鲜事物,社会对此认可度尚不高,许多家长根本不理解,他们认为学书本、背单词才是学习,而进进出出、东奔西跑、写报告能应付考试吗? 因此,许多家长不支持学生进行探究性学习。

② 优势分析与研究

为了良好地完成探究性学习,教师指导中必须包括帮助学生分析其进行某次探究性学习的优势因素,以保障探究性学习的研究成功。优势分析可从以下两个方面进行:

A. 学生能力与个性特点的分析运用

教师从了解学生能力特点与个性特点上把握指导学生探究性学习的内容。要选择比较适合学生能力特点的、适合学生个性特点的研究内容进行探究。

B. 资源优势分析利用

资源包括图书资料资源、社会环境资源等。例如,我校处于虹桥经济开发区内,就具有良好的社会资源。教师在平时的探究性学习指导中可以提示该资源的内涵、特点与运用方法。

探究性学习课题设计与实施的教师指导

探究性学习课题的设计与实施是探究性学习最重要的环节。在探究性学习的设计与实施中,教师的指导行为尤为重要。教师在这个环节应做的工作有许多方面,其中最主要的有:课题设计实施的准备工作指导,选题过程中的指导,包括课题的选定、出现问题的调整策略等,还有研究实施过程中的实际指导、报告的撰写、过程中资料的收集、分析、利用的指导,以及结题时的指导工作等。

(1)课题设计与实施的准备工作指导

探究性学习与传统学习重要的不同之处在于课前的准备工作。要保证探究性学习的顺利进行,必须做好充分的准备工作。教师要指导、协助学生做好探究性学习之前的各种准备。

① 学生资料、素材积累过程的指导

教师要在日常的教学工作中不断培养学生学会资料、素材的收集积累和养成学生在日常学习中分专题、有方向性的资料收集与积累，以备将来做课题研究时对选题有充足的准备。

② 学生灵感的培育与激发指导

在培养学生收集、积累资料的过程中，要培育学生思维的敏锐性，培育科学思维、批判性思维的能力与习惯。要使学生可以在看来平淡无奇的普通资料中嗅出选题的空间，培育选题的灵感。教师在教学中提醒、指导学生有方向地思考问题，深入思考。教师应把先进的科研成果引入课堂教学之中，启发、激励学生进行科学探索的精神和勇气。

③ 培育学生的科学兴趣和研究能力的指导

教师要在言传身教的过程中，培养学生的学习兴趣和科学兴趣，培养学生的研究能力，为课题的实施做好准备。

调查表明，在这三个方面教师做的实际工作都存在较大差异，大多数教师并没有主动性地、目的性地去做，部分教师有意或无意地尝试做了，但尚不到位。

④ 培养学生良好的心理素质与克服心理障碍的指导

调查表明，在这个方面大多数教师都做得比较好，首先在主观意识上教师都认识到并且在日常生活中也做了。其次是教师在培养学生心理方面也有了一定的经验和方法。例如，在分组研究时，教师能够较好地协调小组成员的矛盾，给予学生个性表现、发挥的空间，从而克服盲目自大、心理封闭、不合群等心理问题。也有的教师通过长期的工作已成为了解决学生心理问题的专家，能够成功帮助学生克服较明显的心理障碍。

(2) 探究性学习选题过程的教师指导

在探究性学习选题过程中教师的指导行为现状时，建青调查了关于学生选题方式与类型的指导注重情况、是否有方法；调查了教师是否能够恰当地利用学生的兴趣爱好来指导学生的选题；调查了学生在做出选题时对资源的了解与利用的教师指导情况；还调查了作为指导教师，是否可以在学生选题过程中给予良好的指导等几个方面。

① 选题方式与类型的指导

在选题方式上与选题类型上，能够给予良好指导的教师占一半左右。他们能够将学科特点、学习内容、课题的内容与要选的课题良好地结合，在学生选题出现困难时给予恰当指导。例如,学生打算研究居委会关爱社会闲者与青少年的内容时,选择用什么样的方式进行研究,做成一个什么类型的课题时,在选题研究时需要教师建议从哪个角度、采取什么途径进行研究时,教师可以提供恰当指导。

另一半教师在指导上感到困难的主要原因在于,对学生提出的许多比较前卫的社会性问题缺乏一定的社会视野和思维的时代性,因而感到突然或茫然,有时手足无措或力不从心。

② 利用学生个人的兴趣爱好来进行选题的指导

教师在利用学生个人的兴趣爱好指导选题时,大多数都感到存在的主要问题是,教师没有足够的时间和精力来结合每名学生的兴趣来帮助其选题、进行指导。这反映出的问题是,教师在执行班级授课制的教学中和进行探究性学习的分组式的、个性化的指导时,需要投入的精力是大大不同的。教师也不能充分发挥个人的能力指导学生,不能游刃有余。

③ 常见的教师指导习惯与在选题中存在的一般问题

A. 许多教师都存在模式化的指导习惯,就是对同类或相关的课题选择指导方法单一,这样就扼制了学生个性化的学习。

B. 部分教师在指导学生选题时受传统教学方式的影响,最终常常导致探究性学习中有传统学习的影子,说明教师在思想和行为上转变尚不到位。

C. 部分教师在指导学生选题时自己的主观倾向过于明显,这也对学生选题不利。因为学生尚在中学阶段,他们还应在一般意义上,在更基础和广泛的范围上学习,才最为适宜。

D. 教师对学生选题中出现的问题也缺乏足够的准备,有时甚至是忙于应付一下,对学生的自信心和积极性产生不良影响。

E. 部分教师缺乏对学生选题高立意的指导能力,造成学生选题比较平庸,比较陈旧和呆板。教师的指导能力尚待提高。

(3) 开题与开题报告撰写指导

探究性学习自选题开始,选题确定后的第一个实施过程就是撰写开题报告。学生撰写开题报告问题很多,需要教师的直接指导帮助。

① 开题报告撰写中资料的收集运用指导

② 撰写开题报告的基本方式指导

A. 教学生撰写规范化的开题报告。

B. 学会把握开题报告的主题。

C. 指导学生把撰写的重点放在研究方法上。

D. 教师写开题报告。

③ 培养学生对课题价值的挖掘与提炼的能力和习惯

（4）结题指导

① 课题结束撰写结题报告（研究报告）

指导学生以一定结题报告的形式结束探究性学习。结题报告的撰写应注意：

A. 尽量注意撰写规范化的研究报告。

B. 研究报告由一人主要撰写，小组参与讨论。

C. 每次由不同的学生撰写结题报告，让更多的人得到锻炼。

D. 有条件可编辑"研究报告集"。

② 连续性进行研究的问题

A. 纵向思路，即沿着原课题进展的方向、路线继续深入进行。

B. 横向思路，即在平面上拓展研究的问题，找到所谓题的突破口。

不同学段探究性学习中的教师行为

——学前教育阶段探究学习中的教师行为

（1）学前阶段的教育特点

① 幼儿学习发展特征

幼儿知识贫乏，自我学习和自我控制能力比较差，容易受外界的影响，发展快，可塑性大，辨别力差，学习的无意识性强，模仿性强。无意识占优势，在想象、思维、注意、记忆等方面均有表现。这使幼儿学习具有无序性、隐蔽性、情境性、弥散性等特征。

幼儿园及学前期儿童面临着自主性与内疚感危机，教师应给予幼儿充分的自我探索与尝试的机会以发展其自主的人格。

② 学前教育特征

学前教育强调的是启蒙性、全面性、基础性教育。它只需要向幼儿传递关于自然、社会和人类最浅显的知识和观念，不求多么系统和深奥；教师所组织的教育活动也不要求多么紧凑、严格，规范性不强，但涉及面却极广，类型极多。潜在课程的松散性、多样性、模糊性正符合学前教育的这一特征。

学前教育是基础教育的基础，其影响不仅表现在显性结果方面，早期所有经验对儿童入学后乃至终生均有影响作用。幼儿一日生活安排，从入园到离园，教育无时无处不在。潜在课程对幼儿的影响是构成幼儿早期经验的重要部分。

（2）学前教育阶段探究学习的特点

① 儿童心理发展特点

瑞士著名心理学家皮亚杰认为，儿童的发展就是儿童凭借自身原有的图式在与环境相互作用的过程中，通过同化、顺应，通过不断获得与改造经验，不断取得平衡从而构建自己心理结构的过程。

幼儿处于前运算阶段，这个阶段儿童的各种感知运动图式开始内化为表象或形象图式，特别是语言的出现和发展，使儿童日益频繁地用表象符号来代替外界事物，但他们的语词或其他符号还不能代替抽象的概念，思维仍受具体直觉表象的束缚，难以从知觉中解放出来。

例如，在操作活动中，教师请幼儿观察物品溶解的现象，幼儿在没有动手实验前，多数主观地认为冰糖是不会完全溶解在水中的；他们更弄不明白的是：面粉和盐、味精看来差不多，都是粉状的，为什么面粉不能完全溶解在水中。可见，幼儿不通过自己的亲身体验和实际操作，很难对上述现象加以理解。

在学前阶段，幼儿是以"自我为中心"的，而且有不同水平的表现，他们常常以自己的观点、态度和需要作为衡量事物的标准，与现实之间存在较大的差距。而探究学习的特点正是为了顺应幼儿自我为中心的特点，在顺应的前提下引导，不能否定，也不能强制。在幼儿园中，儿童是学习的主人，儿童可以在生活环境中通过自主探究活动，获得有益的经验。在探究学习中，孩子与客观实际直接接触，他们会逐步发现主观与客观不符，从而经过不断调整逐步达到与外界现实之间的平衡。

② 学前儿童的探究性学习

幼儿的"探究学习"是一种在教师适时、适度引导下，围绕一个主题，对周围现象和事物进行自主观察、探索的系列活动。可见，让幼儿做学习的主人，让幼儿在尝试（探究）中学习，充分发挥幼儿的潜能，是学前探究活动的实质。有一句教育哲言："We hear and we forget, we see and we remember, we do and we understand." 探究的目的就是要让孩子理解事物的本质（问题的答案），由此可以这样论断：幼儿一旦动手做，就开始了真正的探究！

幼儿探究具体表现在以下三个方面：

A. 主动性。幼儿确实有"我想参与"的愿望，能自主地选择主题、材料和伙伴，并且在活动过程中能与同伴积极地交流，表达一种愉快的情绪。

B. 独立性。主要指幼儿独立地交往和独立地解决问题。幼儿成为活动决策者、执行者和评价者。活动的内容和形式完全根据幼儿的兴趣由师生共同决定，并不是教师说幼儿做；幼儿参与活动的全过程，并不是由教师包办代替；活动的效果由幼儿互相评价，并不是由教师充当裁判。

C. 创造性。幼儿在探索的活动中采取不同的方法，体现不同的思路，得出不同的答案。鼓励孩子奇思妙想、异想天开，甚至得出错误的答案，教师可以适当引导，提供探索的条件，帮助幼儿寻找正确答案。

学前教育探究学习主要有以下四个方面的特点：

A. 以"问题"为载体，注重质疑。

研究性学习以研究问题为目的，没有教材和大纲，这给教师和学生留下更多的创造空间。

B. 呈开放性态势，注重实践。

从研究问题的提出，到研究结果的得出，都突破了原先的封闭状态，学生走出教室，与日常生活中的事物相接触。

C. 由幼儿自己完成，注重能力培养。

在教师的指导下，孩子按自己的兴趣，自由探索，完成研究主题。

D. 强调幼儿的感受和体验，注重研究过程。

研究性学习突出的是实践性、开放性和过程性。

（3）学前教育探究学习中教师行为的主要特征

建青幼儿园将学前教育阶段的探究学习定位在尝试活动中。在尝试活动开展的过程中，教师和幼儿同为探索者，没有谁是绝对的权威，教师从幼儿的身上同样可以学到许多东西，因此，尝试对建青来说是一种师生间双向的、共同提高的过程。教师在活动中可以从幼儿身上获得许多灵感、启示，使教师不得不时时反思自己的行为，究竟在尝试活动中，作为一名幼儿教师应该具备怎样的素质，才能更有利于孩子的主动发展。下面，建青就以发生在身边的一个个案例加以剖析，试图对学前教育中教师探究性行为的特征加以归纳和总结。

① 幼儿学习

A. 善于关注幼儿身边的热点。

B. 由研究教材转变为研究儿童。

C. 努力营造开放性的学习环境。

D. 由统一教材、统一要求转变为不同幼儿，不同要求。

E. 尊重幼儿的表达表现。

F. 由"一刀切"转变为适时合度的指导。

G. 鼓励幼儿建立自信、尝试成功。

H. 注重师生间的双向交流和幼儿之间的多向交流。

I. 注重实践反思。

② 自主性游戏

自主性游戏包含所有的游戏,强调游戏应该具有自主性,开展自主性游戏就是让儿童拥有自由游戏的权利和可能,允许儿童在"此时此刻"选择自己想玩的游戏内容,而不是由教师安排或指定的内容。

建青不仅在课堂学习中,同时在幼儿的自主性游戏中也积累了一些反映教师行为特征的案例,这对建青全面概括学前教师探究学习中的行为特征将会有很大帮助。

A. 善于捕捉幼儿的生活经验。

B. 观察游戏,了解游戏进展情况。

C. 亲身参与游戏,促进游戏发展。

D. 鼓励幼儿大胆交流,分享游戏体验。

在自主性游戏中,教师的行为举足轻重,教师角色的多重性显得尤为关键。当儿童需要游戏材料时,教师是游戏材料的提供者;当儿童需要帮助时,教师是游戏的支持者和援助者;当儿童需要教师一同游戏时,教师是儿童游戏的伙伴和参与者;当儿童不需要教师介入时,教师是游戏的观察者;当儿童分享游戏经验时,教师是倾听者和发问者。因此,教师在游戏中的行为是多重的,教师已经能够摆脱过去对游戏指导的片面理解,逐渐向六点靠拢:重环境创设;重观察了解;重活动过程;重亲身体验;重积极评价;重分享交流。

总之,在学前儿童的研究性学习中,教师要做到五个"善于",即:

★ 善于转变时空角色;

★ 善于驾驭教材、把握学生;

★ 善于捕捉课堂问题;

★ 善于处理情景性突发事件;

★ 善于反思探究。

——小学阶段探究学习中的教师行为

(1) 小学阶段教育的特点

① 思维发展的关键期

小学生思维发展的过程是从具体形象思维向抽象逻辑思维为主要形式过渡的

过程,是思维发展过程中重要的"转型期"。在这一"转型期"中,尤其是四年级,是一个关键的年段。研究证明,思维发展的关键年龄有一定的弹性,可以提前,也可延后;可以加快,也可以迟缓。这主要取决于教育对其施加的影响。

② 情感发展的丰富期

小学生情感发展的特点:情感的内容不断丰富;情感的深刻性不断增加;情感的稳定性不断增强。值得一提的是,小学高年级学生的自尊心、荣誉感、责任感等在这一阶段会出现明显的转折,其发展也具有不平衡性和个性差异。这些道德情感体验影响着小学生的学习行为和学习效果。

③ 行为习惯的养成期

小学生的心理发展和变化具有较大的可塑性。无论是思维能力,还是个性、社会性和品德,都易于培养,诸如人生观、世界观等一类稳定的个性意识倾向性,在小学阶段尚未萌芽;而性格这一个性心理特征的核心部分,即稳定的内外行为尚处开始形成时期,良好的或者不好的习惯都能通过一定的教育措施加以改变。

(2) 小学阶段探究学习的特点

① 注重激发学生对探究性学习的兴趣,培养自觉开展探究性学习的初步意识

兴趣是学习的动力源泉,教育的重要任务是发现和引导学生的学习兴趣。小学生年龄小,求知欲旺盛,具有与生俱来的强烈好奇心。而探究学习是以问题解决为出发点,探究的过程必然充满各类疑难困惑,这恰好能够满足他们的好奇心。所以,建青要引导学生从生活中发现问题,利用他们的好奇心,采取有效手段,激发他们探究的兴趣,使他们能以高涨的热情、积极的态度投入到探究性学习中,去尝试解决面临的问题。这样的学习活动,贴近学生的情感世界,点燃了学生思维的火花,有利于培养学生自觉开展探究性学习的初步意识,培养他们对问题的质疑态度和批判精神。

② 要激发和培养学生的情感,让学生的情感体验成为学生的学习内容

小学阶段是学生情感发展的丰富期,小学阶段的探究学习也是丰富学生的情感体验、发展学生的情感的重要媒介。因此,在设计探究学习的内容和策略上,建青要充分利用情绪的调节作用,创设各种情境满足小学生在探究过程中的各种情感需求,让他们从中获得深刻体验,扩大和充实情感世界,从而加深对探究的曲折和艰辛的认识,对学习价值的认识,使他们在思想意识、情感意志和精神境界等方面得到初步的提升。

③ 要充分考虑学生的差异性,分层次地开展探究学习活动

虽然研究表明,所有的人(不包括在大脑、生理、心理上有严重缺陷的人)都可以掌握和参与研究过程,但并不等于说他们参与探究学习的能力是同等的。其实,小学阶段的高、中、低年级的学生在探究学习程度上是有差异的,即使是同一年级,不同的学生在探究学习能力上亦有明显的差异。建青只有在探究内容、探究方法、探究目标上提出不同的要求,才能激发每一名学生的探究热情,保证探究学习活动的顺利进行。

④ 要联系学生的生活实际,拓宽学生探究学习的空间

建青不能仅仅把探究性学习看作一种学习方式,它还是一种课程化的活动,即学生在教师指导下,从生活中选择自己感兴趣的问题作为深入探究的专题,在开放的情境下多渠道收集信息,综合应用知识,自主解决实际问题。它没有预设固定的"跑道",内容和过程是开放的、多渠道的。它不仅应该渗透于各学科的教学之中,更应该与学生的生活实际紧密结合起来,引导学生到生活中去学习活的知识。所以,建青应该多方位、多渠道地拓宽学生探究学习的空间,引导小学生从自己较为熟悉的领域选择贴近他们生活实际、为他们所感兴趣的课题进行探究。对小学生来说,他们虽年龄小,但求知欲强,只要教师引导得法,是能够顺利地开展探究学习活动的。

(3) 小学阶段探究学习中教师行为的主要特征

① 对探究性学习活动目标的确定,要具体细致,难易适度

目标,是教师教育行为的灵魂,直接关系到教育效果。教学活动的目标定得越细越具体,则操作性越强,越容易评价,且达成度越高。小学阶段的探究性学习,在一定程度上是对其进行科学研究方法的启蒙教育,更是一种"研究性学力"的培养,主要形成小学生自觉发现问题、独立思考、主动探索的初步意识。因此,在探究性学习活动目标的确定上,切不可拔高要求,要去除"大而空"的目标,确定"小而具体"的合适目标。

② 对探究学习内容的选择要结合各学科特点,联系学生的生活,切入口要小

实践告诉建青,小学生的知识信息量少,难以应对高深的科技、哲学课题研究。教师能否根据他们的年龄特征和心理特点精选合适的探究学习内容,直接影响他们学习的成败。内容选择得合适,可以激发学生探究的热情,满足他们的好奇心和求知欲望,教学的过程中就会使他们情绪饱满,思想集中。因此,教师要考虑学生现有的知识水平、实际能力、兴趣爱好来确定探究的内容,尤其要结合各学科的特

点,寻找引发学生探究的最佳切入口。

③ 在探究学习的指导方法上,要注意形式的趣味性与多样化

小学阶段探究学习的指导方法大致有以下七类:

A. 情境导入法。

主要指教师营造一种有利于学生探究学习的环境和氛围,通过创设一种情境从而引发学生产生探究欲望的方法。

B. 动手操作法。

探究性学习应尽量给予学生更多的操作实践机会,让他们动手动脑,在实践中提出问题并寻找答案,使其最充分地进行探索。各科教学中都可以根据实际情况采用。

C. 小组合作法。

这是将学生分成 4~6 人的合作小组,在教师指导下在多项合作中进行探究学习的方法。合作是形式和手段,让学生主动地探究问题,解决问题是目的。探究过程中需要学生互相合作、解释和进行各种协调一致的尝试。

D. 观察实践法。

这种方法重视引导学生对周围环境、周围的人和事进行细致而全面的观察,以探究事物的本质。它要求教师善于为学生的观察提供条件,把观察内容引进课堂,把观察的地方变成课堂,为学生创造开放性的学习空间。

E. 游戏法。

这是教师根据教学目的,围绕要探究的中心问题设计各种有趣的游戏,使学生在游戏中一步步解决问题,获得知识的方法,比较适用于低年级学生。

F. 选择学习法。

这是指在探究性学习中,教师尊重学生个性差异,针对不同基础的学生,采用不同的教学法,予以不同的指导和帮助的方法。教学方法必须注意分层次要求:对学习中等的学生和学习困难的学生,应以巩固基本知识、掌握基本技能为主;对学习优等的学生,则应注意增加和提高他们的灵活应用能力,以培养其独创的思维能力为主。

G. 资料收集法。

指导学生围绕一定情境或问题开展的主动收集资料的过程,如通过查阅书刊、音像资料、网络调查等多种渠道,应围绕主题收集信息,积累资料,以对问题有一个比较全面的认识,寻找解答的方案。除了专题性的活动可以运用资料收集法,在语文学科教学中,这种方法也能使学生更好地了解课文背景资料。

④ 在探究学习的评价上，要提倡积极、宽松的评价方式，创设民主的评价环境

教师要摒弃传统教学评价中只重结果、忽略过程的"箱式评价"，而采用多角度开放式的形成性评价，以更好地激励学生自主学习、积极探究。教师要创设一种民主的评价环境，通过恰当的评价激起学生更大的探究欲望，让他们在快乐中探究，在探究中得到发展。

——初中探究性学习中的教师行为

（1）初中学生的特点

初中是儿童期向青年期转化的关键期，学生在这一时期身心迅速发展并趋向成熟，探索精神进一步得到发展。

这个时期个体正接受中学教育，课程门类众多，且接近学科体系，大量科学文化知识的摄取为他们探索精神发展提供了必要的基础。

这个时期个体形象思维日趋完善，抽象逻辑思维迅速发展，初步掌握了思维的各种类型，已有可能初步了解对立统一的辩证思维规律，学生开始使用假设的、形式的、反省的抽象逻辑思维，因此，探索性学习中的自觉性、独立性、创造性有进一步提高。

（2）初中探索性学习中的教师指导行为

① 教师要鼓励学生在学科中、在日常学习生活中、在各个方面去寻找问题，使问题转化为课题，主动在教师的帮助下设计课题，寻找合作伙伴共同进行研究探讨。

② 在课题研究过程中，教师要及时发现问题，进行点拨引导，避免公开介入与包办代替，使学生燃烧起来的探索热情受到阻塞。

③ 在学科教学中运用学生已经掌握的知识设置铺垫，制造断层让学生自己走上一个一个的知识台阶，让学生积极去填补知识断层。

④ 在探索性学习中，在培养学生独立能力的同时要充分注意团队精神的发挥，任何创造都是集体的结晶。

——高中生探究性学习中的教师指导行为

（1）高中生的特点

高中学生的身心发展已趋于成熟，他们的思维开始从"经验型"向"理论型"转化，思维的独立性与批判性更加鲜明；同时，他们的自我意识更具理智，将自我的概念分化为"主我"与"客我"，能够把自己作为一个客观对象加以揣摩分析，这是人格发展的重要时期，也是形成正确的人生观与世界观的重要时期。

（2）高中生探究性学习中教师的指导行为

① 进行探究性学习是高中生的主要学习方式。探究性学习方式发展学生自主探究的精神，提升学生自身学习生活的经验、能力、情感体验和价值目标的追求，加强学生学习生活与自然界、社会生活的联系，加强学生知识学习与实践活动的联系，发展学生对自然、社会和人生整体性、规律性和特殊性的认识，发展学生综合运用已学的知识技能解决实际问题的科学态度、方法和能力，发展学生的综合实践能力、创造性学力和创新精神，加强学生参与社会生活、服务社会、造福人类的社会责任感和使命感，培养学生辩证唯物主义的科学观念和思想方法，培养学生关注社会的现实和未来发展的人文精神。

② 积极鼓励学生的自我管理活动。初中阶段培养主要是通过让学生参与班级管理，使他们从"他律"转化为"自律"。高中阶段主要是以"自律"为主。高中生从心理成熟度来讲，已经意识到自己行为的后果，已经能对自己的行为负责。这时的自我管理工作则可以从工作扩展到学习、生活等各个方面。鼓励学生独立思考、独立行动，在思考和行动中学生真正发展自我的创造力和研究能力。

③ 在课堂教学中利用"变式"，克服学生静止地、孤立地思考问题的习惯，清除思维定式的消极影响。培养学生善于结合直觉思维与逻辑思维的能力，鼓励学生利用直觉思维的方法，凭直觉或机智来回答问题。

④ 积极支持学生自发组织课外社团活动，在课外社团活动中充分提供学生的"心理安全"与"心理自由"。

（三）重要启示

一贯制学校探究学习与教师指导行为改善的课题研究，是进入课改"深水区"的主动作为，也是对师生关系在素质教育背景下和培养学生创新精神和实践能力的重点下的一种解析和破解。

1. 学习方式的改变要以效为先

探究学习，是与上海市二期课改提出的课程类型相关的，是对基础型课程、拓展型课程和研究型课程三类结构的主动回应与自觉建构。探究学习，不是面对哪一类课程的学习方式，而是面对所有课程的学习方式。

探究学习，作为学校课程教学和课堂学习的主流学习方式，具有基础学习的本义,也有拓展学习的泛义,更有研究学习的深义和创造学习的广义。

探究学习,作为学校学习的主干,既满足现在学习的需求,也适应未来学习的需要;既符合学校学习的特点,也符合社会学习的特性。这是一种学校学习的方式,也是走向社会的学习方式。可以说,探究学习,是连接过去、现在和未来的一贯的学习方式。

因此,建青的探究学习的研究瞄准当下,前瞻未来。

探究学习,归根到底,其实是一种带有特质的学习,从学习主体上看,是自我学习、自觉学习、自主学习;从学习效益上看,是有效学习、科学学习、高效学习;从学习途径来看,是学校学习、书本学习、社会学习;从学习长度上看,是持久学习、持续学习、连贯学习。因此,这样的探究学习,是以效益和效率为先的,就是说学得有收益,有满满的获得感,学得有速度,有实实的进步感。

建青选择探究学习作为课题研究,是找到了解决学习费时费劲的顽症,是从本源上减轻学生学习负担的要举。

2. 教师行动改变要与时俱进

教师,是教育的骨干,也是教学的主力。教师对学校的重要性,用顶梁柱来形容也并不为过;教师对育人的重要作用,用奠基人来形容也并不为过。

因此,把教师队伍抓好,提升他们的师德师能水平,是学校高质量发展的关键。建青将学生探究学习与教师指导行为的研究放在一起,是有深意的。

教师是与学生面对面呈现教学关系的,这是学校独有的优势,而一贯制的学制又为师生关系尤其是教学关系提供了连续培养和深化的可能。

所以,在探究学习中,提高教师指导行为是很有必要的,也是前提。引导学生是教师的职责,教会学生学习更是教师的责任。而要履行起职责和担起责任,教师的引导和指导必须具有含金量。而在探究学习中,教师指导行为的有效、高超,才有探究学习成果的到位和深度。

教师行动改变,不仅由责任心决定,也受能力影响。因此,这项项目的研究,教师在研究学生学习的同时,也要研究自身的指导行动,这是事物的两个方面。而建青通过课题研究,找到共同提高教师指导行动的校本培养之路,这是更有共性价值的。

教师指导行动的改变和提升,需要与时俱进地对标时代要求,对应优质教育的需求,对路现代教学的诉求。

七项实验之五

2011年《一贯制学校提高学生传媒素养、发展语言能力的课程建设研究》

语言,是人生存和发展的交流基础,也是成事成功的重要条件。

传媒,是进行知识传播、连接、转换和信息发布的重要手段,也是社会借助信息技术扩大声音价值的重要方式。

语言与传媒之间有着不可分割的重要关系。

现代社会,语言能力的形成、发展与发挥离不开媒体,而利用媒体又必须具备传媒素养。在传统社会,学校是学生最重要的信息来源,学生通过传统媒体形成、发展语言能力,进而掌握信息,增长知识。知识与信息社会,因为现代传媒的普及,学生在学校之外获得的信息量可能比从学校教育本身获得的信息量更大,学校教育之外的信息有帮助、促进、拓宽、深化学校教育内容的信息,当然也有与学校教育内容不同甚至相反的信息。培养学生理解各种媒体的特点,通过各种媒体理解、辨别、利用信息的传媒素养就成了当务之急。而接受来自媒体的信息必须具备语言能力,理解、辨别这些信息也需要语言能力,通过媒体发送传递信息更需要语言能力。语言能力与传媒素养就成了两种难以割裂的相辅相成、相互促进的能力。

20世纪80年代后期,在强调语言能力培养的同时,传媒素养教育开始成为发达国家中小学重要的教学内容。在加拿大、英国及澳大利亚,政府要求将传媒素养教育列入学校课程,在美国,与语言能力培养相联系的传媒素养教育进入了许多州的中小学课程。日本学校教育中,传媒素养教育强调"信息处理能力""信息发送能力",90年代中期后也开始"批判地解读媒体"的传媒素养教育。

建青2011年的《一贯制学校提高学生传媒素养、发展语言能力的课程建设研究》,是对现代社会条件下,提升学生语言在传媒载体中运用水平的研究实践。

(一) 主攻方向

项目七的研究主攻方向为两个:一个是理论价值,从理论上厘清"语言能力""传媒素养"之间的关系及语言能力培养与传媒素养培养之间的关系;另一个是实践意义,"语言能力""传媒素养"基于学生在不同年龄段、学段的特点及相互之间贯穿、衔接的关系,培养他们如何在语言类学科课程、其他学科课程与拓展课程中开展学习。

第一步是要分析把握"提高传媒素养、发展语言能力"课程对幼、小、初、高不同学段学生的培养要素和重点。第二步是着力构建从幼儿园到高中的纵向衔接贯通、层层递进的"提高传媒素养、发展语言能力"拓展型校本课程。

研究内容重点在于:一是关于传媒素养和语言能力培养的文献研究;二是幼、小、初、高不同学段学生传媒素养的调查研究;三是"提高传媒素养、发展语言能力"课程结构框架的研究;四是基础型课程中渗透实施语言与传媒课程模块的研究;五是"提高传媒素养、发展语言能力"拓展型校本课程开发与实施的研究;六是对"传媒与语言实验中心"软硬件建设的研究。旨在文献借鉴和调查分析的基础上,明确幼、小、初、高不同学段学生的传媒和语言能力培养要素和重点;探索在基础型课程中渗透实施语言与传媒课程模块的内容与方法;开发和实施"提高传媒素养、发展语言能力"幼、小、初、高纵向衔接贯通、层层递进的拓展型校本课程;加强学校"传媒与语言实验中心"软硬件建设,为课程实施提供保障;探索具有学校特色的课程实施体系,以特色课程促进学校的特色发展。同时,也为基础教育学校开展以语言能力培养为重点的传媒素养教育提供经验和借鉴。

(二) 成果概要

《一贯制学校提高学生传媒素养、发展语言能力的课程建设研究》的成果主要表现在对传媒素养与语言能力的关系研究和传媒素养与语言能力培养的课程建设,以及如何发挥一贯制学校的优势,实现阶梯式培养。

1. 揭示传媒素养与语言能力的关系

研究认为,传媒素养由传媒和素养共同构成。

传媒,就是传播各种信息的媒体。一般来说,传媒指大众媒体,包括电视、电影、计算机游戏、互联网、音乐光盘、报纸、杂志、图书、广告等。而素养,这是与个人对有关事物的理解、感知有关的素质。《现代汉语词典》中"媒体"是指"交流、传播信息的工具,如报刊、广播、广告等新闻媒体","传媒"是指"传播媒介,特指报纸、广播、电视等各种新闻工具"。近年来,人们更多地使用传媒的概念,泛指各种大众媒体。

媒体素养就是一个人认识、评判、运用传媒的态度与能力，是指人们面对传媒所承载的各种信息时的选择能力、理解能力、质疑能力、评估能力、创造能力、制造能力、思辨性反应能力等。也有观点认为，媒介素养是传统素养（听、说、读、写）能力的延伸，它包括人们对各种形式的媒介信息的解读能力，以及批判性地观看、收听，并解读影视、广播、网络、报纸、杂志、广告等媒介所传输的各种信息的能力，当然还包括使用宽泛的信息技术来制作各种媒介信息的能力。

而"传媒素养教育"或"媒体素养教育"有别于培养媒体从业人员的媒体专业教育，教育对象的主体是全体公民，传媒素养教育的目的在于面对大众传播媒介的各种信息时的选择、理解、评价、质疑、创造和批评的能力，以及使用媒介的能力。

语言是思维工具和交际工具，它同思维有密切的联系，是思维的载体和物质外壳及表现形式。语言是一种社会现象，是人类最重要的交际工具，是进行思维和传递信息的工具，是人类保存认识成果的载体。

语言的功能主要分为社会功能和思维功能两个方面，其中，社会功能包括信息传递功能和人际互动功能。语言虽然可以做文字的基础，但语言毕竟不等于文字。语言是表示事物的名称的，所以，任何语言都是概念的映像，即具有所指性。另外，语言要依托声音这种媒介来表达所指，所以说语言也是声音的映像，声音是语言的另一个侧面，也就是说语言具有能指性。

语言能力是指掌握语言的能力，这种能力表现在人能够说出或理解前所未有的、合乎语法的语句，能够辨析有歧义的语句、能够判别表面形式相同而实际语义不同，或表面形式不同而实际语义相似的语句，以及运用听、说、读、写、译等语言技能的能力。语言是人们交流思想的媒介，语言又是符号系统。

语言能力是建青提高素质、开发潜力的主要途径，是建青驾驭人生、改造生活、追求事业成功的无价之宝，是通往成功之路的必要途径。

现代教育要求与生活实践相结合加强语言能力培养。语言能力作为"社会文化性、技术性的工具"，包含"语言构成的能力、知识和用语言进行交际的能力"，用"语言"思考，并正确表达（传达）思考内容、与人交流的能力，越来越受到重视。

传媒素养与语言能力的关系，研究后发现：一是传媒素养对于促进语言能力发展具有重要意义。传媒是现代社会生活具体的、直接的和鲜活的反映，传媒所具有的多种表达形式、大量的信息，对于语言能力的培养，具有较好的训练功能。在信息时代，将传媒引进课程教学，如，利用新闻媒体的时事新闻性，可以培养学生敏锐的思维及议事能力；利用媒体的生动性、参与性等，可以培养学生灵活的思维及思辨能力等。

二是传媒素养教育的沟通交流和互动方式对语言能力培养具有特殊作用。"传媒素养"与"语言能力"之间具有密切的关系,现代社会是一个到处充满传媒信息、随时可以接受和选择传媒信息的社会,传媒已经深入到生活的方方面面,语言作为理解和沟通的重要工具,传媒的沟通交流和互动方式对于语言能力的形成、发展具有重要意义。

传媒素养日益重要,对教育的影响也更为广泛和深入。在知识与信息社会中,传媒日益普及,学生获得信息的渠道不断增多,内容不断丰富,来自传媒的信息有助于拓宽、深化学校教育内容,当然也有与学校教育内容不同甚至相反的信息。培养学生了解各种媒体的特点,理解、辨别、利用信息的媒体素养就成了当务之急。

2. 揭示传媒与语言能力培养的课程整合路径

建青结合一贯制学校实际和不同学段学生的特点,将"传媒与语言"特色课程的理念有机地渗透与融入基础型课程、拓展型课程和研究型课程的实施之中,建立渗透形态与独立形态相结合的、横向内容领域分布合理、纵向年级水平要求逐步提升的一贯制学校培养学生媒体素养与语言能力的课程体系。课程序列简表如下:

表 4　学校"传媒与语言"课程形态与领域

学段	年级	实施形态与领域覆盖				备注
		渗透形态	领域覆盖	独立形态	领域覆盖	
高中	10～12	在基础型课程实施过程中,将传媒素养与语言能力理念融入科目课程的目标、内容、教学方式和评价等环节,在实现科目课程目标的同时,提升学生的传媒素养	渗透形态的传媒素养与语言能力课程覆盖基础型课程的各个科目,结合科目特点,培养学生收集和处理信息的能力,获取新知识的能力,分析和解决问题的能力,以及交流与合作的能力,同步提高学生的学科素养、传媒素养,发展语言能力	以传媒素养与语言能力为特色,选择学生感兴趣的学习领域,依托拓展型课程和研究型课程,开发若干课程模块,供不同学段学生选择	独立形态的传媒素养与语言能力课程覆盖的领域主要包括学科拓展,以及学科之外的科技与人文、健康与娱乐、阅读与欣赏等三大学习领域,在提高学科素养的同时,提高传媒素养,发展语言能力,优化整体素质结构	
初中	6～9					
小学	1～5					
幼儿园	小班、中班、大班	结合不同年龄幼儿的身心发展特点和幼儿园实际,开展融入传媒与语言发展意识的幼儿游戏活动				
备　注						

课程体系如下表：

表5　学校"传媒与语言"综合课程体系

课程	课程分类	幼儿教育	小学教育	初中教育	高中教育
基础型课程	基础类课程	说话 数数活动	语文 英语 数学	语文 英语 数学	语文 英语 数学
拓展型课程	兴趣拓展类课程	读报 看电视 游戏数学 讲故事 英语儿歌 生活会话 快乐英语 数数	剪报 影视赏析 趣味数学 故事会 文学欣赏 英语故事 生活用语 趣味英语 口算	小报编辑 影视评析 兴趣数学 故事演讲 文学赏析 英语演讲 媒体用语 实用英语 速算	校报编辑 影视艺术 智慧数学 编故事 话剧阅读与表演 英美名诗赏析 职业用语 应用英语（托福、雅思） 数学方法
	应用拓展类课程	学儿歌 看图说话 画图 认识数字	学说上海话 故事演讲 创意作文 板报设计 生活中的数学 计算机初步	演讲与口才 交流与沟通 中文应用写作 编写小报 数学思维训练	演讲与辩论 理解与沟通 新闻采访 编写校报 数学应用 计算机编程与应用
研究（探究）型课程	学生社团类课程	/	儿歌社 小记者	诗社 小记者团	诗词社 主持人
	综合实践类课程	百灵鸟电台 认识社区	红领巾电台 快乐实践	建青之声电台 阅读社区	建青电视台 社会调查

教师边实践边体验，不断地探索"传媒与语言"课程与基础型课程、拓展型课程和研究型课程的整合建设，构建"传媒与语言"的课程模块，改善现有的学科基础型课程，将三类课程与"传媒与语言"特色课程贯穿衔接，形成了多层次、立体化的"传媒与语言"课程体系。

一是与基础型课程整合。在基础型课程中，以语言类课程为重点，以"培养传媒素养和语言能力"为目标向学科课程渗透。以语文、英语等语言类基础型课程为突破口，充分发挥其学科特色，结合语言多元发展一般规律，帮助学生深入了解语言本身及其相关内涵,丰富对语言及其技能的理解和应用水平,提高对其内涵的敏感性和综合水平,强化学生的语言基本能力。教师要在这类课程的课堂中加入媒体元素,开发、利用传媒资源,注重培养学生的传媒素养,提高学生的语言能力。其他学科则根据本学科的特点,渗透"传媒与语言"特色课程的相关内容,如:政史地组以德育为主导,培养学生对传媒与语言信息的识别、判断能力,促进其思想道德发展;信息组则以技能为基础,提高学生使用和制作传媒项目的能力;数学组以对传媒信息的识别为途径,促进学生批判性思维能力的提高等。

二是与拓展型课程整合。在拓展型课程中,以"传媒与语言"为主题开设课程,使其成为发展特色课程的主阵地。

中学部严格按照市教委颁布的课程计划,根据学生的兴趣爱好,开足开好拓展型课程,同时加强"传媒与语言"特色品牌课程建设,以生活、学科、社会交往等方面的学习为主,与社团活动、学科拓展等有机结合,帮助学生了解语言的应用领域,培养学生传媒素养的语言多领域应用能力。

中学部在六、七和高一年级开设 30 门兴趣拓展型课程,其中"传媒与语言"类课程有 18 门,占所有拓展型课程的 60%,开设的科目有班级网页制作、DV 短片制作、flash 动画基础、VB 程序设计、影视艺术与现代传播、校报的采编、手语、话剧表演、四大名著赏析、文言文经典赏析、散文欣赏、跨文化交际、科普英语、英语报刊阅读、英语演讲、生活中的心理等。

三是与研究型课程整合。在研究型课程中,初中以六年级的"社会实践阅读"、高中以高一年级的"研究型学习"为重点进行实验和探索。

六年级的"社会阅读"以"阅读领航,实践体悟"为宗旨,每月确定一个主题,进行为期半天的外出社会实践,主题涉及"黄金城道商业街调查""探访名人故居,感受文化底蕴""走近宋庆龄"等。

高一的研究型学习结合基础型课程和拓展型课程的实施,结合社会的热点和关注点,结合学生的兴趣和爱好,以学生为主体,以课题为载体,发挥教师的指导作用,开展了语文、历史、物理、心理、化学等学科的研究型学习活动,形成一系列小课题研究方案和成果。

四是与学生社团活动相整合。在建设"传媒与语言"课程的过程中,中学部对社团活动实行"社团课程化",由学生自主选择,学校聘请指导老师,进课表定时定点开展社团活动。在学校 20 个学生社团中,"传媒与语言"类社团初中有 4 个,即语言社、话剧社、电脑社、美术社,高中有 6 个,即文学社、二次元漫画社、音乐社、思研社、心馨苑心理社和布艺社。

3. 揭示一贯制学校传媒与语言能力培养的阶梯

建青提出，从幼儿园到高中十五年一贯制的优势，通过传媒素养的培养，以语言类课程为重点向其他学科课程渗透，构建"提高传媒素养、发展语言能力"幼、小、初、高纵向衔接贯通、层层递进的校本课程体系，以特色课程建设促进改革教学内容和方法，实现学生"德行好、基础实、能力强、特长显、视野阔"的培养目标，形成具有特色的学生培养之策和学校发展之路。

以学生的全面发展为本，按照学生的身心发展规律、教育教学规律、教育适应未来经济和社会发展要求的规律，以传媒与语言为主线，优化配置课程的相关要素，深化课程与生活、课程与社会、课程与学生综合素质的联系，建设具有可拓空间和深厚内涵、富有活力的课程体系。

各学科相关的层次化的传媒素养与语言能力培养的方案研制。按照"思维—语言—行为"三个领域，研究传媒素养与语言能力的影响因素及发展规律，构建传媒素养与语言能力培养方案，并在实验中逐渐修改和完善。

（1）在纵向目标培养实验中，从传媒素养的角度，注重培养学生利用传媒实现对信息的理解、应用、分析、评价、创造的能力，深入研究个人特征、语言过程、行为效果之间的联系，建立基本能力和拓展能力目标，分层递进，不断提升，逐渐在实验中摸索出适合不同学段学生特质的有梯度的传媒素养与语言能力目标培养方案。

（2）在横向目标培养实验中，从语言能力的角度，注重学生语言理解能力、表达能力、反应能力的提高，训练学生语言的表达技巧和艺术表现力，提高学生语言的敏感度和准确度，语言内涵的思想性和深刻度，在听、说、读、写等方面不断提升，逐渐形成多维度的以不同学科为载体的、不同形式的传媒素养与语言能力目标培养方案。

不同学段的能力培养具有差异性。传媒在社会中无处不在，但学生的传媒素养与语言能力需要逐步根据学生的发展分层培养。高学段学生在对信息的收集、筛选、甄别、运用上比低学段学生更容易培养。因此，学校以高中年级的语文、数学、英语三学科作为试点，然后组织其他学段的教师对教案设计、课堂教学等方面进行交流和学习，进而全面推开，形成不同阶段各有侧重的培养模式。以语言能力培养为例，从幼儿园、小学、初中和高中，制定出不同阶段学生语言能力培养的重点，对大语言概念下的语言学习的重点、培养目标和课程性质进行了界定，见下表：

表6　不同学段语言学习的能力培养表

	幼儿教育	小学教育	初中教育	高中教育
语言学习重点	语言启蒙学习	语言认知学习	语言理解学习	语言应用学习
能力培养重点	语言初始能力培养	语言基础能力培养	语言应用能力培养	语言综合应用能力培养
综合课程性质	语言启蒙型综合课程	语言认知型综合课程	语言理解型综合课程	语言应用型综合课程

明确幼、小、初、高不同学段学生的传媒和语言能力培养要素和重点,探索在基础型课程中渗透实施"传媒与语言"课程内容与方法,在拓展型和研究(探究)型课程中开发和实施"提高传媒素养、发展语言能力"、幼、小、初、高纵向衔接贯通、层层递进的校本课程;结合一贯制学校不同学段学生的特点,将"传媒与语言"特色课程的理念有机地渗透与融入基础型课程、拓展型课程和研究型课程的实施之中,建立渗透形态与独立形态相结合的、横向内容领域分布合理、纵向年级水平要求逐步提升的一贯制学校培养学生媒体素养与语言能力的课程体系。

(三) 重要启示

《一贯制学校提高学生传媒素养、发展语言能力的课程建设研究》,将学生语言能力培养放在当代信息技术发展传媒手段日新月异的当下,具有现实意义和历史意义。

1. 发展学生语言能力至关重要

教育的实施,更多的是以语言为传达、传授、传播的,因此,语言的重要性不言而喻。语言,是学校教育的"母语"。

学生的语言能力,是构成学生全面能力的最主要的基础,是全面成长的基座。可以说,学生语言能力的发展程度和水平,一定程度上标志着其学业达到的高度,具有标志性的意义。强大的语言能力,就是硬实力,就是好威力,就是强伟力。

因此,建青这个项目,对学生成长具有奠基价值。

学生的语言能力,可以表现为多方面,从形式上看,最主要的是口头表达能力和书面表达能力。

学生语言能力，具有丰富的内涵和宽广的外延。语言的背后是思想、知识、判断和选择。语言能力的提升需要语词的丰富、理解的正确、择词的辩证和运用的灵活。

发展学生语言能力，是抓住了学校教育中的一个带有根本性的"牛鼻子"，也是抓住了学生成长中的一个带有核心因素的"关键点"。

而将传媒素养与语言能力放在同一个时空和视阈，这是具有现代意识的举措，也是对信息时代反哺教育的回应。

当下，信息技术的高度发展，语言的呈现方式也出现了新载体、新的天地。传媒将承担语言传输的技术角色，且有无限延展的可能。因此，学生语言能力的尝试场所和磨砺场所就具有多维性。利用传媒的条件和优势，既可深化语言能力的内涵，也能拓展语言能力的外延。传媒素养的提高与语言能力的提高具有相辅相成的互补效应。因此，建青的这个项目，是将载体和主体进行嫁接的创新之举，潜在的意义不可低估。

2. 开辟语言贯通培养的新途径

语言发展是一个过程，语言从"自然状态"到"社会状态"，这是语言从交流运用到交际成就的重要标志。

人，从出生起，会经历一个语言"自蕴期"，生理的发展支撑语言的日趋完整。然而，人在学校中获得的语言，更多的是带有社会性、思想性、判断性的，因此，这样的语言通过启蒙、熏陶和磨砺而得到正向发展。

语言随着文明、文化的输入而长成翅膀，并走向丰满。这种翅膀是渐丰的，丰满是循序的。因此，语言能力如能在一个校园得到贯通的培养，这是很幸运的。

建青的此项目，聚焦课程及其连贯，重在从幼儿园到高中的连续培养，这就使培养的时空更有情景性和阶段性、连续性。

语言能力因见识提高而产生飞跃需要各学段有机衔接。同是一种阅读能力，可能在幼儿园，或在小学，或在中学，要求和目标是不同的，希望学生达到的程度也有所不同，那么贯通培养，既能有效落实培养的阶段目标，也能有利于实现终极目标。

语言能力的贯通培养，能避免因学段而存在的互不往来的局限，也能一以贯之地实现连续培养，便于语言的积累、语言的积淀。因此，建青在项目中提出的一系列课程方案、实践方案和活动方案，对学生语言的结构丰满、表达敏捷和阶梯进步，是有极大的便利的。

七项实验之六

2019 年《十五年一贯制学校学生优势智能
实验室课程建设的实践研究》

教育现代化正成为国家的发展战略。中共中央、国务院颁布了《中国教育改革和发展纲要》《国家中长期教育改革和发展规划纲要（2010—2020 年）》等纲领性文件，2019 年，中共中央、国务院又印发了以教育现代化为主题的中长期战略规划《中国教育现代化 2035》，系统提出了八个"更加注重"的基本理念，即以德为先、全面发展、面向人人、终身学习、因材施教、知行合一、融合发展、共建共享。

教育现代化对学校意味着就是要用先进的教育理念和智能开发的原理，付诸办学实践。而如何设计适合不同基础和能力的学生发展的特色课程体系，发掘学生潜力特质，培养特长是一贯制学校需要思考的问题。如何围绕"一贯制"的学校特色，高效统整基础型、拓展型、研究型课程，在注重衔接的同时凸显特色，落实学校的育人目标，满足学生在不同学段的发展需求更是"一贯制"学校亟待突破的挑战。《十五年一贯制学校学生优势智能实验室课程建设的实践研究》，既搭准教育现代化的脉搏，又紧贴十五年一贯制办学的优势，还注重学生优势智能开发与相适应的学校实验室的匹配，具有多重的价值。

（一）主攻方向

优势智能实验室课程是在学校横向融合、纵向衔接的 JQ(JOINT QUALITY) 课程体系之下，与优势智能实验室相匹配的符合学生年龄特征、适应学生智能培育与发展、具有校本特色的课程系列。优势智能实验室是为了挖掘、培育和发展学生的潜能和特长而建设的与多元智能对接的创新实验室（或实验场馆、中心）。在本研究中，学校已初步建成了对接语言智能的 MEDIUM 传媒语言素养实验室，将要建设对接逻辑数学智能和对接自然观察者智能的 EXPLORER 跨学科实验室；对接人际关系智能、自我认知智能的 DESIGNER 生涯设计实验室；对接音乐智能和身体动觉智能的 ARTIST 艺术时尚中心等。以上述实验室为载体，学校开发从幼儿园到小学、初中和高中的特色课程。

此项研究的理论意义主要体现在以下三个方面：首先，厘清了优势智能实验室与优势智能实验室课程共生共长的关系；其次，探索了基于多元智能理论的十五年一贯制学校优势智能实验室建设的原则，即灵动组合、主题综合、探索实验、跨龄适切；最后，实践了基于多元智能理论的十五年一贯制优势智能实验室课程建设的三大策略，即跨学科设计、跨时空设计、一贯制设计。

本研究的实践意义主要体现在以下三个方面：首先，有助于为每一位具有不同优势智能的学生提供特色课程学习与实践的场所，并发现、培育和发展自己的能力特长；其次，有助于将学生差异转化为教育资源，丰富学校教育，使学校教育多样化；最后，有助于生源非择优的一贯制学校根据学生个体差异及发展需求，在以空间建构为基础的课程体系下进行公平而有质量的教育，把学生培养成未来发展需要的人才。

本项目以多元智能和优势智能为理论依据，研究十五年一贯制学校如何在扎实落实国家课程、地方课程的前提下，针对自身"就近入学，不加选择"生源非择优、个体差异大的特点，充分利用学校资源，有效整合优势资源，包括硬件和软件资源，建设利于面向全年龄段学生、培养学生优势智能的空间及校本课程。

（二）成果概要

《十五年一贯制学校学生优势智能实验室课程建设的实践研究》，将学生智能开发置于实验室的环境之视阈，并对相应的实验室课程体系进行了探索，将优势智能开发的实践，通过专门的实验室和典型的实验课程的设计和设置，予以实质性的支撑，并对十五年一贯制衔接培养提出了思路和主张，颇有见地。

1. 揭示多元智能与优势智能的内在联系

智能为教育所关注，智能理论为教育工作者所青睐。智能理论的发展经历了较长时期，多元化的智能理论的建立也经历了长期的过程。美国哈佛大学心理学家霍华德·加德纳以生命科学、逻辑分析、发展心理学及传统心理学等领域为基础，完善和确认了判断智能存在的八大标准，并基于这些标准，提出了多元智能理论，即个体身上相对独立、与特定的认知领域和知识领域相联系的八种智能：言语—语言智能、逻辑—数理智能、音乐—节奏智能、视觉—空间智能、身体—运动智能、自省智能、人际交往智能和自然观察智能。多元智能理论一经提出,在教育领域即引起了强烈的反响,受到了研究者的广泛关注与应用。大约在 21 世纪初,我国开始关注多元智能理论,在我国的教育改革中发挥了重要的作用,对促进教育改革和提升学生素质都具有重要意义。

加德纳认为,八种智能不同程度地以不同方式组合,每个人至少拥有一项优势智能。据此,他提出了"让每个儿童在自己强项的基础上发展"的教育理念。而关于智能和优势智能的概念,目前学界并没有一个很好的解释与归纳。但优势智能往往是多元智能中某一两个突出的地方,即形成优势智能。

建青研究认为,优势智能指的是在多元智能理论体系下,个体在八大智能中,有 1～2 个方面的智能相对于其他智能而言具有突出性和优势性。优势智能的发挥能够促进学生个性和特长发展。这就是说,多元智能为优势智能的存在提供了基础和可能,而优势智能的开发又是多元智能的结晶,两者具有相辅相成的关系。

2. 揭示满足不同年龄段学生优势智能发展的实验室框架

优势智能实验室建设以学校育人目标、优势资源与学生智能发展现状为基础,服务于优势智能课程建设,聚焦于学生的智能发展,符合全年龄段使用。既要符合学生智能分布现状,满足学生兴趣特长培养需要,又要面向全体学生,促进学生个性化发展和综合素养培养。空间构建充分遵循幼儿身心发展规律,激发小学、初中学生学习兴趣,利于提高高中学生综合素质。

根据多元智能理论建设相对应的优势智能实验室,学校已初步建成了对接语言智能的 MEDIUM 传媒语言素养实验室,在研究期间,将继续完善该实验室,将要建设对接逻辑数学智能和对接自然观察者智能的 EXPLORER 跨学科实验室;对接人际关系智能、自我认知智能的 DESIGNER 生涯设计实验室;对接音乐智能和身体动觉智能的 ARTIST 艺术时尚中心等。

基于优势智能的学校优势智能实验室建设框架:

表 7　学校优势智能实验室建设框架

优势智能	实验室课程	优势智能实验室
语言智能	经典诵读、雅思综合课程等	MEDIUM 传媒语言素养实验室
逻辑数学智能	数学思维、科创大赛等	EXPLORER 跨学科创新实验室

续 表

优势智能	实验室课程	优势智能实验室
逻辑数学智能	电脑制作、机器人等	EXPLORER 跨学科创新实验室
自然观察者智能	生活中的生物、生灵之境等	EXPLORER 跨学科创新实验室
人际关系智能、自我认知智能	JA 财商课程、生涯指导课程等	DESIGNER 生涯设计实验室
音乐智能、身体动觉智能	大艺术、国际时尚创意课程手球等	ARTIST 艺术课程实验室

表 8 学校优势智能实验室课程简介

教室	简介
中学 STEM 教室（两间） 小学 STEM 教室	学生在教师的组织和指导下，开展丰富多彩的科学实践类活动，在活动中获得科学实践能力，从而得到更为全面的发展。STEM 代表 Science（科学）、Technology（技术）、Engineering（工程）、Mathematics（数学），科学解释世界的客观规律；技术和工程则是利用建青掌握的客观规律解决各种社会发展难题；数学是推动技术和工程发展的基础工具。生活中发生的大多数问题需要应用多种学科的知识来共同解决
电脑绘画教室	电脑数位绘画是以信息技术和相关软件为工具，将计算机软件技术和绘画技能教学结合在一起。在教学过程中要掌握一些基本的软件操作，如 Photoshop、AI 等。学生不仅能通过电脑画卡通，还可以用电脑来画素描和油画，使绘画变得更加有趣。同时发展学生的绘画能力和计算机软件操作能力
书法教室	通过专门的书法课程，学生可以学习毛笔字、钢笔字等书法
生灵之境教室	促进人与自然的和谐相处，为学生搭建平台，体验和感悟自然之美
DI 实验室	学生通过自主动手，利用纸板、易拉罐等可回收重复利用物件，搭建奥林匹克 DI 竞赛参赛道具
自创家居教室	学生在教师的指导下，通过学习编程，配合 3D 打印，制作各种各样的创意家居设备
学生报社	开阔学生了解世界、融入世界的新闻视野，培养学生的传媒素养，增强学生的社会责任感，深入浅出地为学生讲解新闻学的相关专业知识，并通过全方位参与《建青报》的选题策划、采访写作、编辑出版等环节，提高学生对新闻事件的写作能力
深兰实验室	与深兰公司合作，在学校设立的深兰实验室，深兰公司会在此与学生探讨一些技术知识，与学生交流，解疑答惑

续　表

教室	简介
机器人教室	学习乐高 EV3 系列,内容涵盖搭建和编程,涉及到工程、机械结构、计算机技术等多元化知识;培养学生动手和动脑、独立思考与团结合作、想象与创新等方面的能力,学好后能具备参加各类机器人竞赛的能力
三模教室(1)	在教师的指导下,完成对车模、船模、航模的搭建,培养学生的动手能力和对模型爱好和兴趣
三模教室(2)	
生涯中心	通过生涯规划指导,帮助学生了解自身特点和长项,更好地认识自己,并积极确立人生方向和适合自身的奋斗策略
管乐排练室	给爱好器乐的学生提供丰富、优质的管乐设备和场地,培养学生对音乐的兴趣和爱好
舞蹈房	建青舞蹈队的学生在舞蹈房学习舞蹈,并排练专业舞蹈
数字音频教室	数字音频课程以数字技术为基础,让学生学习和了解音乐基本表现要素,通过对编曲软件的学习,能在实践中以自由的创作方式表达情感、使用编曲软件处理音频文件,在积极体验的状态下,充分开展想象,制作简短的音乐。提高学生音乐文化的基本素养,更可以陶冶情操和开阔视野。课程需要学生有一定的乐理基础及计算机操作基础,会一门乐器更佳
印染教室	数码印花,学生可以将设计的图案真实地打印在布料等织物上,切实感知印染的全过程
数媒教室	通过数媒课程,学习类似春晚的舞台背景及数字屏幕的视频制作
服装设计工作室	学生根据服装设计图纸的模板,按照自己的想法和创意,在服装图纸不同的位置,粘贴不同的布料碎片、织物及装饰品,完成自己的服装设计稿
摄影棚	摄影棚配备有专业的照相设备、背景幕布、打光灯等,学生可以学习如何拍摄专业的模特时尚照片
化学实验室(1)	通过实验教学提升学生实践能力,实验是帮助学生掌握知识技能、学会动手动脑、培养创新人才的重要途径。教师可通过桌面控制系统,实现一键开启或关闭实验室里所有学生实验台的信息化设备,可根据教学需要一键升起或降下所有学生实验台的围板,不仅可以将课件内容投
化学实验室(2)	
生物实验室(1)	

续　表

教室	简介
生物实验室(2)	
生物实验室(3)	
科学与技术实验室	影到大屏幕上,而且可以同屏到学生实验台的电脑屏幕上,使学生看得更清晰,以提升教学效果。实验室配备了实验设备和多媒体设备,通过实验使学生对自然科学产生兴趣,提升学生的动手动脑能力,掌握基本的自然科学常识
物理实验室(1)	
物理实验室(2)	
物理实验室(3)	
美术室(1)	美术教室不仅配备有基本的美术教学用具,还装配了多媒体设备,为美术教学提供了必要条件
美术室(2)	
中澳英语专用教室	通过外教授课提升学生的英语能力,使学生拥有一个英语交流的环境,有助于提升口语水平
模联教室	在模联教室中,学生可以扮演来自不同国家的外交官,模拟开展国际热点问题讨论。学生按照一定的会议规则,通过各自的演讲阐述观点,维护各自代表国家的立场和观点;学生还会根据相关议题拟定相关草案,进行投票表决等模拟联合国国际组织运作流程。学生可以熟悉并积累基础的国际外交关系知识
语言专用教室	我校已拥有3个可以达到上海市外语听说测试标准化考场标准的语言专用教室
录播教室	教室配备了各种摄影录像装置,通过这些设备使教师公开课能够顺利进行
计算机教室	我校4个计算机机房都安装了相应的教学软件,满足学生信息技术学习的需求,使学生掌握了更多的信息技术知识,缩短了信息时代与生活之间的距离
音乐教室	3个音乐教室是我校音乐活动的基地。通过音乐活动教学陶冶学生的音乐艺术情操,为我校校园文化建设提供助力
安全体验教室	通过安全体验教室来培养学生的安全意识。让学生了解日常生活中可能会发生的安全隐患,避免隐患发生,也可以通过安全体验教室让学生掌握逃生技能,当危险发生时可以做到处乱不惊

3. 揭示优势智能实验室课程结构与设置的机理

学校立足《国家中长期教育改革和发展规划纲要》,基于《中国学生发展核心素养》,围绕学校办师生喜欢的学校,让师生共同发展的办学理念,以培养"德行好、基础实、能力强、特长显、视野阔"的建青学子为目标,依托 EXPLORER 跨学科创新实验室、ARTIST 艺术时尚中心、MEDIUM 传媒语言素养实验室、DESIGNER 生涯设计实验室几大空间的构建,在国家课程方案和学科课程标准的框架下,结合学校 JQ 课程体系,建设优势智能实验室课程,着力培养学生的创新精神、创造能力、艺术鉴赏力、思辨能力、批判精神、生涯规划能力及跨文化意识。在课程实施过程中,通过编写相关学习手册作为自适应学习的支持工具,利于教师精准指导和学生个性化学习,帮助学生在良好的学习环境中,形成结论并自主解决问题。

建青对优势智能实验室课程结构与设置进行了顶层设计:

课程将人文资源和自然资源纳入实施过程,开发学科性综合实践活动课程,丰富学校的课程内容,拓展师生的课程视野,实现全面提升学生科学素质的目标。课程结构与设置如下图及下表:

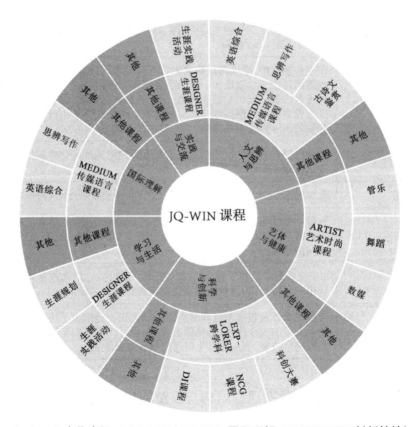

(W-WEQ 合作意识,I-INTERNATIONAL 国际理解,N-NOVELTY 创新精神)

图 3　JQ-WIN 课程及优势智能实验室课程图谱

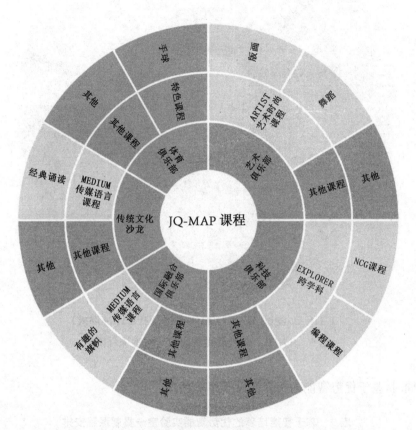

(M-MENTALITY 多元智能，A-ATHLETICS 强健体魄，P-PERSONALITY 发展个性)

图 4 JQ-MAP 课程及优势智能实验室课程图谱

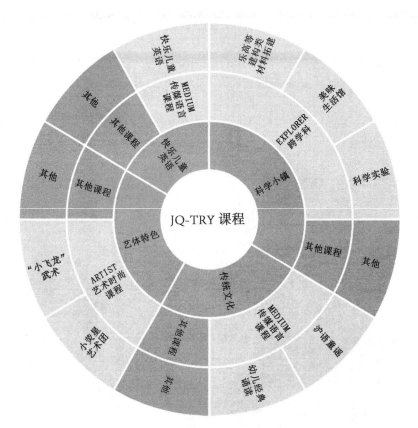

(T-TRIAL 尝试，R-REFLECT 表达，Y-YEARN 渴求)

图 5　JQ-TRY 课程及优势智能实验室课程图谱

同时，基于优势智能的培养开设了相关课程。

表 9　基于智能培养的优势智能实验室一贯制课程安排

智能	幼儿园	小学	初中	高中
言语 ——语言智能	学说上海话 快乐儿童英语	阅读与写作 经典诵读 戏剧课程	新闻观察与写作 古诗文阅读 科普英语 小托福	古诗文鉴赏 思辨写作 科普英语 雅思综合课程
数理 ——逻辑智能	数学玩玩乐 科学启智 STEM 课程	数趣、自然笔记 STEM 课程	数学思维 生活中的化学	元宇宙实验 数字媒体

续　表

智能	幼儿园	小学	初中	高中
视觉 ——空间智能	画图、游戏	航模、车模	航模、车模	科创大赛课程
身体 ——运动智能	游戏课程、乐高课程、舞蹈	游泳、手球、足球、舞蹈、编织	手球、舞蹈、舞龙	手球、舞蹈
音乐 ——节奏智能	音乐、舞蹈	舞蹈、管乐、合唱、鼓号	舞蹈、管乐、合唱	舞蹈、管乐、合唱
人际交往智能	节日文化 有趣的旗帜	节日文化 有趣的旗帜 JA财商课程	JA财商课程 传媒课程 有趣的旗帜	传媒课程 模联课程 JA财商课程
内省智能	幼儿运动素养培养	意志力 心理课程	意志力 心理课程	生涯课程 心理课程
观察智能	美味生活馆	根与芽 生态园	根与芽 生态实验室	生态实验室

（三）重要启示

研究教育，不能不研究智能开发。智能开发的研究，将使教育由"必然王国"走向"自由王国"。

《十五年一贯制学校学生优势智能实验室课程建设的实践研究》，瞄准教育的关键，打通智能开发大多停留在理念认同的堵点。

1. 明确智能开发的理论在学校教育中的地位

建青从研究学校办学体制、机制到研究学生，到研究教师指导行为，可以说是在一个相对宏观的领域进行攻关，而研究学生优势智能及其实验室和课程建设，则是聚焦一个极为重要的点，进行突破和击破。

教育是需要以理论为先导的，而科学、先进的教育理论，是灯塔。建青选择将智能开发作为个性教育的突破口，足见教育智慧。

多元智能理论，将知识传授与知识建构结合起来，将学习与思考结合起来，将获得与前瞻结合起来，是对教育科学的一种建树。

多元智能理论及其优势智能理论,将学生智能开发的质性提升、活性激发。建青将优势智能开发与获得优势智能的途径——实验室对接,通过课程嫁接,这是很有新意的。目前,各校创新实验室风起云涌,但真正出成效还得通过实验。建青将优势智能实验室武装起来,围绕人的智能开发的核心,在优势智能上下功夫,为学生提供形成优势智能的途径,包括实验基地、实践场所和课程配套,这其实是给教育的科学一方肥沃的土壤。

智能开发的理论能在学校有作为,那就证明学校教育的地位,有其价值和学术的研究前景。

2. 优势智能开发更接近个性化教育

教育就是开发,就是把学生培养成独立思考、独立判断的有思想、有见识的人。

优势智能的开发,不仅是对多元智能中强项的保护和激发,也是对学生个性培养的维护和激发。

也许,优势智能与个性更有联系,与个性发展更有牵连,与个性发展更有关联。优势智能出自多元智能,又高于一般智能,是个性的内核,也是个性发展的亮点。因此,建青将优势智能的开发与个性发展连在一起,这就使个性更有科学的依据,更有发展的可能。

个性,既有先天秉性使然,更有后天灵性点拨。优势智能实验室,是将优势智能载体化、优势智能赋能化。

个性化教育,一直是不少学校加以探寻的。建青独树一帜,将优势智能与个性培养的天平放在实验室及其课程上,这就使学校一以贯之的个性培养更有支撑,获得了发展的无限可能,不失为个性教育的优势做法。

七项实验之七

2023年《数字化转型视阈下十五年一贯制学校学生自我发展规划力培养的实践研究》

20世纪末,在全球的"信息化浪潮"席卷之下,信息技术广泛运用于社会生产和人们的生活中。2022年的联合国教育变革峰会上,包括中国在内的多数与会国家达成共识,承诺进一步推动教育数字化转型。同年,党的二十大强调"推进教育数字化,建设全民终身学习的学习型社会、学习型大国"。接着,教育部实施"国家教育数字化战略行动",推动落实教育数字化的加速转型。数字化转型之下,人们的生活、工作和学习方式不断变化,作为受教育者的学生群体的学习方式也随之改变,学生生涯发展的重要方面——自我规划力的培养也将迎来新的挑战。

十五年一贯制学校占据了人生发展及规划的重要阶段,此阶段自我规划力培养的重要程度不言而喻。自我规划力的培养涉及诸多方面,具体有:面对诸多信息如何筛选甄别并长期记录帮助学生全面认识自我? 如何开发建设面向全体学生的横向丰富融合、纵向衔接贯通的课程体系? 如何构建利于师生交互、便于学生自我规划的教育教学应用场景?

本项目聚焦学生自我规划力和生涯发展,通过数字化手段,实现十五年一贯制的连续培养。

(一) 主攻方向

本项目在理论探讨上注重以下两个方面:第一,厘清数字应用与学校教育教学发展的关系,即数据联通、应用联结、人员联合、资源共享;第二,搭建基于生涯发展理论的十五年一贯制学校学生自我规划力培养的实施路径,即从学生生涯发展平台、思创特质课程到数字化应用场景。

本项目在实践方向上注重以下三个方面:首先,有助于为每一位学生提供基于数据的生涯成长地图和个人画像,全面清晰地认识自我;其次,有助于提升每一位学生的自我规划力,在自我认知的基础上规划自身学涯、提升综合素养、凸显优势智能、规划生涯发展、实现终身学习、知行合一;最后,有助于优化数字化转型下一贯制学校一体化管理模式,实现资源合理配置。

(二) 成果概要

正在实施的本项目研究,预期在以下三个方面有所建树。

1. 揭示建设基于自我认知能力培养的十五年一贯制学生数字化生涯发展平台的结构

建设基于自我认知能力培养的十五年一贯制学生数字化生涯发展平台的结构

重在：一是构建一贯制生涯发展平台，连续全面积累学生的成长数据。每个人的自我概念从青年以前就开始形成，进入青少年阶段后会进一步明确，并逐步成为职业上的自我概念，即个人对自己在兴趣、能力、价值观念、人格特征等方面的认识，每个阶段的自我认知是自我规划的前提。要建构符合幼儿、小学、初中、高中不同学段儿童、青少年发展要求的目标体系的，利用数字智能技术跟踪全学段学生发展历程的生涯发展平台，形成科学有效的评价，帮助学生形成自我概念，更好认识自我，进而为培养学生自我规划力打好基础。二是解读国家及学校育人目标，科学确定数据观测重点。

一贯制生涯发展平台一级指标基于国家教育改革总体要求及《中国学生发展核心素养》；二级指标围绕学校办学理念和目标，在"德行好、基础实、能力强、特长显、视野阔"的十五字育人目标下，就学生品格、能力、特长、技能等各方面细化解读；三级指标根据学段学生年龄特点结合成长手册明确培养子目标和分任务，确定相应数据观察点，指标的设置具有一定自由度，可以自定义调整修改。

2. 揭示建设借助数字智能技术培养分析设计能力的十五年一贯制课程设置

在教育数字化转型视阈下，通过构建生涯发展平台，提供个性化的支持和指导，帮助学生全面清晰地认识自我，培养了学生的自我认知能力。自我认知能力是形成和发展自我规划能力的重要基础，它与分析能力、设计能力、执行能力是发展和形成自我规划力的四大环节。四大环节并非完全独立、彼此隔绝的关系，而是相互影响，你中有我、我中有你的关系。

借助数字智能技术培养分析设计能力的基础型课程，以数学课程为例：

培养分析能力与设计思维建立在自我认知的基础之上，是学生形成自我规划力的关键。信息化时代之下，分析能力与设计思维的培养离不开数字化应用。基础型学科无疑是训练学生分析能力与设计思维最广泛的路径。其中，数学学科对"智慧笔"的使用，即是数字化背景下，在基础学科中培养这一能力的典型案例。借助"智慧笔"，教师可以准确快速地反馈学生的学习资源，再现学生的计算过程。如，三年级（上）的"两位数被一位数除（竖式计算）"，使用"智慧笔"，学生可以第一时间观察、比较和分析同学之间的典型错例与优秀学习资源，以及加深对所学知识的认识，并就错题的书写步骤、计算顺序和计算规则等重要知识进行重新设计。这一过程既是对学生在数学学科的分析设计能力的培养，也是数字化背景下对自我规划能力的训练与培养起到重要作用。

借助数字智能技术培养分析设计能力的思创特质课程，以 DIDRAMA 课程为例：

思创特质课程是学校在数字化视阈下培养分析设计能力的另一重要途径。JQ-IDEA 思创跨学科特质课程是在 JQ(JOINT QUALITY)系列校本课程的基础上，梳理和开发形成的纵向贯通、横向融合的以素养培养为导向的特质课程体系。思创课程内容丰富，包含多个不同板块的细分课程，从科学与创新、艺术与健身、人文与思辨、实践与交流、学习与生活、国际理解等多维度来培养与训练学生的分析设计能力。典型案例如 DIDRAMA 课程，包括"剧本编写""方案设计""道具制作"与"戏剧表演"四个环节。学生需要根据题目要求，分析问题，编写舞台剧剧本，同时设计实施方案。在实施过程中可以使用数字软件 Teambition 进行戏剧项目的重要信息发布、信息记录与监控。再结合数字音频课程中的编曲软件，进行舞台剧音乐的创作，实现 DI 数字化应用与戏剧的融合，最终以戏剧表演的方式展示成果。

通过 DIDRAMA 课程的参与学习，学生展现对戏剧创作知识与科学知识的掌握情况，又能培养自身在数字化视阈下的分析设计能力，逐渐形成自我规划能力，进而更好地规划学习和职业发展，成长为适应数字化、信息化时代发展的人才。

3. 揭示建设基于意志品质培养的十五年一贯制数字化应用场景的要点

意志品质主要指人在行动中具有明确的目的，按照自己的信念、目标笃志执行的能力。学生规划能力的形成以自我认知为基础，培养分析设计能力为关键，坚定地笃志执行为导向。大数据时代实现数字化应用场景与学生笃志执行的结合，是十五年一贯制学校培养学生自我规划能力的必要举措。

数字化应用场景致力于：一是意志品质与精准教学相结合。数字化应用场景实现了数字信息技术与精准教学的融合，对学生的笃志执行能力的培养具有重要作用。例如，"一起作业"纸笔同步系统，主要为初中部全学段、部分学科使用，通过长时段观测学生学科学习的作业专注力、完成率、问题解决、订正指数、投入度、学习兴趣等数据，及时给予学生反馈，并提醒学生在计划时间内完成作业打卡，实现个性化学习。系统记录作业耗费时间的长短，体现学生的意志力和专注程度；根据题目难度等级评定，为学生提供合适难度的题目，不断挑战学生能力，实现其笃志执行能力的培养,为自我规划力的形成奠定基础。

二是"智慧体育"助力笃志执行。体育运动不仅有利于增强学生体质,而且也能培育学生坚韧的意志品质、笃志执行的能力。"智慧体育"系统将数字化应用场景与体育运动有机结合,通过信息化手段采集学生的体检数据、体测数据、校内校外运动(如跑步、高抬腿、跳绳等)数据,输入数字基座,再根据算法对数据库信息进行分析。为学生提供个性化的运动打卡任务,结合平时表现,对阶段性成果进行激励,在此过程中助力学生形成笃志执行的能力。

(三) 重要启示

数字化转型视阈下十五年一贯制学校学生自我发展规划力培养的实践研究,是对教育数字化转型的具体践行,也是对十五年一贯制学校置于数字化环境下发展的思考节点。

1. 自我发展规划力培养维系学段进阶和终生发展

学生自我发展规划力,是学生在成长过程中必然会遇到的一个客观命题,也是学生在成长过程中需要走出混沌状态的自觉领悟。

学生的自我发展规划力,在学生踏进校园的那一刻起,就会自然地呈现出来,只不过表现不一、力量不一、力度不一。这与学生对自我发展规划力的认知有极大关系。

学生的自我发展规划力,在十五年一贯制学校,既有学段特征的客观指向,也有个体认知程度的主观制约。

学生的自我发展规划力,不仅关系在校表现,而且也关系校外驾驭;不仅关系当下,而且关系未来。从某种意义上说,学生的自我发展规划力,是现实的成长力,也是未来的发展力。

建青本项目的研究,将贯通和衔接的效能进一步落实在维系学生成长的重要内容和主要环节上,具有学校一贯制培养的优势和一竿子到底的连贯。

2. 数字化转型是一贯制学校的新的增长点

数字化,当人类社会进入到这个阶段,就意味着信息技术与教育已经有了实质性的连接。教育数字化,既是教育顺势发展的新的增长点,也是技术倒逼教育进步的利器。

数字化，对一贯制学校而言，更具有显性和潜在的意义。数字化转型，将对一贯制学校的管理、治理提供思维性、工具性的武器。

因此，数字化转型视阈下十五年一贯制学校学生自我发展规划力培养的实践研究，是下先手棋，初尝新鲜味。学生的自我发展规划力培养，需要建立在个体和群体的基础上，需要对一大堆数字和数据进行记录、分析，对数字、数据的收集、研判、复盘和运用，从中找出规律。同时，学生的自我发展规划力培养，也可借助数字工具、数据仓库，进行有技术特点的操作实践。此外，数据思维更是互联网时代需要拥有的重要思维模式。

第四部分

智育篇·放题

教育,是一种智育。

办学,是一种放题。

智育,是科学之道,也是艺术之魅。

放题,是建事之魄,也是前行之方。

2024年,建青实验学校又站上了新一轮、高一层、深一域实验发展的新台阶,文化立校是一贯制办学走向更宽广的大道的灯塔,也是学校借助教育数字化转型实现智慧发展的航标。孕育希望,谐美青蓝,办学创新的新一轮发展规划、育人方式的新一轮改变提升,将使建青办学进入到一个"智慧时代"。

办学的文化特质,规划的前瞻效应,将智育扣弦,将话题入心。

智育为放题张目,放题为智育展路。在一贯制办学的教育教学改革中,智于放题,是"建青人"的胸怀,也是"建青人"的风华。

一、解题建青：一贯制办学的高质深化

一贯制办学，在新时代进入了"深水区"。一贯制办学，如何深化内涵，拓宽外延，并在信息技术的运用下，进入"高光时刻"，建青扬长促优，致力于再铸辉煌。

"孕育希望 谐美青蓝"，是建青的办学理念，即让建青成为孕育希望之地，让师生和谐而美好地成长。

办学理念，是引领建青一贯制办学高质量发展的重要思想，也是凝聚学校师生力量的源泉。

对学校办学理念的廓清，对育人价值的增值，建青大有作为。

（一）孕育希望的理念诠释

在梳理了学校的文化传统后，建青的办学理念表述为"孕育希望 谐美青蓝"。通俗地讲，就是"让建青成为孕育希望之地，让师生和谐而美好地成长"。这个办学的理念，试图回应以下的问题：教育孕育谁的希望、孕育怎样的希望、通过怎样的方式来孕育？我们认为人人都有成长的愿望，我们相信经过正确有益的教育引导，每一名学生都可以得到成长。

1. 孕育希望的内涵

"孕育希望"这一概念，源自校歌《孕育希望 孕育明天》，是对学校文化传统的致敬、传承与发展，展现了学校文化中理性与人文精神共融的追求。"孕育"蕴含着"教育规律、实验探索、专业素养、科学方法、守护陪伴、时间沉淀、环境生态"等元素。"希望"蕴含着"光明未来、积极人格、美好人性、潜能激发、社会责任"等价值。

2. 孕育希望的蕴含

"孕育希望",蕴含了美好的教育理想,是对有教无类、人人皆可成才的教育追求;蕴含了深远的教育憧憬,是对孩子健康快乐地成长、成人成才、实现发展的理想的殷切期待;蕴含了深厚的教育情怀,是为孩子的美好明天奠定基础的积极愿望;蕴含了坚定的教育信念,是为孩子茁壮成长提供良好成长生态的专业决心;蕴含了科学的教育方式,用符合孩子成长规律的方式,激发良知良能。

(二) 谐美青蓝的价值追寻

1. 谐美青蓝的内涵

"谐美青蓝"中的"青蓝"取自于《荀子·劝学》中的"青,取之于蓝而青于蓝"。"青",为青色,代表了学生,蕴含了"萌动生机、青春活力、成长变化"等意象。"蓝",为蓼蓝,代表了教师,蕴含了"甘为人梯、理性深邃、睿智可靠"等意象。

2. 谐美青蓝的蕴含

"青蓝"蕴含了"生机活力、传承超越、鼓励创新、发展个性"等意义。"谐美"蕴含了"温馨和谐、关爱信任、平等尊重、关注差异、科学民主、公正和谐"等意义。"谐美青蓝",蕴含了深切的教育愿望,希望师生和谐而美好成长,实现发展的理想;蕴含了深刻的教育信念,坚信经过有益的教育和引导,每一名学生都能够创新发展,不断超越;蕴含了和谐的教育环境,师生的互相尊重理解、信任支持在成长中发挥关键作用。

"孕育希望 谐美青蓝"是一个有机的整体,是教育目的、教育信念、教育情怀、教育过程、教育方法、教育生态、教育理想的综合表述,是建青文化在实践中产生的个性化的表达。

"孕育希望 谐美青蓝"的理念具体阐述为:我们应以开放包容的情怀、青出于蓝的信念、科学严谨的态度、符合规律的方式、和谐美好的氛围,孕育孩子的明天,孕育国家的希望。

我们相信人性之善,教育应以开放包容的情怀,激活善良意志。

我们相信生命之美,教育应以温馨陪伴的方式,激荡希望旋律。

我们相信专业之重,教育应以科学严谨的态度,激清内在规律。

我们相信青蓝之约,教育应以鼓励超越的方法,激发内生活力。

我们相信氛围之力,教育应以优化环境的举措,激扬正义正气。

二、正题绽青：一贯制办学的前景发展

在建青实验 40 年之际，深入探索一贯制办学的规律和经纬，正是建青人对 21 世纪话题的有力回应。

一贯制办学的前景，正在新一轮发展规划中越来越清晰。

（一）办学创新的新一轮发展规划

2022 年，建青经过反复研判，推出了 2022 年至 2027 年的五年发展规划。这个规划，将办学前景清晰化、制度化、愿景化。

1. 清晰办学目标

办学目标：建设一所具有思创特色的实验性、开放型的学校。

这一阶段性办学目标，传承自上一轮五年发展规划中的"创建'实验性、创新型、国际化'的实验学校"。在这五年中，建青坚持"一体化发展"的指导思想，即坚持"一体化管理、一贯制教育、一站式支持和一条龙项目"总体发展思路，坚持实验立校、科研兴校、开放强校的办学策略，加快教育数字化转型，打造思创特色。

实验性：实验是学校文化的核心。"搞科学实验是建青实验学校创办的宗旨，目的是要探索一种新的教育模式、新的课程、新的教材、新的管理、新的体制"（吕型伟，建青实验学校 20 年实验改革的谈话实录）。这些都是学校的行动纲领。当前的任务是，继承敢为人先的办学精神，研究教育教学的本质规律，优化十五年一贯制学校"五部一体"（五部指学校管理机构，分别为发展部、中学部、小学部、幼儿部、保障部）管理模式，完善"三段一体"（三段指幼儿部、小学部、中学部所分管的三个学段）的育人模式，建设基于数据的学生发展支持系统，探索学生评价机制，践行

"一条龙、非择优、全方位、高素质"的办学追求。

开放型：开放是学校品质的保证。开门办学是对外部世界的一种积极心态，是学校的传统，是由学校实验性质决定的，也是学校品质发展的保证。要以开放凝和谐之心，营造开放、包容、和谐、公正的教育环境，形成尊重、互信、互助、共享的学校文化，鼓励展示自我、自由表达、敢于创新。要以开放聚发展之智，拓展专业资源，增强专家的引领作用，推动学校发展。要以开放汇合作之力，增强同侪互助、社会支持、家长参与的力度，整合社会资源，拓展学生实践空间，鼓励学生走出学校大门，走向实践，走向社会，走向国际。要以开放尽社会之责，辐射优质资源，服务更广人群，履行社会责任，在引领、分享、交流和辐射中实现学校自身的成长。要以开放展文化之韵，充分发挥古北国际社区、国际学校等丰富的社会资源作用，发展"国际化"的传统。开设国际理解课程，开展跨文化的交流活动，培养学生的文化自信、国际视野，尊重不同文明的多元文化，提升跨文化的沟通协作能力。

思创特色：创新是学校发展的驱动力，是实验性的必然要求，是未来学生重要的能力。学校要将创新理念融入办学理念、学校管理、教育教学、专业发展、学生培养等学校工作的各方面。当前的任务是，以"创新力和规划力"为培养核心目标，开发纵向贯通、横向融通的"思创"特质课程。坚持科研立校的办学策略，针对幼小初高"三段一体"的学生发展目标，开展教育实验，创新课程实施、教学组织管理与多元评价体系，通过幼儿"启蒙学习"、小学"快乐学习"、初中"有效学习"、高中"综合学习"的学习方式变革，不断提升学生的核心素养，培养有创新意识与创造能力的建青学子。

2. 重点发展项目

重点发展项目：构建基于数据的十五年一贯制学校学生发展的支持系统。

建青是全市唯一一所集幼儿园、小学、初中、高中为一体的十五年一贯制公办实验学校，学生年龄跨度从 3 岁至 18 岁，"一条龙"办学模式对学生的系统学习和跟踪培养有一定的优势，可以借助数字化平台，采集相关数据，研究支持工具，为一贯制学校学生发展提供科学的数据，构建支持系统。

学校一贯坚持围绕校园管理及环境建设、课程建设及教学管理、师资培养及教育科研等方面开展教育数字化应用的有益尝试。校内教育信息化设施完备、教育数字化人才队伍健全。学校是上海市信息化应用标杆学校，正在积极建设"融合AI 技术的自适应 K12 智慧校园"，这为学生成长跟踪系统的建构提供了信息化支持。

教育评价事关教育发展方向。建构一贯制学校学生成长跟踪系统，有利于落实中央及上海有关教育教学改革的要求，有利于落实树人根本任务，为教育教学提供科学的数据支持，发挥正向积极导向作用，保障教育改革持续深入和教育领域综合改革纵深推进。

建构符合幼儿、小学、初中、高中不同学段儿童、青少年发展要求的目标体系，利用数字智能技术跟踪全学段学生发展的历程，形成科学有效的关键数据记录，为学生自我发展规划和教师的精准教学提供依据。加强智能技术的场景应用，开发基于数字智能技术的特质课程，创新教师的教与学生的学的方式，推动以技术的变革引发学习方式、学习体验、学习路径等一系列变革，为教育教学服务，提升学生的综合核心素养。

为此，学校从以下八个方面进行部署和实践：

一是加强项目领导，明确分块管理职责。加强目标体系构建工作的组织领导。成立专项工作组，设立目标体系研究组、数据分析研究组、课程开发研究组。各部推动完善学校教育数字化专职兼职队伍建设，全面加强基于数字化的学生成长系统建设工作的统筹协调，明确职责，理顺关系。明确推进教育数字化工作的责任。校长统筹规划学校教育数字化工作；分管校长和网络数据中心负责统筹规划、部署、实施教育数字化应用发展与实验工作，各学部积极实验，密切协作，共同推动。

二是解读育人目标，确定数据观测重点。作为上海市唯一一所十五年一贯制的公办学校，学校承载着研究探究一贯制育人规律及模式，实验探索一贯制课程与教学的使命。基于《中国学生发展核心素养》，围绕学校办学理念和目标，在"德行好、基础实、能力强、特长显、视野阔"的十五字育人目标基础上，就学生品格、能力、特长、技能等各方面细化解读，明确培养目标和分任务，确定相应数据观察点。

三是搭建数据平台，落实相关工作块面。学校在学生品格、能力、特长、技能等各方面细化解读的基础上，以"勤勉专注、奇思智创、择正谋远"为核心，聚焦学生规划力、创造力、生涯发展等方面，落实与之对应的生活习惯、学习习惯、职业启蒙、职业体验、生涯指导等方面培养的具体任务。

四是基于数字化，开发打造沉浸式、智创式学习场景和课程。基于虚拟实验室建设，开发沉浸式学习场景课程。注重三个原则：① 体现实体空间的拓展性：虚拟创新实验室拓展了学校的实体空间，增加了学习可利用的资源，突破实体空间的场地、资源、时间的限制；② 虚拟课程的延展性：虚拟创新实验室的沉浸式课程，可在我校不同学段发挥其适合的作用，让学生有不同的体验与成果；③ 探究实验的尝试性：利用虚拟空间，给予学生创作和创新的机会，对未知实验进行设计和探究，在尝试的过程中学习与成长。

五是整合现有资源，建立初始数据档案。将学校原有的各类信息化应用场景获取的数据进行有机的整合与统一，打通各系统之间的数据共享，面向学生的发展，以教育为目的，充分发挥数据处理的优势，利用信息化工具跟踪学生的成长，采集学生学业、过程性评价、综合实践活动等数据，综合学生学习偏好、兴趣爱好等数据开展知识图谱和绘制学生成长地图，形成"十五年一贯制学校"学生成长跟踪体系。

六是采集相关数据，构建相应支持系统。在落实具体块面任务的基础上，针对性采集有效数据，开发一系列丰富多样的相关支持工具：学生生活、学习习惯培养的指导手册、学生创造力创新力培养的课程、学生职业启蒙、职业体验、生涯规划能力培养的实践活动等，构建一系列行之有效的支持系统。

七是提升数字素养，提升数据分析能力。组织教师学习有关教学方式变革、教学评价等相关的政策理论，提升教师的专业素养和数字素养。发展教师具有能够适应教育综合改革和未来智能教育需要的必备信息素养。结合计划中的教育信息化发展需求，创建专项工作组带头开展教育信息化标准与规范学习，确保校内各数字教育资源、信息化应用场景、软硬件资源、教育管理信息资源等各方面内容的标准化和规范化。

落实创建工作的经费投入。统筹安排教育信息化经费使用，实施教育信息化经费投入绩效评估，提高经费使用效率。实施目标考核，健全专项工作考核机制，分阶段落实各项发展任务和建设目标。

八是构建特质课程，支持学生个性发展。基于数字智能技术，开发智创式学习场景课程。梳理原有学校课程，以纵向贯通、横向融通的"思创"特质课程体系的创设为依据，开发"智创"板块课程。注重三个原则，高阶思维的训练，以"编程"作为底层技术支持，培养学生的问题解决力、决策力、选择力，训练学生的高阶思维。创新能力的培养，基于真实的情境，建立基于学科的模型，开展实验的研究，提出解决方案，解决实际问题。科学素养的提升，形成幼、小、初、高贯通的智创类课程序列，形成学段衔接的培养模式。

这个重点项目完成后，将产生以下这些成果：

一是搭建完成建青智慧校园基础支持平台。在此基础上建设智慧管理、智慧教学、特色教育、生涯规划应用系统。

二是通过数据平台全面收集、处理学生信息数据，为学生生涯记录和领导决策提供数据支持，努力利用信息化技术建成能够展现 K12 建青学子在育人和学习等方面的成长轨迹的平台。

三是通过上海市信息化标杆学校建设验收。

四是建立跟踪记录学生成长的关键数据，用于精准化教学、个性化学习，打造高效课堂，赋能学生成长。

五是建设以创新能力培养为核心的 JQ-IDEA 特质课程。

（二）育人方式的新一轮改变提升

育人方式，直接关系育人质地和规格。

建青利用一贯制办学的优势，在育人上更具连续性、连贯性、连绵性。

1. 立德树人，构建"三自"德育特色

以习近平新时代中国特色社会主义思想和党的十九大精神为引领，根据《中小学德育工作指南》要求，把立德树人融入思想道德教育、行为习惯教育、社会实践教育等各环节，积极探索适合学生的德育工作方法和途径，努力构建"德行好、基础实、能力强、特长显、视野阔"为目标，以学生"三自"（自主管理、自主教育、自主发展）为培养核心的幼、小、初、高一体化德育管理序列。

以学生"三自"为核心，形成了新型的班级管理模式。学生自主开展形式丰富的主题教育、团队活动、志愿者活动和社会实践活动等。加强校党总支引领高中团委和学生会，高中团委和学生会引领初中、小学少先队的"党带团、团带队"模式，完善中小联合少代会机制。发挥明星社团、特色社团、优秀社团的引领与带动作用，促进学校学生社团的自主发展，丰富校园文化。打造"红领巾"系列精品社团（红领巾小记者团、红领巾鼓号队、红领巾广播站、红领巾国旗班等），凸显团队育人的一贯性。

立德树人，是建青的职责。建青高举立德树人的旗帜，注重为党育人、为国育才的科学实践。

融入全局——将立德树人贯穿于办学全方位、育人全过程、课程主阵地、活动宽领域；把立德树人融入思想道德教育、行为习惯教育、社会实践教育等各环节，积

极探索适合学生身心发展的育人体系、实施途径和方式方法。

注重养成——发挥幼、小、中"三段一体"的办学机制优势,针对不同学段学生的身心发展规律,强调"自己的事情自己做,集体的事情一起做,家庭的事情主动做,社会的事情参与做,职业的事情学着做",致力于道德品质和行为习惯的养成教育,以实现育人过程的无缝对接和有序连接。

协力产效——坚持学校、家庭、社区"三位一体"协同育人的机制建设,形成校、家、社育人的合力,为学生提供良好的成长环境。

2. 细化内容,育人目标的迭代与阐述

从2011年开始,建青的育人目标就界定为培育具有"德行好、基础实、能力强、特长显、视野阔"的建青学子。2016年,建青对这五个方面进行了进一步的阐述。在此基础上,2022年,对育人目标进行了进一步的迭代,希望能够形成一体贯通的育人目标体系,培养具有建青特质的学生。具体阐述为:

重点培养适应终身发展和社会需要的家国情怀、社会责任和和谐共生等正确价值观,坚韧、勤勉、专注和包容等必备品格,创新力、思辨力、表达力、规划力和审美力等关键能力。

"德行好"是人之为人的根本,其培养核心是"爱的情感"。建青学子要有仁爱万物之境界,以天下为己任之信念,信守承诺之品格。德性最为主要的内容是能够处理好人与家庭、人与社会、人与国家、人与自然的关系。明确自身的责任,信守自己的承诺,是由道德的"知"向"行"的保证。

"基础实"指具备终身发展的必备品格,其培养核心是"坚韧的意志品质"。建青学子要有强身健体之习惯,乐观开朗、积极向上之态度,勤勉专注之品格,时间管理、自我控制之能力。健康的体魄和心态是能做事的基础。勤勉专注的品格是做好事的必要条件。自觉管理的意识和自我管理的能力是能成事的保证。

"能力强"是指内在的综合认知能力,其培养核心是高阶思维。建青学子要有格物致知之意识,审思明辨之思维,清晰、简洁、优美表达之能力。基础扎实的前提下,不断提升学生综合素养和实力是塑造美好未来的必由之路。

"特长显"是指学生的外显特质与特长,其培养核心是自我发展和创新能力。建青学子要有自我发展之能力,创新创造之精神,优美和乐之情感。多元发展、个性发展、自我发展,是建青育人理念的重要体现。重点发展科技和艺术领域中的创新创造能力。

"视野阔"是学生发展的要义,其培养核心是实践能力。建青学子要有古今中西之视野,美美与共之胸怀,兼济天下之格局。视野阔是学生卓越发展的必然要求。

在此基础上,建青对各育人目标进行了具体的分解,形成二级指标和各学段的观测点,为教育思想的最终落地打下扎实的基础。

德行好	基础实	能力强	特长显	视野阔
爱国乐群	健康开朗	见微知著	择正谋远	博览妙赏
亲亲爱物	勤勉专注	审思明辨	奇思智创	兼容并包
明责守信	惜时克己	要言达意	尚美雅趣	明体达用

主要内涵包括以下五个方面:

(1) 德行好:爱国乐群、亲亲爱物、明责守信

爱国乐群,是社会主义核心价值观价值准则最重要的部分,也是中华民族优秀的传统文化。爱国体现了对故土家园、民族文化的归属感、认同感、尊严感与荣誉感的统一,是每个学生必须具有的最高价值准则。要引导学生树立天下兴亡、匹夫有责的家国情怀。乐群体现了个体的亲社会性、团队精神和合作意识。要培养学生能与师长同学融洽相处、和谐共生的意识,能够在集体中既发挥自己的智慧,也能够为他人的才华喝彩。

亲亲爱物,是德行的起点与恢廓。亲亲是德行的起点和根本。对亲人、师长敬重谦逊,对幼小关爱体恤,是和谐有序的家庭生活和校园生活的重要体现。敬长怀幼对于建青这所十五年一贯制的学校来说尤为重要,是师生共同发展、和谐共处的良好基础和有力保障。爱物是德行的恢廓,是对生命的热爱,对劳动成果的尊重,是对自然的敬畏。树立与自然和谐相处的意识,要引导学生懂得"取之有度""用之有节"的道理,培养环境保护的自觉,形成健康文明的生活方式,实现人与自身、人与他人、人与自然的和谐相处。

明责守信,是达成知行合一的保证。明责是行动的前提。责任意识是成长的基础,担当精神是成长的关键。要明确成长的每一个阶段应当承担的责任,树立自觉意识。要明确在学校、家庭、社会各个场景中应当承担的责任,树立角色意识。要明确在学习、生活、交往等各个领域中应当承担的责任,树立担当意识。要理解

个人、集体、国家利益之间的辩证关系，树立远大理想。勿以善小而不为，从小事做起，从身边的事情做起。守信是行动的保证，是立身之本，也是规则建立的前提。内诚于心，才能达至知行合一的境界；外信于人，才能维系良好的社会生态。要培养学生待人诚恳、言行一致、不说假话、不夸大成绩、不掩饰错误、勇于改正错误的品行。

（2）基础实：健康开朗、勤勉专注、惜时克己

健康开朗，是做一切事情的基石。身心健康是基础中的基础。要引导学生认识生命，健全生命，积极参与锻炼，养成主动锻炼的习惯，增强体质，提高生命品质。要注重耐挫训练，引导学生恰当地表达情绪，对情绪进行有效管理，形成良好的意志品质。开朗的性格是健康的外在表现。要引导学生全面认识自我，悦纳自我，培养健全的人格和良好的个性心理品质。要引导学生尊重生命，保护生命，培养积极的生活态度。

勤勉专注，是做好事的必要条件。勤勉是做事的正确的态度。要引导学生形成对事物的正确看法，注重信念，激发信心。要让学生体验勤奋后的快乐，激发兴趣，增强内驱力。要引导学生形成持之以恒的生活学习态度，迎难而上的勇敢精神，肯吃苦、不放弃、乐学习的优秀品质。专注是做事效率的保证。要注重养成良好的生活习惯，保证充分的睡眠和运动。要注重训练有意注意，提升专注的持久度。要注重培养意志力，提升抵御干扰的能力。要注重培养情绪的自我调整的能力，能快速进入到学习、工作的状态。

惜时克己，是能成事的基础。惜时是成事立业的关键。要引导学生养成良好的时间观念，懂得恰当的时间做恰当的事情。要引导学生学会主动做好生活和学习的计划安排，做好时间管理，形成良好的做事和作息习惯。要引导学生懂得承担浪费时间的责任，做事守时守信。克己是追求德性的途径。要引导学生懂得克己是理性对过度的私心物欲的自愿调节与控制。要通过行为习惯的培养，引导学生懂得自我控制，形成文明良好的行为习惯，提升自控力。要通过规则意识培养，树立规则意识、规范意识，增强用规则约束自身行为的能力，提升自制力。要通过意志力的训练，懂得自我修炼是规范规则的内化过程，由此，才能真正成为自己的主人，成为独立的个体，通向自由之路，实现真正的自由，达到"发而皆中节"的境界，由他律走向自律。

（3）能力强：见微知著、审思明辨、要言达意

见微知著，是观察事物意识、信息收集能力、信息提取能力、信息加工能力、逻

辑推理能力、综合分析能力的综合体现。要引导学生理解和掌握基本的科学原理，建立完整的科学知识观与价值观，运用科学的思维方式认识事物。要引导学生掌握科学的认知策略和探究方法，大胆假设、细致观察、小心求证。要提升学生的逻辑推理能力，提升思维的品质。

审思明辨，指批判性思维的培养，其最终目标是自我反思与自我改变。要培养独立的人格，独立思考的意识，独立判断的能力。要培养实证意识，严谨求知，尊重事实和证据的态度。要培养多角度、客观辩证地思考问题的能力。要学会对自身状态进行审视反思，选择、调整、改变自身的行为习惯、学习策略和生活方式，达到提升自我的目的。

要言达意，是对思维过程和认知结果的再加工的过程，是对自己的认知结果、价值观点、情感态度的清晰、简洁、优美的阐述与表达，是顺畅沟通的前提。要注重口头和书面表达能力的训练。鼓励学生提高阅读的广泛度，积累词语，提升用词准确性、规范性；提高文化修养，用平易优雅的语言表达自我；提供更多的展示交流机会，创造良好的交流氛围，提升学生表达的自信。要注重内在的逻辑思维的训练，提升记忆、想象、总结概括等方面的能力。

（4）特长显：择正谋远、奇思智创、尚美雅趣

择正谋远，指自我规划、自我发展的能力。要发展自我认知能力，了解自身的兴趣爱好、能力特长和个性特征，发展积极的自我概念。要培养生命意识，提升对生命意义和生命价值的认识。要培养责任意识，懂得个人与社会、学业与发展、当下与未来的关系。要培养尊重意识，了解社会角色、社会分工的意义，尊重社会各行各业。要掌握学业规划和职业规划的方法，平衡个人发展与社会发展的需求，认清自身优势，找准自身发展的方向，设计合理的学业发展目标和计划，初步设计合理的职业和人生发展路径。要提升意志品质，懂得脚踏实地实现自己的梦想和愿望。

奇思智创，指以创新能力为核心目标的科技创新能力。有好奇心才能激发创造力。要保留想象和探索的空间，营造自由宽松的氛围，保护探索未知世界的好奇心。有底蕴才能激发创新力。要创造良好的文化氛围，鼓励学生"像科学家一样思考"，不害怕失败，主动尝试和探索。要培养学生的批判性思维，保持独立人格。要培养学生热爱生活、关注生活的态度，保持解决生活实际问题的热情。

尚美雅趣，指审美能力和艺术创造力、高雅健康的生活情趣。要懂得艺术表现

的基本知识,提升对美的感知力,善于发现生活中的美。要切实地体验艺术作品,发展对美的欣赏力。要发展想象力、创造力和表达力,鼓励学生大胆想象,通过创编创作、艺术表达,在生活实践中设计美、创造美、表达美。要提升文化理解力,培养良好的文化包容力,学会理解和尊重不同国家的文化艺术。要以美育德,在感知美的过程中,提升人生趣味和理想境界。

(5)视野阔:博览妙赏、兼容并包、明体达用

博览妙赏,指广泛学习的能力和文化鉴赏的能力。要激发学生广泛阅读的兴趣,培养良好的阅读习惯和正确的阅读方式。鼓励阅读经典,不断提升文化的理解力和赏析力,提高文化修养。要提升文化反思力,鼓励跨文化阅读,对中国传统文化和世界文化有全面而深刻的认识。要全面了解人类历史、文明演变、国家发展和社会变迁,培养正确的国家观、民族观、文化观和历史观。要鼓励关注社会,正确理解社会现象,提升文明境界。要了解国际规则和文化礼俗,扩大国际视野。要了解全球议题,自觉地、敏锐地了解世界的变化,提升全球意识。

兼容并包,指美人之美的胸怀,博采众长的能力。要培养包容力,养成开放包容的心态。要懂得个体的差异性、社会的多元性和文化多样性是世界的基本样态。要懂得因为差异与不同的存在,世界才更加丰富多彩,充满生机和活力。要懂得理解差异,尊重不同,形成平等的价值观念。要有学习力,懂得合理借鉴,建立信任和跨越差异的合作关系,从不同和差异中汲取营养。要学习中国优秀传统文化,感悟中华文明在世界历史中的重要地位,继承和发展中国文化。

明体达用,指文化自信与社会实践能力。要树立学生的文化自信。要树立正确的世界观、人生观和价值观,广泛践行社会主义核心价值观。要树立社会责任意识和社会参与意识,培养劳动意识和劳动能力,积极参加家庭劳动、社会劳动、社会实践和志愿活动。要学以致用,学习如何解决生活问题、社会问题。在实践的过程中,不断提升解决真实问题的能力。要培养国际行为能力,提升分析、判断、解释国际问题的能力。要培养跨文化沟通交流能力,讲好中国故事。

(三)数字转型的新一轮探索进阶

现代科学技术的发展,在很大程度上表现为信息技术的发展。而以大数据、人工智能为代表的数字化,则成为信息社会的一个重要特征。

教育数字化、办学数字化、育人数字化,对建青而言,既是探讨新课题的重点方

向,也是成就更大办学成效的重要契机。

借着一贯制学校的数字化转型,历经40年实验的建青又站到了办学的一个制高点。

1. 教育数字化的转型理念

(1) 教育数字化转型首先是观念的转变

建青认为,理念深化是教育数字化转型的核心问题。

教育数字化转型在国家战略和技术发展的大背景下不断地发展,教育追求也推动了教育数字化转型的前进步伐。建青实验学校从促进教育公平、推动教育创新、适应教育教学改革、提高教学质量、促进终身学习、创新人才培养等各方面思考着教育数字化转型背景下实现教育的追求目标。

教育数字化转型的理念,可概括为学校为学生提供更广泛的教育机会,提供无障碍学习,努力实现因材施教、有教无类、寓教于乐。具体来看,因材施教在于精准化教学和个性化教学;有教无类在于有更多的学习机会、优质资源的普惠;寓教于乐在于更多样的学习方式、更适合的学习空间、更丰富的学习体验。学校创新教育模式,开放教育资源,不断地适应新的中、高考政策和双新、双减等新政,变革教与学的方式,应用技术增强课前、课中、课后的互动性,实现数据驱动下的精准教学和个性化学习,创造灵活的学习途径,满足时时处处人人学习的需求,拓宽师生的全球视野,提升师生的科学素养和数字素养。

建青将数字化理解为终端设备的信息化、实体流程的虚拟化、数据分析模型的构建和虚拟流程的再优化等过程。

学校逐步扩展教育数字化转型的领域,有序推进智慧校园基础设施和系统建设。从数据的收集、存储、分析及应用等方面的建设,来推进教育教学及管理工作的数字化进程,将数据的收集尽可能地融入教育教学的全过程,打造新兴教育生态,整合学习资源,尝试教学形式的数字化改造,应用多样化、多元化的学习方式,增强个性化学习的体验,做好数据的挖掘与分析,全面赋能师生发展,优化管理流程和决策。学校对各类数据平台或数据仓库的建设保障数据的安全存储及互通,对数据的聚合分析赋能教育教学更高效的决策,逐步将学校教育教学和管理工作的任务流程进行优化和再造,提升管理的整体效能。同样,教育数字化转型,会更加借助于信息技术,包括算法、数据、自由度等,这将对教育教学的协同方式、场景营造、流程调整、数据分析等带来新的动能。

（2）教育数字化转型助力学校一体化发展

教育数字化转型助力学校一体化发展，以实现"智慧视界（Sight）、智慧教学（Tutoring）、智慧治理（Administration）、智慧成长（Growth）、智慧空间（Environment）"，从管理、成长、课程、教学、环境等多方面建设教育数字化应用场景，构建 JQDT（JQ Digital Transfomation）- STAGE"智慧教育模式。

为此，建青进行了全面思考、谋划和布局：以"分类推进"为总原则，以"深度捆绑、实验尝试"为分原则，以"成熟并全面实施的应用场景、有明确的前景并在大力建设的应用场景、试验阶段并尝试使用的应用场景"三个层次，以"目的、技术、方式、发展、培养、素养"六个立足点，逐步推进学校的教育数字化转型工作。

一是全面尝试各类应用场景。

学校已经使用的数字化应用场景，涉及管理、成长、课程、教学、环境等五大类18 个方面，几乎现有的应用场景学校内都有尝试使用。

二是分类推进应用场景的使用。

学校在数字化应用场景建设和使用上进行全面尝试，但并不是全面推开，而是根据实际情况，大致分为三个层次：

第一层次，是已经成熟并全面实施的场景。主要是管理类和环境建设类应用场景。将散点式的常用应用系统集成到数字基座上，打破数据孤岛，整合数据驱动管理，优化学校的一体化管理。

第二层次，是已经有明确的前景并在大力建设的应用场景。主要是课程和成长跟踪类的应用场景。学校立足十五年一贯制的学制优势，建设记录跟踪学生成长的生涯发展系统。系统以五育并举为总纲，结合建青育人目标，整体设计了中、小、幼一体化生涯发展指标体系，突出多方参与、协同采集的理念，以多元、多维的数据采集途径和方式，全场景、全要素收集学生成长过程中的行为数据，将各个学段对于每个学生全面的评价都记录到这个系统里，实现对学生连续的、全面的跟踪研究，为学生的生涯发展提供科学规划和全面指导。

第三层次，是还在试验阶段并尝试使用的应用场景。主要课堂教学类相关的应用场景。比如纸笔同步系统、AI 英语听说课堂、智能精准教学分析系统、智能批阅机器人等场景。

三是采取分类推进策略的立足点。

在学校里，产生三个不同层次应用场景的使用的差异，主要取决于以下六个方面：

第一，立足于教育的目的的深度理解。我们一直在思考，数字化转型对于教育意味着什么？教育数字化转型是教育目标落地的重要手段，同时，它本身是重要的理念，促进了教育理念的改变和优化。在线学习、空中课堂给予学生更多的学习机会，实现了教学优质资源的普惠；教师课堂行为分析、个性化学习工具的使用实现了精准化教学和个性化学习；虚拟场景等学习环境的建设给学生带来了丰富的学习体验。这些应用场景不同程度地促进了有教无类、因材施教、寓教于乐等教育理念和目的的实现，促进了教育公平、丰富了教学资源与手段，赋能了教育管理效率质的提升。

第二，立足于技术手段的深度了解。教育数字化转型赋能学校教育，不仅涉及技术的应用，还包括教育理念、教学方法、管理模式等多方面的创新和改革，而技术赋能学校教育达到了怎样的程度，与我们期望达到的目的是否相符，现有的技术能不能实现学校教育的目标，也成为选择数字化转型应用场景使用的因素。

第三，立足于对教学方式的深入理解。无交互不教育，教育教学的核心是交互，是人与人的交互，物质与精神的交互，汲取与获得的交互。而在不同的发展阶段，由于运用的技术不同，会呈现不同的形态。

传统课堂，以教师、学生、教材而产生的"简单的交互课堂"，就是在人与教科书中，通过课堂教授产生最基本的交互，以完成知识传授。而翻转课堂，因讲授式、讨论式的"交互方式的不同"，更注重交互的功能，是以"教师"为中心向以"学生"为中心、以"教"为中心向"学"为中心的转变。而数字化介入后，课堂或教学方式的形态发生了显著的变化，物理空间＋数字空间，教师、学生、教材、智能教师、智能学伴等"交互内容"的增加，使教学与技术的贴合性、互补性大为增加，其产生数据的综合运用的效能更为明显，可以为学校办学理念的落地赋能，给学校教育方式的优化带来生机，从而为教学流程的优化、多媒体设备的有效运用、备课方式的赋能、精准教学的学情分析提供更多的可能和条件。

第四，立足于学校发展的深入思考。建青是一所十五年一贯制的学校，学校提出的"一体化发展"的总体思路，希望从理念、管理、队伍、学制、课堂、课程、环境、保障、成长等各方面都能体现"贯通"的特点，实现学校整体发展一体化与学段发展个性化的有机统一，学校借助数字化转型，有效推动这一目标的实现。

第五，立足于未来人才培养的深度思考。未来的人才不一定是学了许多知识的学生，一定是具有创新素养、数字素养的学生。学校基于数字化转型视阈，开展学生创新力、自我发展规划力培养的实践研究。我们结合课程设置，利用技术构建适合培养学生"创新力"的思创特质课程及其学习空间,为学生提供多元、个性、特色的学习场景,实现从"三尺讲台"到无边界学习的突破。比如:利用虚拟现实技术建设的 VR 创编实验室,为学生的创作和创新搭设了沉浸式学习场景。目前,DI、机器人、VR 创编、AI-learing 人工智能等课程逐步形成了学校课程的特色品牌。这些数字化应用场景的建设,提升了师生的数字素养和创新能力,拓宽了师生的数字视界。

第六,立足于对教师数字素养提升的深入思考。未来的社会中,教育一定是数字化的。人机协同的课堂一定是未来发展的趋势,所以,各类数字化应用场景要紧跟着发展潮流,并且以场景应用培养教师的数字素养。人机协同课堂教学模式是希望利用有效的历史数据和即时数据进行学情判断,及时调整和优化教学,它可以帮助师生实现教育内容的数字化、教学过程的智能化和教学方式的多样化,提高教学效率和学习成效。新样态的课堂模式中产生的数据,让教师有了数据应用和数据分析的意识,对教师数字素养的提升是有益的。

2. 教育数字化的实践探索

教育数字化,需要在理念上厘清和强固,也需要在实践上开拓和筑城。

为此,建青在多个领域进行了有效实践。作为一贯制学校,在管理架构、课程设置、教师培养、学生发展等方面都体现着一贯制办学思想。学校不断优化管理结构,提高管理效能,借助数字化转型技术,充分应用长宁教育数字基座内置应用的功能促进学校管理的整体性,应用基座"低代码"搭建模块增添学校管理的个性化应用,打破数据孤岛,整合数据驱动管理,优化学校的一体化管理,有效达成各学段一体化发展的目标。

自 2021 年教育部批准上海市建立全国首个"教育数字化转型试点区"以来,上海市持续推进教育数字化转型工作,取得了多方面的突破。2022 年,长宁区开始推进教育数字基座建设,逐步构建起长宁教育一体化统管体系。建青实验学校抓住上海市教育信息化标杆校建设和长宁区教育数字基座建设的契机,逐步使用数字基座内置的平台功能,以及接入学校的个性化功能,将之前散点式的校内常用应用系统集成到教育数字基座上,在教育教学管理等方面,实现了一网集成、一网统管和一网好办,应用场景较原来被极大地丰富。区校两级数字基座,实现数据联通、应用联结、人员联合、资源共享,为师生提供数字应用、优质资源、数据分析等有力支撑,推进人人享有的高质量教育。

（1）数字化赋能一贯制学校管理

一贯制学校需要强有力的运动系统。在全球进入信息时代的背景下，用数字化赋能学校管理，是一道必答题。

作为一所集幼、小、初、高为一体的十五年一贯制公办学校，建青在管理机制、招生方式、课程教材、教育规律、生涯指导等方面进行了40余年的探索。近年来，学校借助数字化转型，基于智能技术，通过解决跨部门、跨学段的信息流转问题，实现了学校的一体化管理，有效达成了幼、小、初、高四个学段一体化发展的目标。

一所学校的管理结构是由学校内部管理单元和单元之间的信息流转路径构成的。管理单元权限设置明确了管理边界，带来了管理秩序，但同时也设置了管理壁垒。边界的多少和壁垒的高低决定了信息流转的路径和沟通的成本。面对学段长、规模大的实际情况，一贯制学校在学校管理架构上一般采用增加管理部门和提升分部主任权限两条路径来提升管理效能。这两种方式都改变了一般学校的管理逻辑。多管理单元和管理权限的下移，会增加学校内部管理的复杂程度。多单元会造成信息流转损耗增加、流转路径变长的问题，而管理权限下移会带来纵向沟通成本增加的问题。

当前，教育改革不断深化，对各学段的教育提出了更高要求，如开展主题式、项目式、跨学科学习等多种学习方式带来了更多的工作需求。不仅需要学校横向上促进管理、德育、教学等职能部门间的沟通、协作和融合，还需要实施跨学段的贯通与衔接，学校日常管理中的信息流转越来越多。信息流转的复杂化给一贯制学校带来了极大的挑战，甚至出现了各项工作"慢一拍"的情况。为了应对新的要求，有的学校会在原有的管理结构中继续增加管理单元。这就提高了信息流转的成本，增加了信息流转中的损耗，无法确保信息的完整性，从而造成决策上的困难。因此，提升信息流转的效率、降低管理成本，是一贯制学校发展中面临的重要课题。

以"文印申请"对跨部门信息流转的优化为例：一贯制学校除了做好横向的学部管理外，还需要在组织结构中设立统一的办事机构，从纵向上更好地做到统一管理、资源共享、统筹协调。例如，教务处作为教学事务管理部门，是为了提高一贯制学校学部教学工作管理效率，而将学校与教学有关的所有事务及其管理职能从一般学校的教导处分离出来形成的组织机构。一贯制学校的教务管理不同于一般类型学校的教务管理之处，在于其具有连续性、互补性和整体性，需要将各学部的教学管理工作有机地联系起来，与教学管理部门工作形成互补，面向各学段不同年龄的学生，使师资、设备、场地等为教学服务的软硬件设施发挥最大效益。

文印工作是每所学校教务管理中的常规内容。学校运用数字基座低代码技术搭建的"文印申请"系统，在保持教师使用习惯的基础上，将原有的文印工作流程数字化，即将流程中的控制因素虚拟化，基于产生的数据分析各学段、各年级、各学科的导学案、作业、课堂练习及单元测试的相关情况，有效开展教育教学管理。同时，技术人员进行低代码搭建时，可根据学校相关需求设计关联性问题，以便产生相关数据供学校管理者使用。如，根据学校文印员月工作总量及每月纸张用量，学校可以基于数据从节能环保、纸张油印耗材采购预判等方面进行有效管理。

"文印申请"数字化转型后，原有的操作流程没有发生变化，重要的是信息流转的方式发生了变化，形成了以信息流、任务流及数据流的分流为主体的数字化解决方案：① 简化了任务流；② 产生了数据流；③ 基于数据开展了智能精准分析；④ 优化了管理流程和工作方式。借助于数字化流程，实现了控制模块的虚拟化，形成了虚实结合的管理路径，使工作提质增效且降低了沟通成本。

对一般类型的学校来说，文印工作的数字化转型可以有效赋能教学管理，实现从粗糙模糊数据到精准清晰数据的转变。一般类型学校的教务和教学工作是由教导主任统一来抓的，教导主任要同时对两类工作进行管理。教务处或者教导主任是管理逻辑的中心，教导主任会自觉或不自觉地通过教务工作流获得教学数据流，从而对教学管理产生影响。从工作任务完成的角度看，这样的流程足够了，而且，控制模块的虚拟化还体现了信息流和数据流的价值，教导主任可以基于智能技术更好地进行精准化教学管理工作。

而对一贯制的学校而言，文印工作的数字化转型带来的效应不止于此。一贯制学校的教务主任是日常文印等教务工作的主要负责人，而学部主任是教学管理的主要负责人。教务工作触发的工作任务流会产生教务和教学所需的数据流，例如，当教师触发"文印申请"的需求后，教务主任会获取后台产生的数据信息，如文印员的工作量、各学科印制试卷的来源、学案练习测验次数、使用的纸张数量等。对教务主任来说，这些数据中的教务数据流是显性的，而教学数据流是隐性的，其更关注的是教务数据流起到的作用，对教学数据流可能不会关注或者不做统计，即使有统计，也不一定会提供给学部主任。而学部主任无法通过教务数据流获得教学数据流，需要通过其他渠道获得教学的数据，对教学管理工作进行信息补充。这样不仅造成横向管理的成本增加，还会导致信息流转的不通畅或者信息传递的损耗，对教学管理人员的决策会有一定影响。

因此，一体化管理对学校提出了要求：在减少管理流程和管理成本的同时获取更多的信息。运用数字化智能技术可以将数字基座建设为学校管理逻辑的中心,使学校管理路径的逻辑性更强,从而弥补一贯制学校在教学和教务分离之后产生的数据流或信息流割裂的不足。学校通过设定不同权限的方式,让工作任务流中形成的数据和信息畅通流转,减少了重复性工作,扩大了数据应用面,做到从不同角度分析所获取的数据,实现各层面基于数据的精准管理,增强为教学服务的活力,进一步优化学校"五部一体"管理模式下跨部门的工作流程和信息流转。例如,给予分管教学副校长全权限,方便其关注全校各学部文印数据背后的教学管理信息;给予各学部主任分部门权限,方便其关注本学部文印数据背后的教学管理信息,从而及时调控教学管理重点;给予分管保障的副校长全权限和教务主任有限权限,方便其了解所分管教职工工作量,确保及时提供教学所需物资。

(2)数据驱动育人内涵的提升

教育不仅仅是知识传授,更需要培养学生的综合素质和核心能力。学校立足十五年一贯制的学制优势,基于数字化转型视阈,开展学生自我规划力培养的实践研究,依靠学校自身力量研发建设了记录跟踪学生成长的"学生生涯发展"应用模块,以五育并举为总纲,结合建青育人目标,依据不同学段特点,关联学生核心素养,整体设计了中、小、幼一体化生涯发展指标体系,既具有分段性行为指标,又有衔接性行为指标,凸显了学校育人的整体性和学段培养的阶段性,全场景、全要素收集学生成长过程中的关键数据,实现对建青学生长跨度的跟踪研究,赋能学生的成长,对学生的生涯发展进行有效指导。

学生生涯发展模块的建设,多方参与、协同采集,以多元、多维的数据采集途径和采集方式,全面、连续地跟踪记录学生的成长过程。结合"德行好、基础实、能力强、特长显、视野阔"育人目标设计指标,指标体系可增、改、删,以满足不同学段、年级的个性化需求。遵循"全面性、开放性、低利害性、连续性、指导性"等原则,采集包括思想品德、学业成就、能力培养、个性特长、活动参与、兴趣爱好、身心健康等多方面的数据,多维度记录学生成长中的关键数据。

数据驱动的教育方法正在逐步取代传统的经验主义教育,其中关键数据记录作为一种新兴工具,对于理解和促进学生的成长具有显著作用。学生成长过程中的关键数据记录,是指在教育环境中对学生行为、成就和发展等重要信息的系统性收集与分析过程。关键数据记录的目的在于通过精确的数据分析来揭示学生的学习模式,预测学业成就,从而为教育干预提供依据。这个记录数据的过程,不是将记录的数据对学生进行评价,而是将学生各方面所做的已有的评价进行数据的记录，整合各方面的数据，从而追踪学生的成长，让学生更好地把握住自身的成长，使得学生的五育评价更加立体。数据的记录不强调时时刻刻，而是更加关注长周期和关键时间节点，比如学习过程中本身已有的重大评价、一些关键事件的记录，甚至是一些平时比较沉默的孩子做了一件好事的记录等，这些关键数据及时的记录，除了留存，也可以改变教师对学生的刻板印象，更好地对他们进行全面的认识。

数据分析不用于学生评价，而是基于学生对自身发展的认识和定位，为学生自我评估和教师精准指导提供数据支撑。它能积累和分析学生各学段的过程性数据。系统基于采集的全方位数据，多维度关注学生的成长，探索学生成长的一般规律，为学生的生涯发展提供科学规划和全面指导。如，学校基于国家和地方相关标准，结合学校常模，客观、科学记录学生、学校各项教育指数；采用等第类比算法，为高中学生选科、填报志愿提供更加科学、客观、精准的指导；采用相关性分析算法，探索不同指标间的内在联系，进一步研究学生的发展情况，为学校更好地实现教育目标和促进学生的全面发展提供数据支撑。

（3）数据驱动教学模式的变革

数据驱动的教学模式具有智能化、个性化的特点，我们采用人机协同的课堂教学模式，利用有效的历史数据和即时数据进行学情判断，基于数据进行分析，对教学五环节产生数据驱动的作用，做好课前预设和课中生成，实现教学策略的及时调整和教学过程的有效优化；也可利用数据综合考量学生的学习态度和成效、课堂参与度等因素，全面评价学生的学习情况。

比如，在基本类似的题库和知识图谱的支持下，教学智能助手通过不一样的传输介质完成作业或考试的出卷、扫描及批阅等过程，实现了从人工批阅到机器批阅，从人工统计到机器统计的跨越，更重要的是从中产生的多维度数据，不仅可以完成四率的分析，还可发现班级的共性错误和学生的个性错误，从而确定教学过程中需要重点讲评的知识点；同时系统还会为学生智能推题，提供个性化学习内容。智能推荐练习题，帮助学生复习巩固学习上的薄弱知识点，学习更有针对性，效率也提升了很多。这样基于历史数据的分析，实现了了解学情后的精准备课和课后的精准辅导。

学校将智能教学助手应用于课堂教学中，通过平台不同的功能生成即时数据，比如，可将学生练习过程的思维可视化，可即时统计练习正确率，发现教学重难点的落实情况，及时调整和优化教学。当然，由于分析受到知识图谱颗粒度的影响，存在暂时未能实现的目标：不能从数据中发现学生出现错误的原因和类型，无法了解知识点分步掌握的细致统计等。同时,我们也在思考人机协同的课堂教学模式与传统教学之间的差异,从板书、课堂内容结构设计及讲解顺序等,都需要进一步地进行探索和实践。

基于数据的个性化评价有助于学生认识自我,发展自信,促使学生将注意力由分数转向关注于知识点的掌握效果。通过个性化的作业,让学生关注于自我的成长,通过个性化的测试帮助学生认识自我,在不断完善自己的知识体系的过程中发展自信。基于数据的个性化评价有助于教师改进教学,增强实效。在习题教学的过程中,实时获取学生的答题数据,根据学生的个性化评价,动态地调整自己的授课内容和节奏。让教师提供给学生的过程体验更加适合学生个体的发展,从而有助于教师改进教学,增加实效。基于数据的个性化评价有助于优化教学管理,提高质量。学校的教学管理中,数据的收集、分析是评价的前提,由结果性评价转向过程性分析,从而及时地去评估、调整,能使得管理人员更加细致地了解教学的推进过程,了解教学目标的达成情况,在合适的节点进入,进行适当的调节。对学生、班级的个性化评价有助于优化管理,提高整体的教学质量。

(4)数字化学习场景拓宽视野

学校基于 JQ-IDEA 校本特质课程,打造基于数字化的应用场景,开设"创智·创意·创造"不同板块的课程。建设的沉浸式学习场景,弥补了师资紧缺的补充性、实体空间的拓展性、虚拟课程的延展性、探究实验的尝试性;智创式学习场景,注重学生的跨学科能力培养、高阶思维的训练、创新能力的培养、科学素养的提升;个性化学习场景,实现基于数据的精准教学、基于数据的自我认知、基于兴趣的自我发展、基于数据的科学评价。

作为央馆人工智能试点校,结合长宁区科技工作"十四五"规划中"人工智能赋能科技教育"目标的探索,学校借力共同研发 AI-learning 人工智能实训平台和基座上的畅言智 AI,形成学校贯穿幼(体验)、小(尝试)、初(实践)、高(创新)四个学段的人工智能创新教育资源。学校将人工智能技术与生活场景深度融合,引进VR、AR 设备与软件并在安全教育活动与课程中进行试点。传统的消防宣传教育形式枯燥无趣,体验真实消防逃生,花费高还有一定危险。利用 VR 技术进行消防安全逃生体验,为学生提供全方位的安全逃生虚拟交互学习体验,进一步提高师生的安全逃生应急能力,加强对学生的安全教育,帮助学生了解安全逃生的知识。又比如,学校的机器人课程,核心是实践,灵魂是创新,通过为学生提供开放性的实践活动,培养其动手能力、逻辑思维能力和创新能力,满足学生自主学习和个性发展的需求。

2022 年秋季开学，一间全新的"元宇宙"VR 创编实验室在建青校园里亮相。这间架设在云端的实验室拥有 1500 多套实验器材、4000 多项实验资源、10000 多种自由探究实验搭配。教师和学生都能以虚拟身份进入实验室。在这个虚拟空间里，教师可以像现实世界里一样备课、准备实验器材，而学生带上 VR 等专业设备之后，可以最大化地接近真实实验操作规则，获得视觉、听觉甚至触觉的全方位沉浸式体验，重温实验的乐趣，在考试前参加模拟训练。虚拟创编实验室让危险大、成本高的实验有了实操可能。学生可以安全地试错，反复训练，规避错误，掌握实验知识。不仅如此，实验室的大数据技术还会全面收集学生的学情数据，并让分析结果可视化，为教师提供备课参考。

元宇宙创意设计课程，旨在通过元宇宙和虚拟现实(VR)技术提升学生的学习体验。课程内容涵盖了元宇宙和 VR 的基础知识、行业应用、VR 课件制作实践等方面。学生将通过实践活动，比如 VR 作品制作和月球登陆、梦回大唐、郑和下西洋等案例的实训，来掌握相关技能和知识。学生在元宇宙的虚拟世界中自由探索不同的学习情境，并通过动手创造完成各种学习任务。这样不仅有助于学生更好地学习和掌握知识，还能培养他们的综合素质，例如基本的逻辑思维能力和利用 VR 编辑引擎创建高质量 VR 资源的技能。这为学生未来在信息技术领域的学习打下了坚实的基础。课程还强调了项目管理和作品制作的重要性，通过作品策划、项目管理、作品制作、作业质量四个维度对学生进行评价和经验总结，不仅增强了他们的实践能力，还促进了他们对于新技术的适应和创新思维的发展，对于培养未来的信息技术人才和创新人才具有重要意义。

建青通过数字化转型达到优质化发展。优质化发展，是学校发展的主题。在信息技术高速发展和高度发展的今天，通过数字化转型达到优质化发展，是一条必由之路。

建青提出数字化转型的探索任务是：如何通过数字化转型，优化十五年一贯制学校一体化管理模式，实现资源合理配置；如何通过数字化转型，跟踪学生的成长历程，为学生生涯发展提供支持；如何通过数字化转型，实现基于数据的精准化教学和个性化学习；如何通过数字化转型，开发创建多形式学习场景，拓宽学生视野，提升学生创新素养和数字素养。

建青不断在教育数字化转型中进行思考，围绕立德树人的根本任务，更新教育理念，变革教育模式。基于本学校实际主动思考，转变理念，做好学校数字化转型的引导者、研究者、促进者、协调者和保障者，推动师生成长，推动学校一体化发展，积极探索教育数字化"新环境、新体系、新平台、新模式、新评价"建设。通过应用数据分析，优化管理决策、改进教学模式、提升育人内涵、提高教育教学质量，推动学校高质量发展。建青将以"数据治教、数据助学"为主线，培养师生适应数字化时代发展趋势的数字思维，提升师生利用信息技术解决问题的能力，为学校的教育信息应用更上新台阶、教育数字转型更达新境界而共同努力。

一贯制办学，是建青存在的体制机制，也是建青发展的机缘机会。作为教育实验改革的产物，一贯制办学面临外部环境变化和内部变革驱动的双重挑战。客观地说，一贯制办学还存在不少具有复杂性、瓶颈性、艰巨性的问题，涉及观念、体制、政策、认知、配套等方面，需要立体思维、整体运筹、全体投入。

诚然，教育探索永无止境。在实验探索过程中，一贯制办学的成效与问题并存，成效是我们实验到达的"领地"，问题是我们需要填补的"洼地"，而学校和师生的发展一直是激励我们持续科学探索的动力，我们应当在不断面对新问题、承担新任务、提高新水平、提升新境界的过程中更有勇气和智慧地走向一贯制的"高地"，让一贯制办学真正在教育贯通的道路上大有作为。

一贯制办学，让建青在沪上教育界独树一帜，开创了从幼儿园、小学到中学十五年一贯的学校教育体制和机制，开辟了贯通和衔接为主要特点的一体化育人途径，是在微观领域实施素质教育的创新探索。

40年来，建青人不断学习、不断求索、不断提升，走近教育规律，走近学生成长，走近教育理想。

正像建青的办学理念"孕育希望 谐美青蓝"所蕴含的憧憬一样，经过40年的风雨磨砺，一个更为阳光、温暖、强大的建青将迎来更有作为的希望天地，将展现"青胜于蓝"的明媚阳光。

图书在版编目(CIP)数据

孕育希望 谐美青蓝：建青40年教育实验改革之经
纬/罗宇锋，童葆菁编著. — 上海：文汇出版社，
2024.9. —ISBN 978 - 7 - 5496 - 4326 - 4

Ⅰ. G63

中国国家版本馆 CIP 数据核字第 2024LQ9979 号

孕育希望 谐美青蓝
——建青40年教育实验改革之经纬

编　著/罗宇锋　童葆菁

责任编辑/张　涛　盛　纯

封面装帧/智　勇

出 版 人/周伯军

出版发行/ⓦ文匯出版社

　　　　上海市威海路 755 号　（邮政编码：200041）

经　　销/全国新华书店

排　　版/南京展望文化发展有限公司

印刷装订/上海新文印刷厂有限公司

版　　次/2024 年 9 月第 1 版

印　　次/2024 年 9 月第 1 次印刷

开　　本/720×1000　1/16

字　　数/291 千字

印　　张/17

ISBN 978 - 7 - 5496 - 4326 - 4

定　　价/68.00 元